utb 6308

Eine Arbeitsgemeinschaft der Verlage

Böhlau Verlag · Wien · Köln · Weimar
Verlag Barbara Budrich · Opladen · Toronto
facultas · Wien
Wilhelm Fink · Paderborn
Narr Francke Attempto Verlag / expert verlag · Tübingen
Haupt Verlag · Bern
Verlag Julius Klinkhardt · Bad Heilbrunn
Mohr Siebeck · Tübingen
Ernst Reinhardt Verlag · München
Ferdinand Schöningh · Paderborn
transcript Verlag · Bielefeld
Eugen Ulmer Verlag · Stuttgart
UVK Verlag · München
Vandenhoeck & Ruprecht · Göttingen
Waxmann · Münster · New York
wbv Publikation · Bielefeld

Uwe Maier
Dr. habil. Uwe Maier ist Professor für Erziehungswissenschaft mit dem Schwerpunkt empirische Schulforschung an der Pädagogischen Hochschule Schwäbisch Gmünd. Seine Schwerpunkte in Forschung und Lehre sind adaptive Lerntechnologien, Feedback und formative Assessments, künstliche Intelligenz in Schule und Unterricht, sowie allgemeine Didaktik und Unterrichtsplanung. Er unterrichtete als Lehrer an Grund- und Werkrealschulen, promovierte an der Pädagogischen Hochschule Ludwigsburg, habilitierte sich an der Universität Tübingen und lehrte an den Universitäten Erfurt und Nürnberg.

Uwe Maier

Einfach stark unterrichten

Zehn didaktische Orientierungen für Klassenzimmer und Unterricht

Verlag Julius Klinkhardt
Bad Heilbrunn • 2024

Online-Angebote oder elektronische Ausgaben zu diesem Buch
sind erhältlich unter utb.de und elibrary.utb.de

Impressum

Die Deutsche Bibliothek – CIP-Einheitsaufnahme
Die Deutsche Nationalbibliothek verzeichnet diese Publikation in der Deutschen Nationalbibliografie; detaillierte bibliografische Daten sind im Internet über http://dnb.d-nb.de abrufbar.

Abbildung Umschlagseite 1: © Gorodenkoff / adobe stock.
Einbandgestaltung: Agentur Siegel, Stuttgart.

Druck und Bindung: Friedrich Pustet, Regensburg.
Printed in Germany 2024.
Gedruckt auf chlorfrei gebleichtem alterungsbeständigem Papier.

utb-Band-Nr.: 6308
ISBN 978-3-8385-6308-4 digital
ISBN 978-3-8252-6308-9 print

Inhaltsverzeichnis

Hinweise zum Buch und den digitalen Inhalten

Dieses Buch beinhaltet bei jedem Kapitel einführende Videos und interaktive Tests, die Sie online abrufen können. Sie finden am Kapitelanfang jeweils einen QR-Code, der Sie direkt zum jeweiligen Film und am Kapitelende einen QR-Code, der Sie zu den interaktiven Inhalten führt. Die Tests können online direkt bearbeitet und überprüft werden. Den Zugang zu den digitalen Inhalten erhalten Sie wie folgt:

1. Registrieren Sie sich kostenlos auf https://elibrary.utb.de/action/registration.
2. Gehen Sie auf »Mein Profil« – »Zugangscode aktivieren«.
3. Geben Sie dort den Code STARKUNTERRICHTEN6308 ein und klicken Sie auf »Abschicken«.

Lösungen zu den Verständnisfragen finden Sie auch am Ende des Buchs.

Legende der Icons

Zur leichteren Orientierung wird im Text mit Icons gearbeitet:

Ziele und Überblick des Kapitels

Weiterführende Literatur

Übungsaufgaben

Einleitung

Das Video zur Einleitung finden Sie unter folgendem Link:
https://www.utb.de/do/10.36198/9783838563084-m01

An Lehrerinnen und Lehrer werden hohe und oft widersprüchliche Erwartungen gestellt. Einerseits sollen sie möglichst viele Schülerinnen und Schüler zu einem angesehenen Schulabschluss führen. Andererseits sollen sie jedes Kind und jeden Jugendlichen individuell fördern und dafür entsprechende Schul- und Unterrichtskonzepte entwickeln. Sie sollen einerseits Kinder aus zugewanderten Familien in den Unterricht integrieren und andererseits in allen Fächern Wert auf die korrekte Verwendung der deutschen Sprache legen. Lehrerinnen und Lehrer müssen auf die individuellen Bedürfnisse der Kinder und Jugendlichen eingehen, die mit sehr unterschiedlichen familiären Erziehungs- und Sozialisationserfahrungen in die Schule kommen. Viele Schülerinnen und Schüler sind es gewohnt, im Mittelpunkt zu stehen und ihre Bedürfnisse sofort erfüllt zu bekommen. Dank digitaler Medien ist der nächste Dopamin-Kick nur einen Klick entfernt. Kinder und Jugendliche sind immer weniger in der Lage, ihre Bedürfnisse aufzuschieben oder zu verstehen, dass es anstrengend ist, eigene Ziele zu erreichen. Gleichzeitig sollen Lehrerinnen und Lehrer im Unterricht soziale Kompetenzen stärken und die Lernenden motivieren, sich anzustrengen, um schulische Lernziele zu erreichen. Lehrerinnen und Lehrer sollen digitale Medien einsetzen und sind im Gegenzug gefordert, deren Ablenkungspotenzial sowohl im Unterricht als auch beim häuslichen Lernen zu begrenzen.

Wie gehen angehende Lehrerinnen und Lehrer mit diesen Anforderungen um? Um ihren eigenen Weg zu finden, brauchen sie ein solides didaktisches Grundwissen. Doch wo gibt es tragfähige Unterrichtskonzepte? Wer sagt uns, mit welchen Methoden und Konzepten eine Lehrkraft den vielfältigen Anforderungen in der Schule gerecht werden kann? Leider ist die Literatur über Schule und Unterricht mindestens so widersprüchlich und unübersichtlich wie die gesellschaftlichen Anforderungen. Bei meinen Recherchen finde ich inzwischen für jede Unterrichtsmethode genügend Studien mit Argumenten dagegen und dafür. Der Erziehungswissenschaftler John Hattie hat in der Einleitung zu seiner Metasynthese zu Recht kritisiert, dass man in der Lehr-Lernforschung überwiegend Studien mit positiven Effekten findet (Hattie, 2010). Offenbar ist im Unterricht aus wissenschaftlicher Sicht alles irgendwie möglich: *anything goes!*

Diese wissenschaftliche Vielstimmigkeit ist einer der Gründe für den Erfolg der Ratgeberliteratur zu Unterricht, Erziehung und Schule. Allerdings werden in diesen Büchern viele didaktische Mythen und falsche Vorstellungen über Lernprozesse unhinterfragt weitergegeben. Mit Verweis auf angebliche Erkenntnisse der Hirnforschung werden pädagogische und didaktische Ideen verkauft, die Studien zufolge bei Lehrkräften auf besonders fruchtbaren Boden fallen (Tardif et al., 2015). Und wie sinnvoll ist das, was Lehrkräften in Fortbildungen und Projekten der Schulverwaltung präsentiert wird? Oft handelt es sich um kurzatmige Reaktionen auf gesellschaftliche Debatten oder politischen Druck. Nicht zuletzt sind viele gut gemeinte Projektideen der Bildungsforschung und der Lehrerfortbildung mehr an der eigenen Projektförderung als an der tatsächlichen Verbesserung der Qualität der Arbeit in den Schulen interessiert.

Diese Widersprüche zwischen gesellschaftlichen Ansprüchen, pädagogischer Literatur und Unterrichtsrealität möchte ich an zwei konkreten Beispielen aus meiner eigenen Praxis verdeutlichen:

Beispiel 1: Gemeinsam mit Studierenden habe ich über einen längeren Zeitraum an der Entwicklung und Evaluation einer digitalen Lern-App gearbeitet. Mit diesem Projekt wollte ich auf eine Herausforderung unserer Zeit reagieren und sowohl den beteiligten Schulen als auch den Lehramtsstudierenden Möglichkeiten des innovativen Einsatzes digitaler Werkzeuge aufzeigen, erforschen und publizieren. Im Rahmen dieses Projektes hatte ich die Gelegenheit, erfahrene Lehrerinnen und Lehrer in ihrem Unterrichtsalltag zu beobachten. Eine Deutschlehrerin und ihre 8. Realschulklasse sind mir besonders in Erinnerung geblieben. Am Tag des Projektstarts war ich etwas zu früh im vereinbarten Klassenzimmer. Die Lehrerin war kurz irritiert über mein Erscheinen, bat mich dann aber sofort herzlich herein. Ohne dass ich antworten konnte, kritisierte sie mit zwei, drei kurzen Bemerkungen freundlich unser wissenschaftliches Projekt und ging dann wieder zum Unterricht über. Die Schülerinnen und Schüler arbeiteten an verschiedenen Arbeitsblättern und Schulbuchaufgaben. Außerdem war die Lehrerin damit beschäftigt, einzelne Schülerinnen und Schüler in den Computerraum zu schicken, um dort einen Text zu tippen. Die Sitzordnung entsprach dem, was gemeinhin als Frontalunterricht bezeichnet wird. Oberflächlich betrachtet widersprach das, was ich in diesem Klassenzimmer sah, vielen didaktischen Prinzipien und pädagogischen Innovationen.

Ich fand den Unterricht dieser Lehrerin einfach stark. Sie war in erster Linie als Person in der Klasse präsent. Ihre Stimme, ihre Körpersprache und ihre Bewegungen im Raum machten allen in der Klasse deutlich, dass sie hier die Chefin war. Ihr Kommunikationsstil war jedoch weder bedrohlich noch autoritär. Im Gegenteil, sie verstand es, mit den richtigen Schülerinnen und Schülern zu scherzen und freundlich-ironische Bemerkungen auszutauschen. Auch die Aufgabenstellungen waren auf den ersten Blick alles andere als innovativ. Es handelte sich um typische

Arbeitsblatt- oder Schulbuchaufgaben: Lesen eines Textes, Fragen zum Text und Grammatikübungen. Zudem gab es kein systematisches Feedback zu den Aufgabenlösungen. Dennoch war der Unterricht alles andere als anspruchslos und langweilig. Die Offenheit und Gesprächsbereitschaft der Lehrerin führten dazu, dass die Schülerinnen und Schüler nach unverständlichen Wörtern und Begriffen in den Texten und Aufgabenstellungen suchten.
Die Lehrerin hat mit einem Schüler einen interessanten Dialog über eine missverständliche Textstelle geführt, über die Köpfe der still arbeitenden Klasse hinweg. Bei einem Unterrichtsbesuch oder einer Lehrprobe würde dieses Verhalten kritisiert werden. Unklare Begriffe müssen vorher geklärt werden. Bei Erklärungen während der Stillarbeitsphase sollte die Lehrperson die anderen Lernenden nicht stören. Nein, der Lehrerin gelang es mühelos, aufkommende Fragen humorvoll und verständlich zu beantworten und gleichzeitig allen anderen zu signalisieren, dass sie entweder weiterarbeiten können oder zuhören sollen, wenn sie die Frage auch interessiert. Dieser Unterricht würde den meisten pädagogisch-didaktischen Grundsätzen unserer Zeit nicht entsprechen. Dennoch fühlten sich die Jugendlichen wohl und arbeiteten an ihren Aufgaben. Hinzu kam, dass die Einführung in die Lern-App an diesem Tag mangels Internetverbindung nicht durchgeführt werden konnte. Die Diskrepanz zwischen einer scheinbar innovativen Unterrichtstechnologie und einem relativ einfachen, aber lernförderlichen Unterricht hätte nicht größer sein können.

Beispiel 2: Als langjähriger Leiter der schulpraktischen Studien an der PH Schwäbisch Gmünd habe ich viele Studierende in ihren Praktika besucht, begleitet und beraten. Dabei konnte ich oft beobachten, wie gut gemeinte und didaktisch hoch gelobte Ideen scheiterten. So unterrichtete eine Studentin in einer 4. Grundschulklasse im Sachunterricht das Thema „Himmelsrichtungen und Orientierung mit Landkarten". Zu Beginn der Stunde überreichte sie mir eine akribisch ausgefüllte Unterrichtsskizze mit wunderbar formulierten Lernzielen sowie Kopien aller Arbeitsblätter und Materialien. Schon beim Anblick der vielen Arbeitsblätter und Differenzierungsmaterialien hatte ich ein ungutes Gefühl.

Die Stunde begann mit einem Stuhlkreis vor der Tafel. An der Tafel sah ich eine fiktive Landkarte, eine Windrose und verschiedene Legendensymbole. Die Studentin wollte im Gespräch mit den Kindern herausfinden, warum man für eine Landkarte eine Legende braucht und was die Windrose bedeutet. Die Kinder hatten gute Ideen und der Studentin gelang es hervorragend, das Gespräch zu leiten. Sie hatte eine ruhige, freundliche und souveräne Art und fühlte sich in der Klasse sichtlich wohl. Sie wurde von den Kindern als Lehrerin akzeptiert. Mich wunderte allerdings, dass sie einige interessante und weiterführende Beiträge einzelner Kinder nicht aufgriff. Zum Beispiel entstand in der Klasse eine Diskussion über die Anordnung der Himmelsrichtungen auf der Landkarte. Die Studentin verwies nur auf den Merkzettel, anstatt die Himmelsrichtungen im Kreisgespräch anhand der Karte noch einmal anschaulich zu erklären.

Die unnötige Eile bei der Diskussion im Stuhlkreis wurde mir in der nächsten Unterrichtsphase klar. Die Studentin hatte einen Lernzirkel zum Thema vorbereitet. Dieser bestand aus drei Stationen mit jeweils drei verschiedenen Niveaustufen. Die Aufgaben an den drei Lernstationen waren jedoch alle auf Arbeitsblättern mit Bleistift zu lösen. Die Lerninhalte Himmelsrichtungen, Landkarte oder Kompass waren nur symbolisch auf dem Papier vorhanden, nicht real. Dennoch hatte die Studentin die Aufgaben für die Lernstationen mit viel Sachverstand und Genauigkeit vorbereitet. Allerdings führte die Differenzierung in drei Niveaustufen zu einer regelrechten Blätterschlacht. Die Schülerinnen und Schüler mussten nachfragen, welche Arbeitsblätter sie bearbeiten sollten und was sie mit den ausgefüllten Blättern machen sollten. Die Studentin war völlig mit organisatorischen Fragen zu ihrem Lernzirkel beschäftigt. Sie hatte keinen Blick mehr für eine ganze Reihe von Kindern mit Lernschwierigkeiten.

In der Stundenbesprechung hatte ich der Studentin zurückgemeldet, dass sie hervorragende Voraussetzungen mitbringt, um kognitiv aktivierende Unterrichtsgespräche mit Grundschulkindern zu führen. Ich wollte aber auch von ihr wissen, warum sie das angeregte Unterrichtsgespräch im Stuhlkreis aufgegeben und die Kinder stattdessen mit einem zettelbasierten Lernzirkel beschäftigt hatte. Die Methode hatte den Unterrichtsgegenstand verdrängt. Die Studentin war ehrlich erstaunt über meine kritische Nachfrage. Und noch erstaunter war ich über ihre Antwort: „Ich habe den Lernzirkel vorbereitet, weil ich dachte, dass sie das so wollen“. Diese Antwort musste ich erst einmal verdauen. Sie erzählte mir dann von Vorlesungen zur Individualisierung des Unterrichts, in denen die Methode Lernzirkel als besonders innovativ und pädagogisch wünschenswert dargestellt wurde. Bei der motivierten und ehrgeizigen Studentin blieb hängen, dass ein Unterrichtsbesuch unbedingt diese oder jene als besonders innovativ geltende Methode enthalten müsse.

Viele dieser Erfahrungen führten mich zu der Frage, welche wissenschaftlichen Erkenntnisse über Unterricht angehenden Lehrerinnen und Lehrern vermittelt werden sollten. Ist die internationale Literatur zum Lehren und Lernen überhaupt noch überschaubar und lassen sich daraus konsistente Empfehlungen für den Unterricht ableiten? Studien zeigen, dass sich Lehrkräfte von der Unterrichtsforschung nicht ernst genommen fühlen, eine Diskrepanz zwischen ihrem Berufsalltag und den Forschungsfragen der Wissenschaft sehen und damit nicht in der Lage sind, wissenschaftliche Befunde zu rezipieren oder gar umzusetzen (Joram et al., 2020). Beispielsweise werden seit mehr als zwei Jahrzehnten regelmäßig die PISA-Studien durchgeführt und die negativen Botschaften sind die gleichen wie zu Beginn der 2000er Jahre (Lewalter et al., 2023). Viele Schülerinnen und Schüler erreichen nicht das Mindestniveau der Lesekompetenz oder der mathematisch-naturwissenschaftlichen Grundbildung. Der Einfluss des soziokulturellen Hintergrunds auf den Bildungserfolg ist nach wie vor zu groß. PISA-Studien liefern aber kein Erklärungswissen und kein Handlungswissen. Die Wissenschaft ist gut darin, Probleme

zu beschreiben, aber weniger gut darin, Lehrerinnen und Lehrer in ihrem Unterrichtsalltag gut zu unterstützen.
Vor diesem Hintergrund möchte ich in diesem Lehrbuch der Frage nachgehen, was einen starken Unterricht ausmacht. Stark wäre für mich ein Unterricht, aus dem Lehrende und Lernende gestärkt hervorgehen. Die Schülerinnen und Schüler haben nicht nur etwas gelernt, sondern sind in ihrer Persönlichkeit gestärkt worden. Die Lehrerinnen und Lehrer haben nicht nur ihr Stundenpensum erfüllt, sondern erleben sich als selbstwirksam und kraftvoll. Der Unterricht stärkt ihr professionelles Selbstbewusstsein. Ich möchte der These nachgehen, dass ein starker Unterricht einfach sein kann. Damit meine ich nicht, dass Lehrkräfte es sich leicht machen und sich keine Gedanken über die Vorbereitung ihres Unterrichts machen sollen. Nein, gerade einfacher Unterricht muss gut durchdacht und vorbereitet sein. Einfach unterrichten heißt, die Lernprozesse und Lernvoraussetzungen der Schülerinnen und Schüler gut zu verstehen, sie genau dort zu unterstützen und zu fördern, wo es notwendig ist, und alle anderen Ablenkungen zu vermeiden. Lehrerinnen und Lehrer, die einfach gut unterrichten, können abwarten, beobachten, den Lernenden Zeit geben und drehen nicht ständig am Rad der neuesten didaktischen Ideen und Unterrichtsmethoden.
Um diesen Zustand zu erreichen, benötigen angehende Lehrkräfte jedoch Hintergrundwissen und die Fähigkeit zur kritischen Selbstreflexion. Sie müssen lernen, sich sowohl von ihren eigenen Vorstellungen und Emotionen als auch von den Anforderungen, die im Lehramtsstudium und in den ersten Praktika auf sie einströmen, innerlich zu distanzieren. Innere Distanz bedeutet nicht, Ansprüche und Aufgaben zu ignorieren oder abzulehnen. Mit innerer Distanz meine ich das, was heute populär unter dem Begriff „Achtsamkeit" (*mindfulness*) verstanden wird (Schonert-Reichl & Roeser, 2016). Achtsamkeit beschreibt die Fähigkeit, die eigenen Gefühle und Gedanken bewusst wahrzunehmen und zu untersuchen, wie diese das eigene Handeln prägen und steuern können. Angehende Lehrkräfte können sich beispielsweise fragen, wie die eigene Lernbiografie das Denken, Fühlen und Handeln bei den ersten Unterrichtsversuchen im Praktikum prägt. Und nur in diesem Zustand der Achtsamkeit und bewussten Reflexion lässt sich das Einfache und Notwendige vom Komplizierten und Unnötigen unterscheiden.
Der Titel dieses Lehrbuchs enthält noch eine weitere Botschaft. Ich möchte Lehrkräfte bestärken und ermutigen, einfach mal zu unterrichten. Der Schulalltag ist von vielen bürokratischen und organisatorischen Anforderungen geprägt. Lehrkräfte führen Elterngespräche, kümmern sich um die digitalen Geräte, sitzen in Konferenzen, sollen Konzeptpapiere für dies und jenes entwickeln, müssen außerunterrichtliche Aktivitäten der Schule organisieren oder Unterrichtsausfälle kompensieren. Lehrkräfte sind damit nicht nur dem emotionalen Druck im Unterricht, sondern auch einem hohen Leistungs- und Termindruck durch organisatorische Arbeiten ausgesetzt, was zu einer erhöhten psychischen Erschöpfung im Vergleich zu anderen

Berufsgruppen führt (Wesselborg & Bauknecht, 2023). Stark wäre es, wenn Lehrkräfte einfach „nur mal" unterrichten könnten. Nur Unterricht, Fokussierung auf eine Sache, auf die Klasse, auf ein paar wenige, aber gute Medien, Materialien und Unterrichtsmethoden. Unterricht pur, wäre das nicht stark? Damit möchte ich nicht behaupten, alle anderen Aufgaben von Lehrkräften seien belanglos oder unwichtig. Lehrkräfte müssen mit den Eltern zusammenarbeiten. Außerunterrichtliche Veranstaltungen sind ein wichtiger Bestandteil des Schullebens. Der Austausch mit Kolleginnen und Kollegen fördert das eigene Wohlbefinden als Lehrperson und trägt zur Klärung wichtiger Fragen bei. Bei alledem darf aber die Kernaufgabe, die Planung und Durchführung von Fachunterricht, nicht leiden.

Kritisch zu sehen sind deshalb gesellschaftliche Debatten, bei denen das Unterrichten als zentrale Tätigkeit von Lehrkräften infrage gestellt wird. Da gibt es einmal die als innovativ verkaufte Idee, Lehrkräfte seien Beraterinnen oder Berater, die selbstständig lernende Kinder und Jugendliche coachen und begleiten. Ein ähnlicher Diskussionsstrang geht von der Omnipräsenz des Internets und den neuen Möglichkeiten künstlicher Intelligenz aus. Warum müssen wir Kindern noch Wissen vermitteln, wenn dieses jederzeit und an allen Orten zur Verfügung steht? Brauchen wir überhaupt noch Lehrkräfte mit Fachwissen? Sollten wir nicht den Schülerinnen und Schülern die Kompetenz zur eigenständigen Erarbeitung von Wissen beibringen? Nein, Unterricht ist eine vom Staat finanzierte Pflichtveranstaltung, um der nachwachsenden Generation grundlegende, kulturelle Wissensbestände zu vermitteln. Lehrkräfte werden deshalb so ausgebildet und honoriert, dass sie sowohl fachlich als auch pädagogisch für diese Aufgabe qualifiziert sind. Lehrerinnen und Lehrer spielen eine zentrale Rolle beim Thema Schule und Bildung.

Unterricht hat letztendlich immer die gleiche Struktur. Eine Lehrperson unterrichtet eine festgelegte Gruppe von Kindern und Jugendlichen in einem institutionalisierten Rahmen zu festgelegten Themen und Lernzielen. Egal in welchem Land, in welcher Schulart, in welcher Altersstufe, in welchem Fach oder bei welchem didaktischen Konzept, es kommt schlussendlich immer auf die einzelne Lehrerin oder den einzelnen Lehrer an. Kinder und Jugendliche benötigen eine Lehrperson mit Fachwissen und Sachverstand. Im Unterricht muss eine Lehrperson eine Sache zur Sprache bringen und repräsentieren. Gerade aufgrund der schnellen Entwicklung der Informationstechnologie sind starke Lehrpersonen, die Grundlagenwissen einfach und klar unterrichten können, auch in Zukunft unverzichtbar.

Dieses Lehrbuch gliedert sich in 10 Kapitel, die grundlegende Themen der allgemeinen Didaktik behandeln. Egal ob es sich um Mathematik- oder Sportunterricht, um Leseunterricht in der Grundschule oder um Physikunterricht in der gymnasialen Oberstufe handelt, die 10 Lektionen zeigen auf, welche Fragen angehende Lehrkräfte für sich klären sollten, um den Anforderungen des Berufsalltags erfolgreich begegnen zu können: Sind Sie bereit, in einer großen Gruppe von Kindern oder Jugendlichen die Führung zu übernehmen? Haben Sie ein klares Bild von Ihrer Rolle als Lehrerin oder Lehrer? Möchten Sie Ihr Fachwissen vermitteln und an die nächste Generation weitergeben oder sehen Sie sich als eine Beraterin? Wie können Sie Ihre Schülerinnen und Schüler motivieren? Wie gehen Sie mit der Fülle an Lernstoff um, der in einem Schuljahr durchgearbeitet werden sollte? Was bedeutet effektives Üben? Ist es besser, die Lerninhalte direkt zu vermitteln oder von den Schülerinnen und Schülern entdecken zu lassen? Wie gehe ich mit der großen Vielfalt an Lernvoraussetzungen im Klassenzimmer um? Was kann beim Einsatz von Medien schiefgehen? Wie sinnvoll ist das kooperative Lernen? Was sollte bei der Leistungsbewertung und Notengebung auf keinen Fall passieren?

Die einzelnen Kapitel stehen jeweils für sich und bieten Hintergrundwissen zur Beantwortung der Fragestellungen. Jedes Kapitel beginnt mit einem Themenüberblick (*advance organizer*) und wird von einer fiktiven Fallgeschichte gerahmt. Zusammen mit zwei Studierenden, Zoe und Lorenz, diskutiert der rührige Professor Schreiber mögliche Konsequenzen für die Unterrichtsgestaltung. Jedes Kapitel bietet damit eine Orientierung, wie Lehrkräfte mit den komplexen und nicht immer gerechtfertigten Anforderungen an den Beruf umgehen können. Durch diesen kritischen und distanzierten Blick entsteht ein Freiraum, den angehende Lehrkräfte benötigen, um mit einem klaren und starken Unterricht den Kindern und Jugendlichen in ihren Klassen wirklich helfen zu können. Am Ende des Kapitels befinden sich Übungs- und Reflexionsaufgaben für eine aktive Auseinandersetzung mit der Thematik.

Literatur

Hattie, J. (2010). *Visible learning: A synthesis of over 800 meta-analyses relating to achievement* (Reprinted). Routledge.

Joram, E., Gabriele, A. J., & Walton, K. (2020). What influences teachers' „buy-in" of research? Teachers' beliefs about the applicability of educational research to their practice. *Teaching and Teacher Education, 88*, 102980. https://doi.org/10.1016/j.tate.2019.102980

Lewalter, D., Diedrich, J., Goldhammer, F., Köller, O., & Reiss, K. (Eds.). (2023). *PISA 2022: Analyse der Bildungsergebnisse in Deutschland.* Waxmann Verlag GmbH. https://doi.org/10.31244/9783830998488

Schonert-Reichl, K. A., & Roeser, R. W. (Eds.). (2016). *Handbook of Mindfulness in Education: Integrating Theory and Research into Practice*. Springer New York. https://doi.org/10.1007/978-1-4939-3506-2

Tardif, E., Doudin, P., & Meylan, N. (2015). Neuromyths Among Teachers and Student Teachers. *Mind, Brain, and Education, 9*(1), 50–59. https://doi.org/10.1111/mbe.12070

Wesselborg, B., & Bauknecht, J. (2023). Belastungs- und Resilienzfaktoren vor dem Hintergrund von psychischer Erschöpfung und Ansätzen der Gesundheitsförderung im Lehrerberuf. *Prävention und Gesundheitsförderung, 18*(2), 282–289. https://doi.org/10.1007/s11553-022-00955-z

1 Die Klassenführung übernehmen

Das Video zu diesem Beitrag finden Sie unter folgendem Link:
https://www.utb.de/do/10.36198/9783838563084-m02

Ziele und Überblick: Die Führung in einer großen Gruppe von Kindern oder Jugendlichen zu übernehmen, ist die größte Herausforderung des Berufs einer Lehrerin oder eines Lehrers. Aus diesem Grund befasst sich das erste Kapitel dieses Lehrbuchs mit den Themen Klassenführung, Umgang mit Unterrichtsstörungen und Interaktion im Klassenzimmer.

- Der Übergang von der Schüler- zur Lehrerrolle wird als wesentlicher Schritt in der Entwicklung professioneller Kompetenzen betrachtet. Lehrkräfte müssen die Dynamik im Klassenzimmer aus einer neuen Perspektive verstehen und handhaben.
- Es werden verschiedene Ansätze zur effektiven Klassenführung und zum Umgang mit Disziplinproblemen vorgestellt. Hierzu zählen die Entwicklung emotionaler Kompetenzen bei Lehrkräften, die Bedeutung von Lehrer-Schüler-Beziehungen und die Gestaltung von störungsfreien Unterrichtsabläufen.
- Verschiedene Interaktionsstile von Lehrkräften werden diskutiert, um die Bedeutung des Verhaltens und der Kommunikation der Lehrkraft im Klassenzimmer zu verdeutlichen.

Das Kapitel bietet eine Orientierung, wie angehende Lehrkräfte mit einfachen Strategien und Selbstreflexion ihre Führungsqualitäten als Lehrperson entwickeln können.

1.1. Wie gehe ich mit einer Gruppe von Heranwachsenden um?

Zoe möchte Lehrerin werden. Sie studiert Lehramt für die Sekundarstufe mit den Fächern Englisch und Biologie. Das Studium gefällt ihr sehr gut und sie kann dabei ihre Liebe zur Natur vertiefen und ihre Freude an der englischen Sprache ausleben. Das erste Praktikum steht bevor und die Nervosität nimmt zu. Es ist eine Schule und ein Klassenzimmer wie in ihrer eigenen Schulzeit, es sind Jugendliche wie sie selbst vor wenigen Jahren. Trotzdem hat sie Angst und fühlt sich fremd. Sie spürt ein mulmiges Gefühl am Abend vor der ersten Unterrichtsstunde, die sie sorgfältig vorbereitet hat. Eigentlich mag sie Kinder, freut sich darauf, ihnen etwas über die Natur zu erzählen und mit ihnen englische Grammatik zu üben. Sie hat bereits Erfahrungen mit Nachhilfe in Englisch, mit ihren Cousinen Blätter gesammelt und ein Herbarium erstellt. Zoe ist motiviert, den Kindern und Jugendlichen an ihrer Praktikumsschule etwas von ihrer Begeisterung und ihrem Wissen weiterzugeben. Sie möchte, dass die Kinder sie mit großen Augen anschauen und Spaß an den vorbereiteten Lernaktivitäten haben. Doch da ist eine unsichtbare Wand zwischen ihr und der Klasse. Die Kinder der 6a schauen sie taxierend an, sind noch mit Pausen- und Alltagskram beschäftigt, laufen im Klassenzimmer herum. Zoe hat ihre Rolle als Lehrerin noch nicht gefunden.

Mit dieser kurzen Situationsbeschreibung beginnt Professor Magnus die Begrüßung der Erstsemester in seiner Vorlesung. Der Name der Studentin ist fiktiv, die Details der Praktikumssituation ebenfalls, das Thema allerdings real für viele angehende Lehrerinnen und Lehrer. Zoe möchte Lehrerin werden und kennt diesen Beruf im Prinzip gut, weil sie jahrelang selbst als Schülerin Menschen bei der Ausübung dieses Berufs beobachten konnte. Doch erst mit dem Wechsel der Position im Klassenzimmer von der Schulbank zum Pult, von der Schülerin zur Lehrerin kann sie die eigentlichen Anforderungen des Berufs am eigenen Körper spüren. Bei diesem Rollenwechsel helfen auch gelegentliche Erfahrungen in der Nachhilfe wenig. Der Arbeitsplatz von Lehrkräften ist etwas ganz Anderes. In erster Linie sind sie mit großen Gruppen von Kindern und Jugendlichen konfrontiert, die nicht freiwillig im Klassenraum sind. Und in dieser Situation stellt sich sofort die Frage, welche Fähigkeiten besitze ich, um nicht unterzugehen? Wer sich nicht schonungslos diese Frage von Anfang an stellt, warnt der Professor, entwickelt höchst ungünstige Routinen bei der Klassenführung und wird sein ganzes Berufsleben lang leiden.

Für angehende Lehrkräfte sind die Themen Klassenführung, Disziplinprobleme und Konflikte zwischen Schülerinnen und Schülern besonders herausfordernd. Die eigene Schulzeit ist noch gut in Erinnerung und Lehramtsstudierende kennen viele Beispiele von Lehrkräften, die gut oder weniger gut mit ihrer Klasse umgehen konnten. Zu Beginn des Lehramtsstudiums überwiegt die Motivation, sich mit einem Fach zu identifizieren, es zu studieren und später als Lehrkraft in der Schule tätig zu sein. Dort hofft man, gut mit den Schülerinnen und Schülern umgehen zu können, ihnen etwas beibringen zu können und souverän sowie zielführend auf Störungen und Konflikte zu reagieren. Anschließend folgen Praktika, der Vorbereitungsdienst und der Berufseinstieg. Zunehmend verschiebt sich die Perspektive vom Fachstudium und fachdidaktischen Überlegungen hin zu den realen Menschen, denen Lehrerinnen und Lehrer im Klassenzimmer begegnen. Es handelt sich um Kinder und Jugendliche mit all ihren physischen und psychischen Besonderheiten, Problemen und Verhaltensweisen. Sie beschäftigen sich in der Regel mit sich selbst, ihrem Körper, ihren Altersgenossen, den Problemen zuhause, den Streitereien und Hänseleien in der Klasse, dem Gefühlschaos im Bauch und der Flut an Informationen aus dem Internet und den sozialen Medien. Als Lehrkraft können Sie hoffen, in Ihrer Klasse auf einigermaßen wohlerzogene Schülerinnen und Schüler zu treffen. Sie können hoffen, dass ein Teil der Schülerinnen und Schüler ein gewisses Interesse an Themen und eine gewisse Konzentrationsfähigkeit mitbringen. Sie müssen aber auch damit rechnen, dass die Klasse überhaupt keine Lust auf Ihren Unterricht hat.

Es ist ein großes Missverständnis, die Themen Kommunikation, Klassenführung, Disziplinstörungen und Konflikte aus der Lehrerausbildung zu verdrängen. Die Auseinandersetzung mit diesen Themen darf nicht erst beginnen, wenn ein Lehrer oder eine Lehrerin auf dem Weg ins Klassenzimmer ist, wenn er oder sie mitten im Berufsleben steht. Diese Fragen sollten nicht verdrängt werden: Wie gehe ich mit einer Gruppe von Kindern und Jugendlichen um? Wie betrete ich ein laut und chaotisch wirkendes Klassenzimmer? Wie beginne ich eine Unterrichtsstunde? Wie reagiere ich auf die vielen kleinen Störungen? Diese Fragen sollten von Anfang an gestellt werden. „Von Anfang an" bedeutet, dass diese Fragen bei jeder Unterrichtsplanung berücksichtigt werden sollen. Die persönliche Komponente des Lehrerberufs ist der eigentliche Kern.

Ein weiteres Missverständnis ist zu denken, ich hätte als angehende Lehrperson geeignete Strategien und Ressourcen, um mit Konflikten und Disziplinstörungen umgehen zu können. Viele Lehramtsstudierende haben pädagogische und didaktische Erfahrungen in der Jugendarbeit, in der Nachhilfe, im Musikunterricht oder als Trainer in einem Sportverein. Ja, diese Erfahrungen sind wertvoll, aber lassen Sie sich nicht allzu sehr von bisherigen Praxiserfahrungen täuschen. Die menschlichen Herausforderungen in allgemeinbildenden, staatlichen Schulen können wesentlich größer sein als in pädagogischen Freizeitkontexten. Hinzu kommen tief verwurzelte und unbewusste Verhaltensweisen im Umgang mit Menschen, die Sie selbst in Ihrer Kindheit und Jugend erlernt haben. Diese Denkmuster und Verhaltensweisen beeinflussen, wie Sie mit den Schülerinnen und Schülern umgehen werden. Häufig sind sie dysfunktional und treten erst bei Stress in einer aufgeheizten Konfliktsituation zutage.

Ein weiteres, häufig anzutreffendes Problem ist, wenn Lehramtsstudierende und angehende Lehrkräfte sich unreflektiert die Konfliktstrategien und Klassenführungskompetenzen ihrer Kolleginnen und Kollegen zum Vorbild nehmen. An Schulen gibt es viele Lehrkräfte, die souverän und wertschätzend mit ihren Klassen umgehen können und Konflikte schnell erkennen und zielführend entschärfen. Es gibt jedoch auch Lehrkräfte, die dysfunktionale und schädigende Strategien der Klassenführung anwenden. Sie werden unnötig laut, um für Ordnung zu sorgen, und versuchen, durch hohen Leistungsdruck und kritische Bewertungen die Arbeitsmotivation aufrechtzuerhalten. Dies führt zu einem Klima des Zynismus und der Angst. Lehrkräfte etablieren ein ausgeklügeltes Sanktionssystem mit Strichen, Minuspunkten und Strafkatalogen. Andere Lehrkräfte geben dem Druck im Klassenzimmer schnell nach, senken bewusst die Anforderungen, um selbst Ruhe zu haben, und reduzieren ihren Unterricht auf ein didaktisches Minimum an Unterrichtsmethoden. Diese Verhaltensweisen haben eine unbewusste Vorbildfunktion, wenn wir sie nicht als dysfunktional enttarnen und reflektieren.

1.2 Hintergrundwissen zu Unterrichtsstörungen und Klassenführung

Zoe sitzt in der Vorlesung „Einfach stark unterrichten" bei Professor Dr. Magnus Schreiber. Er müsste es doch wissen, denkt sie sich. Er müsste doch wissen, wie man Schülerinnen und Schüler in einer Sekundarschule motiviert, wie man mit Kindern und Jugendlichen umgeht, deren Eltern nicht unbedingt ein hohes Interesse an Bildung und Kultur haben, die nicht den gymnasialen Weg eingeschlagen haben, wie sie selbst. Das heutige Vorlesungsthema sind Studien zu den Digitalkompetenzen von Lehrkräften. Das ist nicht ihr Problem. Zoe möchte wissen, wie sie mit ihrer Angst und ihrem mulmigen Gefühl vor einer Klasse umgehen kann. Ihre Gedanken sind nicht beim Vorlesungsthema. Sie unterhält sich stattdessen angeregt mit ihrer Nebensitzerin. Professor Schreiber nimmt die Unruhe im Hörsaal wahr und sieht im Augenwinkel, wie sich Zoe mit ihrer Nebensitzerin unterhält. Er spürt ein gewisses Unwohlsein. Warum hören diese Studentinnen nicht zu? Emotionen sind in solchen Situationen ein schlechter Ratgeber. Magnus, reagiere nicht gleich, schließe erst deine Ausführungen zu dieser Folie ab, sagt er sich. Mit zwei Minuten Abstand entscheidet er sich, auf die beiden Studentinnen zuzugehen und zu fragen, worüber sie sich unterhalten. Zoe ist überrascht und erzählt von ihren Erfahrungen aus dem Praktikum und ihren vielen Fragen dazu. Professor Schreiber verspricht ihr, in der nächsten Vorlesung auf diese Thematik einzugehen.

Es gibt viele Publikationen und Forschungsansätze, wie Lehrkräfte gut mit ihren Schülerinnen und Schülern kommunizieren können, wie sie eine produktive Lern- und Arbeitsatmosphäre im Klassenzimmer etablieren können oder wie am besten auf Disziplinstörungen zu reagieren ist. Professor Schreiber kennt sich gut in der Literatur aus, hat viel gelesen und kennt diverse Ansätze. Doch ihn beschleicht wieder einmal das Gefühl der Überforderung, angesichts der hohen Komplexität in sozialen und pädagogischen Forschungsfeldern. Die Frage der Studentin ist jedoch klar und einfach: Wie bewältige ich die Situation vor einer Gruppe Menschen, die nicht unbedingt Freude an meinem Unterrichtsthema haben? Die Antwort darauf muss präzise, einfach, klar und hilfreich sein. Nach dem Entschluss, die aktuelle Lehrmeinung zu ignorieren, ältere Studien und Ansätze zu Rate zu ziehen und dem Thema mit Intuition zu begegnen, liegt das Vorlesungsskript von Professor Schreiber vor.

Liebe Studierende, wie so häufig in der Didaktik und Pädagogik gibt es unterschiedliche theoretische Ansätze, die sich mit den Themen Klassenführung, Klassenmanagement (*classroom management*), Konflikte im Unterricht, Disziplinstörungen und Konfliktlösung auseinandersetzen. Schon allein die verwendeten Begrifflichkeiten sind häufig nicht eindeutig und überlappend. Der umfassendste dieser Begriffe ist Klassenführung bzw. der halb-anglizistische Begriff des „Klassenmanagements" (*classroom management*). Innerhalb des breiten Themenfeldes „Klassenführung/Klassenmanagement" gibt es wiederum unterschiedliche Herangehensweisen, um herauszufinden, was gute Klassenführung bedeutet. Für eine gute Orientierung in diesem Forschungsfeld eignen sich zwei Überblicksarbeiten (Korpershoek et al., 2016; Osher et al., 2010), die verschiedene Blickwinkel auf das Thema identifizieren:

(1) Ansatz Lehrkräfte: Zunächst einmal gibt es viele Studien, die fragen, wie Lehrkräfte Lerngruppen organisieren und führen können, um Störungen und Disziplinprobleme zu reduzieren und eine motivierende Lernatmosphäre zu fördern. Einige Studien legen dabei ihren Schwerpunkt auf das äußerlich sichtbare Verhalten von Lehrkräften. In anderen Studien werden dagegen die Denk- und Wahrnehmungsmuster sowie die emotionalen Kompetenzen von Lehrkräften betrachtet.

(2) Ansatz Lehrer-Schüler-Beziehungen: Ein zweiter Ansatz beschäftigt sich damit, wie die Kommunikation zwischen Lehrperson und Lernenden beschreiben werden kann und wie es einer Lehrerin oder einem Lehrer gelingen kann, lernförderliche Beziehungen zur Klasse und zu den einzelnen Schülerinnen und Schülern aufzubauen.

(3) Ansatz Lernende (*social emotional learning*): Beim dritten Ansatz stehen die Schülerinnen und Schüler im Mittelpunkt. Es wird gefragt, mit welchen Programmen und Interventionen die sozialen und emotionalen Kompetenzen der Schülerinnen und Schüler gestärkt werden können. Diese Programme betonen die Bedeutung von Fähigkeiten wie Empathie, Selbstbewusstsein, Emotionsmanagement, Beziehungsaufbau und verantwortungsbewusstem Entscheidungsverhalten bei den Schülerinnen und Schülern.

(4) Ansatz Schule: Beim vierten Ansatz steht die gesamte Schule im Fokus. Es wird gefragt, welche Regeln und Unterstützungssysteme für eine einzelne Schule notwendig sind, um Konflikte im und außerhalb des Klassenzimmers

zu reduzieren und Lehrkräfte beim Klassenmanagement gezielt zu unterstützen (*schoolwide positive behavioral support*). Zu diesem Ansatz gehören beispielsweise auch Programme zur Ausbildung von Streitschlichtern oder Anti-Mobbing-Training für die ganze Schule.

Zu allen vier Ansätzen gibt es eine Vielzahl von Studien und Programmen, von denen ein Teil auch in Bezug auf die Wirksamkeit evaluiert wurde (Korpershoek et al., 2016). Alle vier Ansätze sind somit für Lehrkräfte relevant, wenn sie sich mit der Reduktion von Disziplinproblemen und dem Aufbau einer stabilen, motivierenden Lernatmosphäre in ihrem Klassenzimmer beschäftigen möchten. Allerdings werde ich in diesem Kapitel lediglich die ersten beiden Ansätze näher beleuchten, da sich aus diesen konkrete Strategien und Verhaltensweisen ergeben, die angehende Lehrkräfte sofort umsetzen können.
Die Programme zum sozialen und emotionalen Lernen sowie zum schulweiten Aufbau von positiven Verhaltensweisen können nur in Kooperation mit den Kolleginnen und Kollegen realisiert werden. Zudem erfordern diese Programme eine langfristige Planung und Durchführung, den Einbezug der Eltern und weiterer außerschulischer Kooperationspartner. Diese Ansätze sind damit sowohl nachhaltig als auch aufwändig in der Durchführung. Sie sollten sich, sobald sie an einer Schule etabliert sind, unbedingt damit auseinandersetzen. Menschen, die in diesen Beruf einsteigen, sollten sich jedoch zunächst einmal auf das Management des eigenen Klassenzimmers beschränken. Alles andere wäre eine Überforderung. Fokussieren Sie zunächst einmal das, was Sie selbst sofort anschauen und ändern können, wie beispielsweise das Verhalten im Klassenzimmer, den eigenen Interaktions- und Kommunikationsstil, die emotionalen Kompetenzen.

1.2.1 Verhalten von Lehrkräften

Lehrkräfte können zunächst einmal ihr eigenes Verhalten im Klassenzimmer unter die Lupe nehmen und sich fragen, wie bewusste und häufig auch unbewusste Routinen und Reaktionsmuster die Interaktion mit den Lernenden im Unterricht beeinflussen. Die älteste und wichtigste Studie mit diesem Ansatz wurde von Kounin in den 1970er Jahren veröffentlicht (Kounin, 1976). Es war eine der ersten Studien, in denen videografische Beobachtungen als Untersuchungsmethode eingesetzt wurden. Kounin analysierte in einer Serie von Studien videografierte Unterrichtsstunden und beschrieb dabei das Lehrerverhalten in Klassen mit wenig Störungen und einem reibungslosen Unterrichtsablauf. Er fasste seine Beobachtungen zu Merkmalen eines effizienten Klassenmanagements zusammen.

(1) Allgegenwärtigkeit (*withitness*): Allgegenwärtigkeit klingt nach totaler Kontrolle, meint aber vielmehr, den Schülerinnen und Schülern das Gefühl zu vermitteln, eine Lehrerin, zum Beispiel, habe alles im Blick und wisse, was im Klassenzimmer vor sich geht. Die Lehrerin sieht und hört nicht alles, aber

vieles und signalisiert dies mit aufmerksamen Blicken, Bewegungen im Raum und ihrer Körpersprache. Sie erkennt auch eine Scheinaufmerksamkeit und ein vorgespieltes Interesse der Lernenden (Kopfnicken, ins Buch starren). Allgegenwärtigkeit bedeutet jedoch keineswegs, auf alle Störungen oder sonstige Kleinigkeiten im Unterricht sofort zu reagieren. Es geht zunächst nur um eine Haltung der aufmerksamen, ruhigen und klaren Wahrnehmung des Geschehens im Klassenzimmer. Die Lehrerin reagiert nicht sofort, wenn die Gefahr besteht, dass ein störendes Schülerverhalten bei ihr negative Emotionen auslöst. Aber sie lässt diesen Schüler spüren, dass sie auch diese kleine Störung gesehen hat, sich aber nicht davon steuern lässt.

(2) Überlappung (overlapping): Kounin hat in seiner Studie nicht beschrieben, auf welche Art von Störungen die Lehrkräfte wie reagiert haben. Er konnte jedoch feststellen, dass diese hoch effektiven Lehrpersonen, auf eine unspektakuläre, flüssige Art reagierten. Den Lehrkräften ist es gelungen, die Schülerinnen oder Schüler auf das störende Verhalten anzusprechen ohne dabei den Unterrichtsfluss zu unterbrechen. Die Reaktion auf Störungen und die Sachkommunikation im Unterricht laufen parallel. Dieses „Multitasking" gilt allerdings nicht nur für den Umgang mit störendem Verhalten. Die in der Studie beobachteten Lehrkräfte waren zudem in der Lage, organisatorische Aktivitäten und inhaltliche Aktivitäten parallel auszuführen. Beispielsweise erklärt die Lehrerin einen Arbeitsauftrag und verteilt dabei die notwendigen Lernmaterialien.

(3) Zügigkeit und Schwung (*momentum*): Ein weiteres Merkmal, das sich bei vielen dieser erfahrenen Lehrpersonen in Kounins Studie zeigte, war der Schwung und die Geschwindigkeit des Unterrichtens. Unsere fiktive Lehrerin hat eine klare Vorstellung vom Ablauf ihres Unterrichts im Kopf, agiert nicht zögerlich, unterrichtet mit Kraft und Energie. In ihrem Unterricht gibt es nur wenige Unterbrechungen und keine langatmigen Phasen oder unnötigen Pausen. Der Unterricht ist so einfach und klar vorbereitet und strukturiert, dass es keinen Leerlauf gibt. Die Medien und Lernmaterialien sind sofort griffbereit. Die Lehrerin vermeidet sowohl Hektik als auch Langeweile. Mit diesem zügigen und schwungvollen Unterrichtstempo ist allen Kindern in der Klasse klar, was zu tun ist. Alle sind beschäftigt.

(4) Geschmeidigkeit (*smoothness*): Die in der Studie beobachteten Lehrkräfte unterrichteten nicht nur schnell und fließend, sondern auch inhaltlich schlüssig. Dies trifft auch auf unsere beispielhafte Lehrerin zu. Ihr Unterricht hat einen roten Faden, es gibt keine sachlogischen Brüche oder thematischen Abschweifungen. Der Lehrerin gelingt es, vom Thema abweichende Kommentare oder Fragen der Schülerinnen und Schüler schnell wieder aufzugreifen, ohne sie übermäßig zu problematisieren oder unnötige Abwege zu betreten. Entscheidend für die Geschmeidigkeit einer Unterrichtsstunde sind auch die Überleitungen zwischen

zwei Unterrichtsphasen. Die Lehrerin nutzt beispielsweise Rituale oder Signale, um einen Wechsel der Sozialform anzukündigen oder die Aufmerksamkeit der ganzen Klasse für eine neue Aufgabenstellung zu erhalten.

(5) Gruppenfokus (*group focus*): Die Aufmerksamkeit und Energie der Lehrerin sind auf die ganze Klasse gerichtet. Sie widmet sich beispielsweise einzelnen Schülerinnen und Schülern nur dann, wenn die anderen beschäftigt sind und wussten, was zu tun ist. In gelenkten Unterrichtsphasen oder Klassengesprächen müssen alle Lernenden jederzeit damit rechnen, von ihr aufgerufen zu werden. Die Lehrerin hat sich bewusst vorgenommen, möglichst häufig möglichst viele Schülerinnen und Schüler aufzurufen und ins Unterrichtsgeschehen aktiv einzubinden. Mit ihrem Blickkontakt, ihren Bewegungen im Raum und ihren körpersprachlichen Signalen bringt sie ihre Motivation und ihr Interesse an einer aktiven Beteiligung aller im Klassenzimmer zum Ausdruck. Alle Schülerinnen und Schüler spüren die mentale und körperliche Präsenz der Lehrerin im Raum.

Die von Kounin beobachteten Strategien einer effizienten Klassenführung sind deshalb so bedeutsam und grundlegend, weil sie genau die Verhaltensweisen beschreiben, die notwendig sind, um Lern- und Arbeitsprozesse in einer größeren Gruppe zu organisieren. Im Unterricht an allgemeinbildenden Schulen haben es Lehrkräfte nicht mit erwachsenen Menschen zu tun, die am Lernen interessiert sind. Lehrkräfte sollten im Blick haben, dass ein gewisser Teil der Klasse weder das Fach, noch die Lehrperson mag. In diesem Fall müssen Lehrkräfte und Lernende ein Arbeitsbündnis herstellen und aushandeln. Dabei werden sich auch die unmotivierten Schülerinnen und Schüler bestenfalls an Regeln halten und so gut es ihnen gelingt mitarbeiten. Dies klingt jetzt nicht sonderlich euphorisch und zuversichtlich. Aber es beschreibt die Realität an Schulen, denen sich Lehrkräfte stellen müssen. Wenn sie dann auf motivierte Klassen stoßen, umso besser. Aber angehende Lehrkräfte sollten sich darauf einstellen, die Führung im Klassenzimmer zu übernehmen, auch gegen Widerstände.

Diese Art der Klassenführung ist alles andere als repressiv oder an einem negativen Bild von Schülerinnen und Schülern orientiert. Die in der Studie als effizient beschriebenen Lehrkräfte setzen keineswegs Strafen oder andere, pädagogisch fragwürdige Machtmittel ein, um den Unterricht am Laufen zu halten. Dies würde auch nicht funktionieren. Eine effiziente Klassenführung ist vielmehr ein Zusammenspiel zwischen genauer Wahrnehmung und gut vorbereitetem Unterricht. Die Lehrpersonen in der Studie hatten sowohl einen Blick für die gesamte Gruppe als auch einen Blick auf einzelne Schülerinnen und Schüler. Sie nehmen zunächst einmal wahr, was im Klassenzimmer passiert, bevor sie handeln. Damit ergibt sich eine zeitliche und emotionale Distanz zwischen dem, was an Störungen im Klassenzimmer vor sich geht und den eigenen, unbewussten Reaktionsweisen.

Die Lehrkräfte verschaffen sich Zeit, um nachzudenken und vernünftig reagieren zu können.

Der zweite, ebenso wichtige Aspekt bei den Kounin-Strategien der Klassenführung ist Routine und gute Vorbereitung. Ein Lehrer kann nur dann das Verhalten der Klasse beobachten, wahrnehmen und parallel dazu unterrichten, wenn Materialien, Medien und Arbeitsaufträge klar sind und er während des Unterrichtens nicht vom Suchen oder Herrichten der Materialien oder Medien abgelenkt wird. Eine gut vorbereitete Lernumgebung ist der Schlüssel zur genauen Beobachtung und Wahrnehmung der Kinder und Jugendlichen. Wenn zum Beispiel ein Lehrer routinemäßig Aufgaben stellt, Arbeitsmaterialien verteilt oder Lernende in Gruppen einteilt, kann er gleichzeitig auch auf kleinere Störungen im Unterricht reagieren, ohne den Unterrichtsfluss zu unterbrechen. Der Lehrer kann nur schnell und effektiv unterrichten, wenn er im Voraus die kleinen Details gut plant. Das Ziel der Unterrichtsplanung ist somit, während des Unterrichts den Kopf frei zu haben für das, was im gegenwärtigen Moment im Klassenzimmer passiert. Dies ist ein wesentlicher Schlüssel für eine ganz einfache und dennoch starke Klassenführung.

Die bereits vor Jahrzehnten von Kounin beschriebenen Strategien des Klassenmanagements lassen sich gut durch aktuelle wissenschaftliche Befunde ergänzen. Egeberg et al. (2021) untersuchten bei australischen Lehrkräften die Techniken des Klassenmanagements. Hierfür erfasste die Forschergruppe die Selbstauskünfte der Lehrkräfte zum eigenen Klassenführungsverhalten mit dem sogenannten „BIMS" (*Behaviour and Instructional Management Survey*). Die Schülerinnen und Schüler bewerteten auch, ob die Lehrperson eine effektive Klassenführung ausübt. Beide Informationsquellen, nämlich die Selbsteinschätzungen der Lehrkräfte zur eigenen Klassenführung und die Sichtweise der Lernenden, wurden verglichen. Bei den Lehrkräften, die von der Klasse als weniger effektiv bezeichnet wurden, dominierten bestrafende Strategien. Diese Lehrkräfte setzen beispielsweise besonders häufig ein Kind an einen anderen Platz, wenn es zu laut mit der Nachbarin oder dem Sitznachbarn redet. Ebenso geben diese Lehrkräfte von sich selbst an, Regeln konsequent durchzusetzen und nicht von der eigenen Unterrichtsplanung abzuweichen. Es scheint als hängen mehr Störungen im Unterricht bzw. ein weniger effektives Klassenmanagement mit einem rigiden und auf Regeln und Strafen fokussierten Verhaltensstil der Lehrkräfte zusammen.

Bei den Lehrkräften, deren Klassenführung von den Schülerinnen und Schülern als effektiv bewertet wurde, waren Verhaltensweisen häufiger, die an die Befunde aus der Kounin-Studie erinnern. Die Lehrkräfte beobachten genauer, ob die Lernenden an den Aufgaben arbeiten. Gespräche während des Unterrichts werden frühzeitig unterbunden, bevor es zu größeren Störungen oder Konflikten kommt. Wenn sich die Lernenden an die vereinbarten Regeln im Klassenzimmer halten, werden sie von der Lehrperson häufiger gelobt. Die Lehrpersonen sind weniger auf die Bestrafung fokussiert, sondern vielmehr auf den Aufbau positiver Verhaltensweisen ausgerichtet. Analog zur Kounin-Studie legen die Lehrkräfte auch viel Wert auf einen aktivierenden und gut vorbereiteten Unterricht. Sie nutzen aktivierende Unterrichtsmethoden wie Gruppenarbeit oder entdeckendes Lernen (vgl. Kapitel 6 und 9).

Auch Studien zur Sitzordnung im Klassenzimmer passen in das bisher gezeichnete Bild einer effektiven Klassenführung (Bicard et al., 2012; Marx et al., 2012). Bei jeder Sitzordnung gibt es eine Aktionszone (*action zone)*. Dabei handelt es sich um die Plätze, in deren Nähe sich die Lehrkraft während einer Unterrichtsstunde die meiste Zeit aufhält und den häufigsten Blickkontakt herstellt. Bei nach vorne ausgerichteten Tischreihen ohne Durchgangsmöglichkeit für die Lehrkraft ist dieser Bereich in der Regel auf die erste Reihe und die wenigen Sitzplätze direkt vor der Lehrkraft in der zweiten oder dritten Reihe begrenzt. Bei einer U-förmigen oder hufeisenförmigen Sitzordnung vergrößert sich der Bereich dagegen deutlich. Schülerinnen und Schüler in der Aktionszone beteiligen sich häufiger am Unterricht, stellen mehr Fragen und lernen mehr als die übrige Klasse (Marx et al., 2012). Günstig ist deshalb eine Sitzordnung, bei der sich möglichst viele Schülerinnen und Schüler in der Aktionszone befinden. Eine Lehrerin, beispielsweise, kann aber auch mit Bewegungen im Raum und ihrem Blickkontakt die eigene Aktionszone möglichst auf die ganze Klasse ausdehnen. Damit gelingt es ihr besser, das Geschehen in der Klasse gut wahrzunehmen und möglichst viele Schülerinnen und Schüler zu aktivieren.

Aber auch bei der Frage der Platzwahl ist es besser, wenn Lehrkräfte vorausschauend planen und die Führung im Klassenzimmer übernehmen (Bicard et al., 2012). Diese Studie untersuchte, wie sich eine von der Lehrkraft bestimmte Sitzordnung im Vergleich zu einer von den Schülerinnen und Schülern selbst gewählten Sitzordnung auf Mitarbeit und Unterrichtsstörungen auswirkt. In der ersten Woche wurden die Plätze von der Lehrkraft zugewiesen. Schülerinnen und Schüler, die leicht ablenkbar waren, wurden nicht in der Nähe der Tür oder des Fensters platziert. Lernende mit Konzentrationsschwierigkeiten wurden in die vordere Reihe gesetzt. Kinder mit einer Neigung zum störenden Verhalten wurden auseinandergesetzt. In der zweiten Woche durften die Schülerinnen und Schüler ihre Plätze frei wählen. Während der Wochen mit freier Sitzplatzwahl war die Häufigkeit von störendem Verhalten deutlich höher als in den Wochen mit vorgegebener Sitzordnung. In den Wochen mit freier Platzwahl konnte das störende Verhalten in Einzelarbeitsphasen dreimal häufiger und in Gruppenarbeitsphasen doppelt so häufig beobachtet werden. Es lohnt sich, neben den Medien, Methoden und Aufgabenstellungen auch die räumlichen Verhältnisse im Klassenzimmer bewusst zu gestalten.

1.2.2 Emotionen von Lehrkräften

Der vorherige Abschnitt skizzierte die Ergebnisse von Studien, die eine effektive Klassenführung aus der Sicht eines Beobachters beschreiben. Die Studien erklären nicht, warum manche Lehrkräfte in der Lage sind, eine Klasse effizient zu führen und Lehr-Lernprozesse produktiv zu organisieren. Angehende Lehrkräfte können diese Verhaltensweisen natürlich üben und vorbereiten. Sie können lernen, die Schülerinnen und Schüler genau zu beobachten, nicht sofort auf Kleinigkeiten zu reagieren, den Unterricht gut zu planen, die Klasse zu beschäftigen und Konflikte ohne Störung des Unterrichtsflusses zu lösen. Aber was versetzt Lehrkräfte in die Lage, routiniert und abgeklärt zu handeln? Wie gelingt es, die Klasse erst einmal in Ruhe zu beobachten und nicht gleich nervös zu werden und mit Strafen zu drohen? Der Schlüssel hierfür sind die Emotionen von Lehrkräften. Mit welchen Emotionen betritt zum Beispiel ein Lehrer das Klassenzimmer? Wie interpretiert er ein ungutes Gefühl, wenn die Klasse unruhig wird, einzelne Lernende stören oder die Situation außer Kontrolle gerät? Welche Strategien hat der Lehrer, wenn ihn eine Schülerin provoziert und Ärger in ihm „hochkocht“?
Wir nähern uns diesem Thema schrittweise an. Zunächst einmal zeigen Studien eine gegenseitige Übertragung von Emotionen zwischen Lehrpersonen und Lernenden (Frenzel et al., 2009). Wie sich Lehrkräfte während des Unterrichts fühlen, wirkt sich sowohl direkt als auch indirekt auf die Emotionen der Schülerinnen und Schüler, ihre Überzeugungen, ihre Motivation, Disziplin und Schulleistung aus. In dieser Studie wurden die Lehrkräfte gefragt, ob sie wirklich Spaß am Mathematikunterricht in dieser Klasse haben, sich auf die Unterrichtsstunden freuen, diese gerne vorbereiten, im Unterricht gut gelaunt sind oder es viele Gründe gibt, für den Unterricht in dieser Klasse dankbar zu sein. Die Schülerinnen und Schüler wurden im Gegenzug gefragt, ob die Lehrkraft mit Enthusiasmus unterrichtet, humorvoll ist, die Lernenden für die Themen begeistern kann und selbst Spaß am Unterrichten hat.
Wenn die Angaben der Lehrkräfte in eine positive Richtung gehen, sind auch die Bewertungen der Schülerinnen und Schüler gegenüber diesem Fach und ihrer Lehrperson überwiegend positiv. Frenzel et al. (2021) konnten zudem einen indirekten Einfluss der Emotionen von Lehrpersonen nachweisen. Lehrkräfte mit hohem Enthusiasmus für ihr Fach sind daran interessiert, positive Beziehungen zur Klasse aufzubauen, zeigen mehr nonverbale Formen der Kommunikation und praktizieren variablere Unterrichtsstrategien. Dies wiederum wirkt sich positiv auf die Einstellungen der Lernenden und ihre Sichtweise auf die Lehrperson aus. Damit entsteht ein sich selbst verstärkender, positiver Kreislauf. Wenn die Schülerinnen und Schüler erkennen, dass ihre Lehrerin mit Freude und Enthusiasmus unterrichtet und gerne zu ihnen ins Klassenzimmer kommt, sind sie bereit, sich am Unterricht aktiv zu beteiligen.

Zu den gleichen Ergebnissen kommen Forschungsansätze, die sich mit der emotionalen Intelligenz von Lehrkräften befassen. Lediglich die psychologischen Konstrukte unterscheiden sich. Im Vergleich zum Begriff *teacher enjoyment* oder Enthusiasmus von Lehrkräften ist der Begriff „emotionale Intelligenz" wesentlich breiter angelegt und beschreibt viele weitere Facetten, wie Empathie, Wahrnehmung und Benennung von emotionalen Zuständen, Emotionsregulation sowie Kommunikation über eigene Gefühle. Valente et al. (2019) zeigten anhand von Fragebogendaten portugiesischer Lehrkräfte, dass die emotionale Intelligenz von Lehrkräften mit der Disziplin im Unterricht zusammenhängt. Eine höhere emotionale Intelligenz korreliert mit einer höheren Einschätzung der eigenen Fähigkeiten beim Klassenmanagement. Lehrkräfte mit höherer emotionaler Intelligenz tendieren zudem zu integrativen und kompromissorientierten Konfliktstrategien. Eine geringere emotionale Intelligenz hingegen korreliert mit vermeidenden, dominanten und zuvorkommenden Strategien im Umgang mit Unterrichtsstörungen (Valente & Lourenço, 2020).

Was folgt aus alledem? Lehrkräfte sollten emotional intelligent sein und mit hohem Enthusiasmus und viel Freude im Klassenzimmer erscheinen? Das ist einfacher gesagt als getan. Welche Lehrerin oder welcher Lehrer strebt nicht danach, in diese positive Aufwärtsspirale von sich gegenseitig verstärkenden Emotionen zu gelangen? Doch der Unterrichtsalltag sieht häufig anders aus. Nicht auf jede Klasse können sich Lehrkräfte freuen. Störungen und Disziplinkonflikte treten auch auf, wenn Lehrkräfte mit einer positiven Grundstimmung und Enthusiasmus ihrem Beruf nachgehen. Und auch mit der emotionalen Intelligenz ist es so eine Sache. Habe ich diese, habe ich sie nicht? Wie können Lehramtsstudierende, die sich selbst als wenig emotional intelligent einschätzen würden, in ihren Beruf starten? Kann ein Mensch an seiner emotionalen Intelligenz arbeiten? Ist es für Lehrkräfte mit wenig emotionaler Kompetenz überhaupt möglich, sich nicht von den vielen kleinen und großen Widrigkeiten des Schulalltags in eine emotional negativ aufgeladene Abwärtsspirale reißen zu lassen?

Um diese Fragen beantworten zu können, ist ein Ausflug in die Emotionsforschung notwendig. Emotionen haben die Funktion, Energie im Körper zu mobilisieren, um auf bestimmte Situationen mit einer passenden Handlung reagieren zu können. Wie wir körperliche Empfindungen und Sinneswahrnehmungen einordnen, welche emotionale Bewertung sich daraus ergibt und wie wir reagieren, hängt von unseren „Emotionskonzepten" ab (Barrett, 2018). Sowohl äußere Sinnesreize (z. B. Schüler streiten sich laut) als auch die innerlich wahrgenommenen Reaktionen im Körper (z. B. Herzklopfen, aufgerissene Augen usw.) werden anhand von erlernten und hoch automatisierten Emotionskonzepten interpretiert. Unser Gehirn hat das Bestreben, alle inneren und äußeren Wahrnehmungen und Reize sofort einzuordnen, zu verstehen und mögliche Konsequenzen zu antizipieren.

Je umfangreicher und reflektierter diese Konzepte sind, desto höher ist die emotionale Kompetenz. Je weniger komplex und unbewusst unsere emotionalen Schemata sind, desto eher besteht die Gefahr, Emotionen falsch zu bewerten und in einer Konfliktsituation unreflektiert zu handeln. Wenn eine Person „emotional kompetent“ ist bzw. über eine hohe „emotionale Intelligenz“ verfügt, hat diese Person in der Regel elaborierte kognitive Schemata über die eigenen Emotionen und die Emotionen der Mitmenschen. Diese Person kann die eigene Emotionswahrnehmung und Bewertung „reflektieren“ und mit Abstand betrachten. Ebenso kann diese Person die eigenen Automatismen unterbrechen und reflektieren, welches Verhalten auf eine Emotion adäquat ist und welches Verhalten nicht zielführend wäre.
Um diesen entscheidenden Schlüssel zu den eigenen emotionalen Reaktionen konkreter beschreiben zu können, möchte ich eine interessante Forschungsarbeit näher beleuchten. Becker et al. (2015) zeigten mit einer längsschnittlichen Tagebuchstudie wie Emotionen der Lehrkräfte und Disziplinstörungen in der Klasse zusammenhängen. Entscheidend ist dabei die gedanklich gesteuerte Situationsbewertung der Disziplinstörung (*cognitive appraisal*). Zusammen mit den subjektiven Situationsbewertungen erklären die Disziplinstörungen zu über 60% die positiven (Freude) und negativen Emotionen (Ärger) der Lehrpersonen. Wie können wir uns das konkret vorstellen?
Bewertet die Lehrperson eine Störung des Unterrichts als ein negatives Ereignis, wird die innerlich gespürte Unruhe als Ärger oder schlimmstenfalls Angst interpretiert. Die Lehrperson sieht den Fortgang des Unterrichts durch die Störung gefährdet. Die negative Situationsbewertung führt zu negativen Emotionen, die sich auf die Fähigkeit zur Stressbewältigung auswirken können. Bei einer negativen Bewertung und geringer Fähigkeit zur Stressbewältigung tendiert eine Lehrperson zu einem restriktiven, bestrafenden Verhaltensmuster, was wiederum negative Emotionen bei den Lernenden auslösen kann. Wenn die kognitive Bewertung jedoch positiv oder produktiv ist, ergibt sich ein ganz anderes Bild. Die Lehrperson könnte die Störung beispielsweise als Signal interpretieren, dass die Schülerin etwas nicht verstanden hat oder die Aufgabenstellung unklar war. Die mit der Störung verbundene innere Unruhe wird dann als Anreiz, die Situation zu klären, interpretiert. Die Fähigkeit zur Stressbewältigung und Emotionsregulation wäre in diesem Fall hoch. Die Lehrperson nutzt die durch die emotionale Reaktion freigesetzte Energie, um mit der störenden Schülerin ins Gespräch zu kommen und den Ursachen für das störende Verhalten auf den Grund zu gehen.
Becker et al. (2015) fanden in ihrer Studie darüber hinaus einen Zusammenhang zwischen der Bedeutung eines Unterrichtsziels und der Intensität von Emotionen bei Störungen. Wenn eine Lehrperson beispielsweise etwas „ganz Wichtiges“ erklären möchte und Teile der Klasse nicht zuhören oder den Unterricht stören, ist die emotionale Reaktion hoch. Die Lehrperson fühlt sich durch das Verhalten der Klasse massiv darin beschränkt, das eigene Ziel verfolgen zu können. Ärger und

Frust sind wahrscheinlich, wenn der Lehrkraft keine andere Möglichkeit zur Situationseinschätzung einfällt. Hat die Lehrperson jedoch verschiedene Alternativen für eine Unterrichtsstunde im Kopf, kann sie zum Beispiel auch auf die Erklärung verzichten und stattdessen der Klasse einen Text zum Lesen geben oder auf ein Erklärvideo verweisen. Das einzelne Handlungsziel hat dann eine geringere Bedeutung, und die Störung während der mündlichen Erklärung führt zu einer weniger aversiven emotionalen Reaktion. Die Lehrkraft kann notfalls auf Alternativen zurückgreifen. Das heißt natürlich nicht, gleich bei jeder Störung von Methode A auf Methode B zu wechseln. Nein, die Lehrperson kann bei Methode A bleiben, hat aber eine alternative Methode B in der Hinterhand. Die emotionale Reaktion auf eine Störung ist dadurch weniger stark und es gelingt eine positive Situationsbewertung.

Abschließend möchte ich noch auf einen dritten Forschungsansatz hinweisen, der angehende Lehrkräfte ermutigen sollte, an den eigenen emotionalen Kompetenzen für den stressigen Schulalltag zu arbeiten. In vielen psychologischen Studien wurden die Wirkungen eines *growth mindset* untersucht (Yeager & Dweck, 2020). Dieses Konzept beschreibt die Überzeugung eines Individuums, sich verändern zu können, Fähigkeiten lernen zu können oder sich in Zukunft positiv entwickeln zu können, auch wenn dies mit Anstrengung und Widerständen verbunden ist. Eine Person mit einem *fixed mindset* dagegen denkt, die aktuellen Fähigkeiten und Kompetenzen sind unveränderbar und hängen mit angeborenen Talenten zusammen. Das *mindset* kann sich gravierend auf verschiedene Lebensbereiche eines Menschen auswirken und sollte von angehenden Lehrkräften genau betrachtet werden.

Nalipay et al. (2021) zeigten beispielsweise anhand von Fragebogendaten bei philippinischen Lehramtsstudierenden im Praktikum einen Zusammenhang zwischen einem *growth-mindset*, autonomer Motivation und Engagement beim Unterrichten auf. Um das *growth mindset* bei Lehrkräften zu erfassen, wurde beispielsweise gefragt, ob die Lehrperson der Überzeugung ist, die eigene Unterrichtskompetenz kontinuierlich verbessern zu können. Zu einem ähnlichen Befund kamen auch Frondozo et al. (2022). Auch in dieser Studie wirkte sich ein *growth mindset* bei Lehrkräften positiv auf die Freude und das Engagement aus und reduzierte Ärger und Angst der Lehrperson im Unterricht. Die positive Botschaft dieser Studien ist, dass jede angehende Lehrperson an ihrem *mindset* aktiv arbeiten kann. Ein *growth mindset* ist kein angeborenes Talent, sondern das Ergebnis einer intensiven Auseinandersetzung mit sich selbst sowie vieler kleiner Lernanstrengungen gepaart mit kritischer und wertschätzender Selbstreflexion.

1.2.3 Emotionen der Schülerinnen und Schüler

Neben der Wahrnehmung, Beobachtung und Kontrolle der eigenen Emotionen während des Unterrichtens können Lehrerinnen und Lehrer auch bewusst daran arbeiten, die Emotionen der Schülerinnen und Schüler positiv zu beeinflussen. Auch hierfür gibt es viele Konzepte, Ideen und Studien. Ich möchte exemplarisch das Forschungsfeld rund um den Begriff *teacher immediacy* (Direktheit, Unmittelbarkeit) besprechen (Liu, 2021; Mehrabian, 1969). Gemeint ist damit eine bestimmte Art des Kommunikationsverhaltens, mit dem Lehrkräfte emotionale Nähe zu ihren Schülerinnen und Schülern signalisieren können. Was ist die grundlegende Überlegung dahinter? Menschen nähern sich je nach Sympathie einander an und entfernen sich voneinander. Sowohl verbales als auch nonverbales Kommunikationsverhalten kann dazu beitragen, die körperliche oder psychische Nähe zwischen Menschen zu erhöhen oder zu reduzieren. Verwandte Konzepte sind *teacher enthusiasm* oder *teacher expressiveness. Teacher immediacy* kann in verbales und nonverbales Kommunikationsverhalten unterteilt werden:

- Eine Lehrerin beispielsweise zeigt eine hohe *verbal immediacy*, wenn sie eine Schülerin mit dem Namen aufruft, einen Schüler nach einer Unterrichtsstunde um eine Rückmeldung bittet, die Klasse mit „wir" oder „uns" anspricht, Gespräche vor und nach dem Unterricht führt, gezielt einen Schüler zur aktiven Teilnahme ermuntert oder einer Schülerin ein positives Feedback zu einer Lernanstrengung gibt.
- Mit einer ausgeprägten *non-verbal immediacy* kann die Lehrerin sowohl die physische als auch die psychische Distanz zur Klasse überwinden. Beispiele hierfür sind Gesten, Blickkontakt, eine entspannte Körperhaltung, das Ausrichten des Körpers zur Klasse oder ein authentisches Lächeln. Mit diesen non-verbalen Signalen erhöht die Lehrerin die Aufmerksamkeit der Schülerinnen und Schüler, was wiederum zu effektiveren Interaktionen im Unterricht beitragen kann.

Ich halte die Studien zum Konzept *teacher immediacy* deshalb für beachtenswert, weil sie Lehrkräften viele Hinweise geben, wie sie die Beziehungen zu ihren Klassen mit kleinen, machbaren Schritten sofort verbessern können. Lehrkräfte motivieren ihre Klasse nicht nur durch einen interessanten Unterricht oder extrinsische Belohnungen wie „gute Noten". Die aufrichtig gemeinte und direkt gezeigte emotionale Nähe zu den Lernenden ist ein wichtiger Motivationsfaktor für Schülerinnen und Schüler. Katt und Condly (2009) unterscheiden zwischen einer allgemeinen Lernmotivation (*trait*) und einer temporären Lernmotivation (*state*). Die *trait motivation* kann in einem Unterrichtsfach gleichbleibend hoch oder niedrig sein und hängt stark von den Interessen und Fähigkeiten der Schülerinnen und Schüler ab. Wer Mathe oder Deutsch nicht kann oder mag oder beides, wird mit einer geringen *trait motivation* in den Unterricht gehen. Die *state motivation* dagegen hängt von situativen Gegebenheiten ab, wie beispielsweise den aktuellen Lerninhalten, Aufgabenstellungen und dem Verhalten der Lehrkräfte. Lehrkräfte können mit ihrem Verhalten somit gezielt die *state motivation* der Lernenden beeinflussen, auch wenn diese generell wenig Interesse an ihrem Unterrichtsfach haben. Ein Kommunikationsverhalten, das emotionale Nähe signalisiert, motiviert die Schülerinnen und Schüler.

Für die Effekte von *teacher immediacy* auf die Lernmotivation in der Klasse gibt es vielfältige, empirische Belege (Liu, 2021). *Teacher immediacy* hat sowohl positive Effekte auf die Lehrkräfte selbst, als auch auf die Motivation und die Leistungen der Schülerinnen und Schüler. Dies hängt insbesondere mit der erhöhten Aufmerksamkeit der Klasse bei einem direkten Kommunikationsverhalten zusammen. Ebenso gibt es Hinweise aus Studien, dass Lehrkräfte mit einem direkten und unmittelbaren Kommunikationsverhalten die Angst und das Stresslevel von Lernenden reduzieren können.

Die Bedeutung einer emotionalen Nähe zwischen Lehrperson und Lernenden zeigt sich mittlerweile auch in neurowissenschaftlichen Studien. Bevilacqua et al. (2019) erforschten in einem Realexperiment Zusammenhänge zwischen Lehrer-Schüler-Beziehungen, synchronen Gehirnaktivitäten und Lernerfolg. Während eines Schulhalbjahrs wurden in einer Biologieklasse mittels EEG-Methoden die Gehirnaktivitäten sowohl der Lehrkraft als auch der Schülerinnen und Schüler bei Vorträgen und Lernvideos erfasst. Synchrone Gehirnaktivitäten waren insbesondere bei den Vorträgen nachzuweisen, einer Methode bei der die Lehrkraft eine zentrale Rolle spielt. Je positiver eine Schülerin oder ein Schüler die emotionale Beziehung zur Lehrkraft beurteilte (*closeness*), desto höher war die Spiegelung der Gehirnaktivität der Lehrperson bei dieser Schülerin bzw. diesem Schüler. Auch der Lernerfolg bei den Behaltenstests konnte mit der von den Lernenden im Fragebogen geäußerten emotionalen Nähe zur Lehrperson erklärt werden.

1.2.4 Interaktionsstile und Klassenführung

Dieses Kapitel endet mit einem Modell, das sich gut eignet, um verschiedene Interaktionsstile von Lehrkräften zu analysieren. Angehende Lehrkräfte können dieses Modell nutzen, um darüber nachzudenken, wie sie selbst im Klassenzimmer auftreten und mit den Schülerinnen und Schülern kommunizieren. Wubbels und Kollegen haben in einer Reihe von Studien ab den 1980er Jahren das *model of teachers' interpersonal behavior* entwickelt (Brekelmans et al., 2005; Den Brok et al., 2004; Wubbels & Brekelmans, 2005). Das Modell basiert auf dem Interaktionsmodell des Psychologen Timothy Leary und wurde angepasst, um die Beziehungen zwischen Lehrpersonen und Lernenden in Bildungskontexten zu beschreiben. Dabei spielen zwei Dimensionen für die Analyse von Interaktionen in Gruppen eine wichtige Rolle (Abbildung 1):

(1) Dimension Einfluss (*influence, agency*): Die vertikale Achse des Modells verläuft von Dominanz zu Unterordnung. Die obere Extremposition auf dieser Achse ist eine dominante Lehrperson, die Kontrolle und Führung im Klassenzimmer ausübt. Die untere Extremposition ist dagegen eine Lehrperson, die sich im Unterricht zurücknimmt, bei Konflikten schnell nachgibt und wenig Interesse zeigt, das Geschehen im Klassenzimmer aktiv zu steuern und zu kontrollieren.

(2) Dimension Nähe (*communion, proximity*): Die horizontale Achse erstreckt sich von Opposition bis Kooperation. Auf der Extremposition „Opposition" in diesem Modell wäre eine Lehrkraft zu verorten, die wenig Nähe zu den Schülerinnen und Schülern zulässt und durch ein konfrontatives Verhalten häufig Konflikte im Klassenzimmer provoziert. Ist die Interaktion im Klassenzimmer dagegen von Nähe, Respekt und gegenseitigem Verständnis geprägt, würde dies der rechten Extremposition „Kooperation" entsprechen.

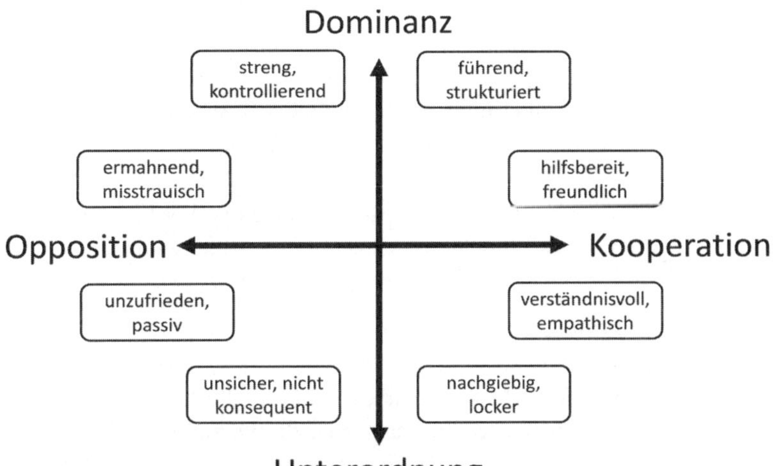

Abb. 1: Das Modell des interpersonalen Lehrerverhaltens (Quelle: Eigene Darstellung unter Verwendung von Wubbels und Brekelmans, 2005)

Diese beiden Dimensionen bilden ein Koordinatensystem, in dem sich acht Verhaltensweisen verorten lassen, die bei jeder Lehrperson mehr oder weniger ausgeprägt sind.

Durch hohe Dominanz geprägte Verhaltensweisen:

(1) Dominanz und Kooperation (führend, strukturiert): Die Lehrperson gibt klare Anweisungen und Leitlinien, ist aber auch unterstützend und aufmerksam gegenüber den Schülerinnen und Schülern.

(2) Dominanz und Opposition (streng, kontrollierend): Die Lehrperson legt klare Regeln fest und erwartet, dass die Schülerinnen und Schüler diese befolgen. Die Sichtweise auf die Klasse ist von Misstrauen und negativen Bewertungen geprägt.

Durch starke Unterordnung geprägte Verhaltensweisen:

(3) Unterordnung und Opposition (unsicher, nicht konsequent): Die Lehrperson zeigt Unsicherheit und mangelndes Vertrauen in die eigenen Fähigkeiten und Entscheidungen, hat eine negative Sichtweise auf die Lernenden, neigt zu Bestrafungen, zieht diese aber häufig zurück und entschuldigt sich dafür.

(4) Unterordnung und Kooperation (nachgiebig, locker): Die Lehrperson gibt bei Konflikten schnell nach und lässt den Schülerinnen und Schülern viele Freiheiten im Unterricht. Gleichzeitig zeigt sie aber auch Verständnis und signalisiert Unterstützung.

Durch hohe Kooperationsbereitschaft geprägte Verhaltensweisen:

(5) Kooperation und Dominanz (verständnisvoll, hilfsbereit): Die Lehrperson ist humorvoll, unterstützend, geduldig und versucht, die Bedürfnisse der Lernenden zu verstehen und zu erfüllen. Gleichzeitig behält sie die Klassenführung im Blick, nimmt Störungen wahr und betont die Regeln der Zusammenarbeit in der Klasse.

(6) Kooperation und Unterordnung (verständnisvoll, empathisch): Die Lehrperson lässt den Lernenden viele Freiheiten, setzt auf Eigenverantwortung, hört zu, ist empathisch und versucht die Lernenden gut zu unterstützen.

Durch hohe Opposition geprägtes Verhalten:

(7) Opposition und Dominanz (ermahnend, misstrauisch): Die Lehrperson ist unzufrieden mit dem Verhalten der Klasse, kritisiert die Lernenden häufig und versucht mit strengen Kontrollmechanismen die Disziplin im Klassenzimmer zu sichern.

(8) Opposition und Unterordnung (unzufrieden, passiv): Die Lehrperson ist bei Störungen und Konflikten weitgehend passiv, lässt den Lernenden viele Freiräume, zeigt aber gleichzeitig wenig Interesse an ihren Problemen und unterstützt sie auch nicht.

Die acht Verhaltensmuster sind bei allen Lehrkräften je nach Situation oder beruflicher Entwicklungsphase mehr oder weniger zu beobachten. Die in den Studien untersuchten Interaktionsstile ergeben sich durch eine hohe Ausprägung bestimmter Verhaltensweisen. Um diese zu erfassen, haben Fisher et al. (2011) einen Fragebogen entwickelt, der das Interaktionsverhalten aus der Perspektive der Schülerinnen und Schüler erfasst. Die Perspektive der Lernenden ist wichtig, weil es häufig hohe Diskrepanzen zwischen Lehrkräften und Lernenden bezüglich der Einschätzung des Interaktionsstils der Lehrkraft gibt (Karamane et al., 2023). Lehrkräfte überschätzen gerne ihre Fähigkeiten, mit den Schülerinnen und Schülern kooperativ zu arbeiten, Nähe herzustellen und dominant aufzutreten (Scherzinger et al., 2021). Besonders weit auseinander liegen die Einschätzungen zwischen Lernenden und Lehrkräften in Phasen der Einzelarbeit, während in Phasen des lehrergelenkten Unterrichts (Erklärungen, Unterrichtsgespräche, Erarbeitungen) die Einschätzungen stärker übereinstimmen (Tartwijk et al., 1998). Der Fragebogen wurde in verschiedenen Ländern eingesetzt und es zeigten sich dabei typische Interaktionsstile, je nach Kombination und Ausprägung der acht Verhaltensweisen (Fisher et al., 2011). Diese Interaktionsstile wurden besonders häufig beobachtet:

- Autoritativer Interaktionsstil (*authorative*): Bei diesem Interaktionsstil zeigt die Lehrperson hohe Ausprägungen auf der Dimension Kooperation mit Tendenz zur Dominanz. Die Lehrperson ist in der Lage, klare Regeln und Grenzen zu setzen und durchzusetzen, gleichzeitig bemüht sie sich aber auch um eine positive, respektvolle und unterstützende Beziehung zur Klasse. Autoritative Lehrerinnen und Lehrer legen Wert auf diszipliniertes und respektvolles Verhalten, aber sie sind auch bereit, auf die Bedürfnisse und Interessen ihrer Schülerinnen und Schüler einzugehen, ihnen zu helfen und sie zu ermutigen. Sie streben eine Balance zwischen der Aufrechterhaltung der Ordnung im Klassenzimmer und der Förderung von Autonomie an.
- Interaktionsstil Unterstützung und Toleranz (*tolerant*): Dieser Interaktionsstil ist durch hohe Kooperation und eine geringe Dominanz geprägt. Eine Lehrerin mit diesem Interaktionsstil ist kooperativ und unterstützend. Sie nimmt sich Zeit, um die individuellen Bedürfnisse und Gefühle der Schülerinnen und Schüler zu verstehen und darauf einzugehen. Sie fördert eine positive und unterstützende Lernumgebung, bei der die Lernenden viele Freiräume haben.
- Beim unsicher toleranten Interaktionsstil (*uncertain-tolerant*) lassen die Lehrpersonen den Schülerinnen und Schülern viele Freiheiten im Unterricht. Sie versuchen bewusst nicht autoritär oder dominant zu wirken und gestalten einen offenen, lernendenzentrierten Unterricht. Allerdings stoßen sie dabei häufig an ihre Grenzen und wirken unsicher. Sie versuchen dann diese Unsicherheit mit Regeln und Kritik am Verhalten der Klasse zu kontrollieren, zeigen dabei aber keinerlei Dominanz und haben nur ein geringes Durchsetzungsvermögen.
- Der unsichere und aggressive Interaktionsstil (*uncertain-aggressive*) ist durch geringe Kooperation und Schwankungen auf der Dimension Dominanz-Unterordnung gekennzeichnet. Lehrkräfte, die diesem Stil zugeordnet werden können, betrachten die Klasse oft als „Gegner“, sind sich jedoch unsicher, wie sie mit diesem umgehen sollen. Sie versuchen, den Lernenden mehr Freiraum zu geben, sind dann aber mit den dadurch entstehenden Störungen und Unsicherheiten im Unterricht unzufrieden und können es nicht ertragen, wenn die Schülerinnen

und Schüler diesen Freiraum ausnutzen. Dann reagieren sie wiederum mit dominantem Verhalten, was die Schülerinnen und Schüler noch mehr verunsichert und die Opposition zwischen beiden Gruppen erhöht.

- Lehrkräfte mit einem repressiven Interaktionsstil (*repressive*) übernehmen die vollständige Kontrolle über den Unterricht und die Klasse und lassen den Lernenden wenig Freiraum für Mitgestaltung oder Autonomie. Sie legen strikte Regeln und Verfahren fest und bestehen auf deren Einhaltung, oft mit wenig Raum für Flexibilität oder Verhandlungen. Dies führt zu einem repressiven Klima, in dem die Schülerinnen und Schüler wenig motiviert sind, Angst vor Fehlern haben oder sich eingeschüchtert fühlen.
- Besonders problematisch ist der Interaktionsstil „Sich durchkämpfen" (*drudging*), bei dem überhaupt kein klares Interaktionsmuster erkennbar ist. Eine Lehrperson mit diesem Muster wäre weder dominant noch würde sie den Lernenden wirklich Freiheiten im Unterricht lassen. Sie sucht weder Nähe noch Konfrontation und zeigt keine Persönlichkeit. Sie versteht sich lediglich als ein Anbieter von Informationen ohne aktiv die Rolle einer Lehrerin oder eines Lehrers einzunehmen. Dies kann zu einem mechanischen und uninspirierten Unterricht führen.

Studien zeigen Zusammenhänge zwischen diesen Interaktionsstilen und pädagogischen Zielvariablen (Wubbels & Brekelmans, 2005). Interessanterweise sind die Zusammenhänge zwischen Schulleistungen und dem repressiven, toleranten und autoritativen Interaktionsstil hoch. Die geringsten Zusammenhänge mit Schülerleistungen finden sich bei unsicher-toleranten oder unsicher-aggressiven Lehrkräften. Eine hohe Motivation in Schulklassen korreliert dagegen mit dem autoritativen Interaktionsstil. Die geringsten Zusammenhänge mit der Motivation gibt es bei Lehrkräften mit dem *drudging*-Interaktionsstil oder einem unsicher-aggressiven Interaktionsstil. Die Forschungen zu den Interaktionsstilen von Lehrkräften zeigen in eine Richtung. Um Schülerinnen und Schüler gut zu motivieren und sie beim Lernen auch unterstützen zu können, müssen Lehrkräfte die Führung im Klassenzimmer übernehmen, Dominanz ausstrahlen und gleichzeitig Kooperationsbereitschaft und Nähe signalisieren. Ungünstig für das Klima in der Klasse und die Lehrer-Schüler-Beziehungen ist dagegen die Kombination aus unsicherem Führungsverhalten und emotionaler Distanz.

Interessant sind auch Studien, die Zusammenhänge zwischen non-verbalem Verhalten einer Lehrperson und der Bewertung des interpersonalen Kommunikationsstils durch Lernende erforschten (Wubbels & Brekelmans, 2005). Externe Beobachter beurteilten anhand von Videoaufzeichnungen die Bewegungen im Klassenzimmer, die Körperhaltung, die Gestik, den Gesichtsausdruck, den Blickkontakt während des Sprechens und die Stimme von Sekundarschullehrkräften. Es zeigten sich deutliche Zusammenhänge zwischen der Stimme sowie dem Gesichtsausdruck und der Bewertung auf der Skala dominant vs. unterordnend durch die Schülerinnen und

Schüler. Je lauter, deutlicher und empathischer die Lehrperson sprach, von den Schülerinnen und Schülern gut verstanden wurde und das Gesicht aufgrund einer aufrechten Haltung sowie einer gewissen räumlichen Distanz gut sichtbar war, desto eher schätzten die Lernenden diese Lehrperson als dominant ein. Lehrpersonen, deren Stimme leise war, die sich eher zu den Jugendlichen herunterbeugten und deren Gesicht nicht gut sichtbar war, wurden dagegen von der Klasse als unterordnend eingeschätzt. Für die Bewertung auf der Skala Kooperation-Opposition war der Gesichtsausdruck ausschlaggebend. Je freundlicher und offener der Gesichtsausdruck war, je mehr die Lehrperson lachte, desto eher haben die Lernenden diese Lehrperson als kooperativ und zugewandt eingeschätzt. Je mehr ärgerliche Gesichtsausdrücke, desto stärker wurde die Lehrperson als oppositionell bewertet.

Diese Befunde ergänzen die Studie von Kounin (1970) über den Umgang mit Disziplinproblemen. Dominante Lehrkräfte mit einer effizienten Klassenführung lassen sich nicht durch Störungen im Klassenzimmer ablenken, reden weiter mit einer bestimmten und lauten Stimme, haben Abstand und behalten die ganze Klasse im Blick (*withitness*, Blickkontakt). Auf Störungen reagieren sie ohne dabei den Unterrichtsfluss zu unterbrechen (*overlapping*). Diese Lehrkräfte sind präsent, nehmen wahr was passiert, sind aber nicht davon abhängig, auf jede Kleinigkeit zu reagieren. Erfahrene Lehrkräfte unterscheiden sich von angehenden Lehrerinnen und Lehrern in ihrem Kommunikationsverhalten vor großen Gruppen (Brekelmans et al., 2005). Es gibt dagegen kaum Unterschiede zwischen erfahrenen und unerfahrenen Lehrkräften in der Kommunikation mit einzelnen Kindern oder Jugendlichen (leise sprechen, heruntergebeugte Kopfhaltung, nahe an der Person). Dies ist vermutlich ein Grund, warum Studierende in ihren ersten Praktika Methoden mit individuellen Arbeitsphasen bevorzugen und weniger gerne lehrerzentrierte Methoden anwenden (Gespräche, Erklärungen, Vorträge, Erarbeitungen, Diskussionen mit der ganzen Klasse).

1.3 Orientierung für den Umgang mit Schulklassen

Zoe lauschte den Ausführungen von Professor Magnus Schreiber aufmerksam und arbeitet jetzt in ihrem Studierzimmer noch einmal die Vorlesungsaufschriebe durch. Zumindest stellt sich das Professor Schreiber so vor. Wir möchten aber nicht die Wunschvorstellung eines Hochschullehrers vom Lerneifer seiner Studentinnen zerstören und gehen davon aus, dass Zoe ihre bisherigen Unterrichtserfahrungen mit dem Theoriewissen aus der Vorlesung verknüpfen möchte. Diese Verknüpfung kann eine Bestätigung sein, aber auch eine Abgrenzung zum Theoriewissen. Nehmen wir einmal an, Zoe nimmt die Inhalte der heutigen Vorlesung wirklich zum Anlass, um sich auf die nächste Praktikumserfahrung vorzubereiten. Welche Schlüsse könnte sie ziehen?

Zunächst einmal kann sich Zoe bestätigt fühlen, die Frage nach der Klassenführung und der Disziplin im Klassenzimmer gestellt zu haben. Diese Frage ist deshalb relevant, weil damit deutlich wird, dass die fragende Person verstanden hat, was den Kern des Berufs eines Lehrers oder einer Lehrerin ausmacht. Sowohl angehende als auch erfahrene Lehrkräfte sollten in der Lage sein, eine Klasse so zu führen, dass alle Schülerinnen und Schüler motiviert sind und relativ ungestört lernen können. Die in diesem Kapitel dargestellten Modelle und Ansätze geben Zoe eine Reihe von Hinweisen, worauf sie in ihren nächsten Unterrichtsversuchen achten sollte. Sie versteht allerdings auch, dass der Aufbau eines effektiven Klassenmanagements nicht von heute auf morgen geht und hierfür viel Erfahrung, viele Schritte und Umdenkprozesse notwendig sind. Damit kann sie aber sofort beginnen. Zoe hat ein *growth mindset* verinnerlicht und das ist gut so.

Für die nächsten Praktika nimmt sie sich vor, auf Störungen im Unterricht nicht sofort zu reagieren, sondern erst einmal wahrzunehmen, um was es geht. Sie will erst einmal durchatmen, nachdenken und erst dann handeln. Nur so wird es ihr gelingen, den Ablauf von automatisierten und dysfunktionalen Reaktionsmustern zu unterbrechen.

Zoe ist jetzt auch motiviert, die Rolle der Lehrerin anzunehmen. Sie wird in der nächsten Unterrichtsstunde ab der ersten Sekunde präsent sein und die Führung im Klassenzimmer übernehmen. Sie ist die Lehrerin, das Klassenzimmer ist ihre Arena. Es gibt keine Zonen und Räume im Klassenzimmer, für die sie nicht zuständig ist. Das bedeutet jedoch nicht, alles bestimmen und kontrollieren zu müssen, was auf den Tischen und unter den Tischen vor sich geht. Das wäre unrealistisch. Sie kann aber durch ihr Auftreten, ihre Bewegungen im Raum und ihre Blicke signalisieren, dass es ihr wichtig ist, was jede einzelne Schülerin und jeder einzelne Schüler im Unterricht macht oder nicht macht.

Zoe stellt sich zudem die Frage, ob sie diesen Beruf wirklich liebt, ob sie mit Freude und Enthusiasmus Lehrerin sein kann? Oder hat sie lediglich Interesse an Themen und Fächern und nicht an den Kindern und Jugendlichen? Wie fühlt sie sich wirklich bei der Unterrichtsvorbereitung, auf dem Weg zum Klassenzimmer, wenn sie vor der Klasse steht und Aufgaben erläutert sowie Anweisungen gibt? Ist sie besorgt und verängstigt? Oder ist es eine freudige, angespannte Aufregung?

Gerade beim Berufseinstieg werden viele Lehrerinnen und Lehrer das eine oder andere Klassenzimmer mit einem unguten Gefühl im Bauch betreten. Dies ist okay. Entscheidend ist allerdings, dass sich Zoe über die Bewertung dieser emotionalen Reaktionen im Klaren ist. Wenn es sich um dauerhafte, negative Gedankenschleifen handelt, ist höchste Vorsicht geboten. Sie sollte dann mit einer guten Kollegin, einem guten Kollegen oder einer vertrauten Person sprechen. Dabei können schon kleine Übungen hilfreich sein. Beispielsweise zeigen sich bei den Emotionen Angst und freudige Aufgeregtheit exakt die gleichen körperlichen Reaktionsmuster: Herzklopfen, feuchte Handflächen, innere Unruhe, fokussierter Blick. Der Unterschied liegt lediglich in der kognitiven Situationsbewertung. Kreisen die Gedanken um mögliche Störungen, mit denen sie nicht umgehen kann, die ihr vermeintlich zeigen, dass sie keine gute Lehrperson ist? Dann wird die Unruhe von Zoe eine Angst bleiben, die lähmt.

Wenn Sie es aber schafft, das ungute Gefühl vor einer Unterrichtsstunde als aufgeregte Gespanntheit vor einer wichtigen Herausforderung zu interpretieren, sieht die Sache schon ganz anders aus. Zoe nimmt sich deshalb vor, schwierige Klassen als die eigentliche Herausforderung ihres Berufs zu verstehen. Sie möchte das Wesen, den Kern und die zugrunde liegenden Probleme dieser Kinder und Jugendlichen verstehen. Das wird für sie herausfordernd sein, das klappt mit Sicherheit nicht auf Anhieb und auch nicht in jeder Unterrichtsstunde. Diese andere Perspektive, dieses andere *mindset* ist allerdings für ihre Emotionen entscheidend. Sie entkommt einer Spirale der Angst und Lähmung und findet einen Modus, in dem sie die Herausforderungen ihres Berufs annimmt und versucht, sich in kleinen Schritten gerade den schwierigen Schülerinnen und Schülern zu nähern, um sie besser zu verstehen. Damit ist sie auf einem guten Weg, später einmal einfach stark unterrichten zu können.

Weiterführende Literatur

Haag, L. (2018). Kernkompetenz Klassenführung. Verlag Julius Klinkhardt.

Karamane, E., Vatou, A., Tsigilis, N., & Gregoriadis, A. (2023). Comparing students' and teachers' perceptions about teachers' interpersonal behaviour in Greek secondary education. Learning Environments Research, 26(3), 899–914. https://doi.org/10.1007/s10984-023-09459-9

Kiel, E., Frey, A., & Weis, S. (2013). Trainingsbuch Klassenführung (1st ed.). Klinkhardt. https://doi.org/10.36198/9783838539928

Übungsaufgaben

Die Testfragen zu diesem Beitrag finden Sie unter folgendem Link:
https://www.utb.de/do/10.36198/9783838563084-e01/disclaimer

Aufgabe 1: Welche Aussage beschreibt am besten die Bedeutung von „Klassenführung", wie sie in diesem Kapitel dargestellt wurde?

a. Klassenführung bezieht sich ausschließlich auf die Durchsetzung von Disziplin im Klassenzimmer.
b. Klassenführung umfasst die Organisation und Führung von Lerngruppen, um Störungen zu reduzieren und eine motivierende Lernatmosphäre zu fördern.
c. Klassenführung ist die Fähigkeit, die Unterrichtsplanung ohne Abweichungen strikt zu befolgen.
d. Klassenführung bedeutet, den Schülerinnen und Schülern im Unterricht viele Freiheiten zu gewähren.

Aufgabe 2: Basierend auf Kounins Beobachtungen, welche Verhaltensweisen könnten Sie konkret im Praktikum üben, um Allgegenwärtigkeit (*withitness*) im Klassenzimmer auszustrahlen?

Aufgabe 3: Reflektieren Sie über eine Beobachtung oder Erfahrung während eines Praktikums, bei der Sie eine effektive oder ineffektive Klassenführung erlebt haben. Beschreiben Sie die Situation und analysieren Sie, welche Strategien der Klassenführung angewendet wurden und wie diese das Lernumfeld beeinflusst haben.

Aufgabe 4: Ordnen Sie die folgenden Verhaltensweisen den entsprechenden Merkmalen einer effizienten Klassenführung nach Kounin zu (*withitness, overlapping, momentum, smoothness, group focus*)!

a. Eine Lehrkraft reagiert auf eine Frage eines Schülers, während sie die Hausaufgaben verteilt.
b. Eine Lehrerin behält während eines Gruppenprojekts den Überblick über die Aktivitäten aller Schülergruppen.

c. Ein Lehrer beginnt die Stunde sofort mit einer klaren und strukturierten Aufgabe, ohne Zeit zu verlieren.
d. Eine Lehrerin integriert einen unerwarteten Schülerkommentar geschickt in die laufende Diskussion, ohne vom Thema abzukommen.
e. Ein Lehrer bemerkt, wenn ein Schüler abgelenkt ist, auch wenn er sich gerade mit der ganzen Klasse beschäftigt.

Aufgabe 5: Auf einer Skala von 1 bis 5, wobei 1 „gar nicht vorbereitet" und 5 „sehr gut vorbereitet" bedeutet, wie gut fühlen Sie sich darauf vorbereitet, effektive Klassenführungsstrategien in Ihrem zukünftigen Beruf anwenden zu können? Bitte begründen Sie Ihre Bewertung.

Literatur

Barrett, L. F. (2018). *How emotions are made: The secret life of the brain* (Paperback edition). PAN Books.

Becker, E. S., Keller, M. M., Goetz, T., Frenzel, A. C., & Taxer, J. L. (2015). Antecedents of teachers' emotions in the classroom: An intraindividual approach. *Frontiers in Psychology, 6*. https://doi.org/10.3389/fpsyg.2015.00635

Bevilacqua, D., Davidesco, I., Wan, L., Chaloner, K., Rowland, J., Ding, M., Poeppel, D., & Dikker, S. (2019). Brain-to-brain synchrony and learning outcomes vary by student-teacher dynamics: Evidence from a real-world classroom electroencephalography study. *Journal of Cognitive Neuroscience, 31*(3), 401–411. https://doi.org/10.1162/jocn_a_01274

Bicard, D. F., Ervin, A., Bicard, S. C., & Baylot-Casey, L. (2012). Differential effects of seating arrangements on disruptive behavior of fifth grade students during independent seatwork. *Journal of Applied Behavior Analysis, 45*(2), 407–411. https://doi.org/10.1901/jaba.2012.45-407

Brekelmans, M., Wubbels, T., & Van Tartwijk, J. (2005). Teacher–student relationships across the teaching career. *International Journal of Educational Research, 43*(1–2), 55–71. https://doi.org/10.1016/j.ijer.2006.03.006

Den Brok, P., Brekelmans, M., & Wubbels, T. (2004). Interpersonal Teacher Behaviour and Student Outcomes. *School Effectiveness and School Improvement, 15*(3–4), 407–442. https://doi.org/10.1080/09243450512331383262

Egeberg, H., McConney, A., & Price, A. (2021). Teachers' views on effective classroom management: A mixed-methods investigation in Western Australian high schools. *Educational Research for Policy and Practice, 20*(2), 107–124. https://doi.org/10.1007/s10671-020-09270-w

Fisher, D., Den Brok, P., Waldrip, B., & Dorman, J. (2011). Interpersonal behaviour styles of primary education teachers during science lessons. *Learning Environments Research, 14*(3), 187–204. https://doi.org/10.1007/s10984-011-9093-z

Frenzel, A. C., Goetz, T., Lüdtke, O., Pekrun, R., & Sutton, R. E. (2009). Emotional transmission in the classroom: Exploring the relationship between teacher and student enjoyment. *Journal of Educational Psychology, 101*(3), 705–716. https://doi.org/10.1037/a0014695

Frondozo, C. E., King, R. B., Nalipay, Ma. J. N., & Mordeno, I. G. (2022). Mindsets matter for teachers, too: Growth mindset about teaching ability predicts teachers' enjoyment and engagement. *Current Psychology, 41*(8), 5030–5033. https://doi.org/10.1007/s12144-020-01008-4

Haag, L. (2018). *Kernkompetenz Klassenführung*. Verlag Julius Klinkhardt.

Karamane, E., Vatou, A., Tsigilis, N., & Gregoriadis, A. (2023). Comparing students' and teachers' perceptions about teachers' interpersonal behaviour in Greek secondary education. *Learning Environments Research, 26*(3), 899–914. https://doi.org/10.1007/s10984-023-09459-9

Katt, J. A., & Condly, S. J. (2009). A Preliminary Study of Classroom Motivators and De-motivators from a Motivation-hygiene Perspective. *Communication Education, 58*(2), 213–234. https://doi.org/10.1080/03634520802511472

Kiel, E., Frey, A., & Weiß, S. (2013). *Trainingsbuch Klassenführung* (1st ed.). Klinkhardt. https://doi.org/10.36198/9783838539928

Korpershoek, H., Harms, T., De Boer, H., Van Kuijk, M., & Doolaard, S. (2016). A meta-analysis of the effects of classroom management strategies and classroom management programs on students' academic, behavioral, emotional, and motivational outcomes. *Review of Educational Research, 86*(3), 643–680. https://doi.org/10.3102/0034654315626799

Kounin, J. S. (1976). *Techniken der Klassenführung*. Huber, Klett.

Liu, W. (2021). Does teacher immediacy affect students? A systematic review of the association between teacher verbal and non-verbal immediacy and student motivation. *Frontiers in Psychology, 12*, 713978. https://doi.org/10.3389/fpsyg.2021.713978

Marx, A., Fuhrer, U., & Hartig, T. (2012). Effects of classroom seating arrangements on children's question-asking. *Learning Environments Research, 2*(3), 249–263. https://doi.org/10.1023/A:1009901922191

Marzano, R. J., Marzano, J. S., & Pickering, D. J. (2003). *Classroom management that works: Research-based strategies for every teacher*. Association for Supervision and Curriculum Development.

Mehrabian, A. (1969). Significance of posture and position in the communication of attitude and status relationships. *Psychological Bulletin, 71*(5), 359–372. https://doi.org/10.1037/h0027349

Nalipay, Ma. J. N., King, R. B., Mordeno, I. G., Chai, C.-S., & Jong, M. S. (2021). Teachers with a growth mindset are motivated and engaged: The relationships among mindsets, motivation, and engagement in teaching. *Social Psychology of Education, 24*(6), 1663–1684. https://doi.org/10.1007/s11218-021-09661-8

Osher, D., Bear, G. G., Sprague, J. R., & Doyle, W. (2010). How can we improve school discipline? *Educational Researcher, 39*(1), 48–58. https://doi.org/10.3102/0013189X09357618

Scherzinger, M., Roth, B., & Wettstein, A. (2021). Pädagogische Interaktionen als Grundbaustein der Lehrperson-Schüler*innen-Beziehung. Die Erfassung mit State Space Grids. *Unterrichtswissenschaft, 49*(3), 303–324. https://doi.org/10.1007/s42010-020-00089-1

Tartwijk, J. V., Brekelmans, M., Wubbels, T., Fisher, D. L., & Fraser, B. J. (1998). Students' perceptions of teacher interpersonal style. *Teaching and Teacher Education, 14*(6), 607–617. https://doi.org/10.1016/S0742-051X(98)00011-0

Valente, S., & Lourenço, A. A. (2020). Conflict in the classroom: How teachers' emotional intelligence influences conflict management. *Frontiers in Education, 5*, 5. https://doi.org/10.3389/feduc.2020.00005

Valente, S., Monteiro, A. P., & Lourenço, A. A. (2019). The relationship between teachers' emotional intelligence and classroom discipline management. *Psychology in the Schools, 56*(5), 741–750. https://doi.org/10.1002/pits.22218

Wubbels, T., & Brekelmans, M. (2005). Two decades of research on teacher–student relationships in class. *International Journal of Educational Research, 43*(1–2), 6–24. https://doi.org/10.1016/j.ijer.2006.03.003

Yeager, D. S., & Dweck, C. S. (2020). What can be learned from growth mindset controversies? *American Psychologist, 75*(9), 1269–1284. https://doi.org/10.1037/amp0000794

2 Grundlegendes Wissen vermitteln

Das Video zu diesem Beitrag finden Sie unter folgendem Link:
https://www.utb.de/do/10.36198/9783838563084-m03

Ziele und Überblick: In der öffentlichen Debatte über Schule gibt es die Position, dass Lehrkräfte als „Lerncoach" die Schülerinnen und Schüler bei der selbstständigen Aneignung von Wissen über digitale Medien nur noch beraten und begleiten sollten. Dieses Kapitel widerspricht dieser Position und bietet angehenden Lehrkräften eine klare Orientierung, dass es weiterhin die zentrale Aufgabe von Schule ist, allgemeinbildendes Wissen in Unterrichtsfächern direkt zu vermitteln. Als Argumentationsgrundlage dienen die kognitionspsychologischen Grundlagen des menschlichen Gedächtnisses:

- Das im Langzeitgedächtnis gespeicherte Wissen setzt sich aus deklarativen und prozeduralen Facetten zusammen. Das deklarative Wissen ist für das Verständnis der Welt, in der wir leben, zentral.
- Der Aufbau von Wissen im Langzeitgedächtnis ist ein langer und komplexer Prozess, für den es keine Abkürzungen gibt.
- Der kognitionspsychologische Wissensbegriff beschreibt, welche Art von Wissen Schülerinnen und Schüler nachhaltig speichern und in vielfältigen Lebens- und Berufskontexten anwenden können. Insbesondere wird die Bedeutung von Schemata für die langfristige Organisation von Wissen herausgearbeitet.

Die selbstständige Aneignung von Wissen ist aus kognitionspsychologischer Sicht keine Option für die allgemeinbildende Schule. Wer dies für sich geklärt hat, kann einfach, zielgerichtet und lernwirksam unterrichten.

2.1 Lernberatung oder Wissensvermittlung?

Zoe sitzt in einem Vortrag über die Zukunft der Schule. Die Universität hat eine populäre Wissenschaftlerin eingeladen, die aufsehenerregende Bücher über neue Methoden des Lernens und eine ganz andere Form der Schule für das 21. Jahrhundert geschrieben hat. Sie stellt das, was Zoe bisher unter Unterricht und Schule verstanden hatte, radikal infrage. Fasziniert lauscht sie den Ausführungen der eloquenten Rednerin. Diese argumentiert, das gesamte Wissen der Menschheit sei mittlerweile über das Internet jederzeit und überall verfügbar. Menschen könnten mit einem Chat-Bot über jedes Thema in einen Dialog treten und sich zielgenau über das informieren, was sie in diesem Moment gerade wissen möchten. Warum sollte die Schule dann noch mühsam über Jahre hinweg Kindern und Jugendlichen Wissen vermitteln, das aus der Perspektive von Erwachsenen häufig als wenig nützlich oder gar überflüssig beschrieben wird?

Für die populäre Wissenschaftlerin steht aber nicht nur die Vermittlung von Wissen zur Disposition. Sie hinterfragt ebenso das Lernen und Üben von kulturellen Fertigkeiten wie Lesen, Schreiben, Rechnen oder Fremdsprachen. Maschinen beraten uns bei der Geldanlage oder beim Ratenkauf eines Fahrzeugs. Programme berechnen automatisch die Kreditwürdigkeit eines Kunden. Warum sollten Jugendliche noch die Zinsrechnung erlernen? Digitale Technologien ermöglichen eine Echtzeitkommunikation in einer fremden Sprache, sowohl mündlich als auch schriftlich. Warum sollten Menschen überhaupt noch ihre wertvolle Lebenszeit mit dem Auswendiglernen von Vokabeln oder Grammatikübungen verschwenden? Generative KI-Programme erzeugen passgenaue Geschäftsbriefe und übersichtliche Zusammenfassungen von Büchern. Wie motivieren Lehrkräfte unter diesen Umständen ihre Schülerinnen und Schüler, das Schreiben von Texten zu üben? Zoe ist von den Ausführungen beeindruckt.

Im zweiten Teil des Vortrags hinterfragt die Rednerin kritisch die Rolle von Lehrkräften und die bisherige Organisation des Unterrichts. Ist es überhaupt noch zeitgemäß, den Kindern und Jugendlichen Wissen zu vermitteln, das sie im späteren Leben eventuell nicht mehr benötigen oder sich auf einfache Art und Weise selbst aneignen können? Warum lernen Kinder mühsam Techniken und Fertigkeiten, die mittlerweile alle von einer Maschine wesentlich besser ausgeführt werden können? Wäre es nicht besser, wenn Lehrkräfte ihren Schülerinnen und Schülern zeigen, wie man sich Wissen eigenständig aneignen kann? Sollte in der Schule nicht viel mehr das Lernen des Lernens mit digitalen Technologien im Vordergrund stehen? Wer gelernt hat, selbstständig zu lernen und zu recherchieren, kann sich später alles beibringen, was an Wissen und Fertigkeiten benötigt wird. Die Lehrperson vermittelt nicht mehr Fachwissen, sondern unterstützt als „Lerncoach" die Schülerinnen und Schüler bei der eigenständigen Wissensaneignung.

Diese ganz neue Sichtweise, so die Wissenschaftlerin, würde auch die gesamte Organisation einer Schule in Frage stellen. Brauchen wir überhaupt noch Unterrichtsfächer? Wäre es nicht sinnvoller, in Teams an fächerübergreifenden und praxisorientierten Projekten zu arbeiten? Die Schülerinnen und Schüler können dann besser verstehen, welches Wissen sie zur Lösung eines konkreten Problems benötigen, eignen sich dieses Wissen selbstständig an und nutzen es auf kreative Weise für das Projekt. Dabei lernen sie, mit anderen zu kooperieren und ihre eigenen Ideen gut zu kommunizieren. Lehrkräfte unterstützen und begleiten diesen Prozess, beraten die Kinder und Jugendlichen bei der selbstgesteuerten Aneignung und Nutzung des Wissens. Die Lehrkräfte werden bei dieser Aufgabe wiederum selbst von Lerntechnologien unterstützt.

Zoe macht sich nach dem Vortrag viele Gedanken darüber, wie sie in Zukunft als Lehrerin arbeiten wird. Wird sich die Vision der Wissenschaftlerin durchsetzen? In ihren bisherigen Praktikumsschulen fand sie eine klassische, traditionelle Variante von Unterricht und Schule vor. Sie beschließt, Professor Magnus Schreiber mit dieser Frage zu konfrontieren. Der Professor macht einen traditionellen Eindruck. Wird er die Sichtweise seiner Kollegin teilen? In der nächsten Vorlesung erzählt sie begeistert von einem Vortrag und schwärmt von einer neuen Welt des Lernens mit Lehrkräften als Lern-Coaches, Projekten statt Frontalunterricht und einer Schule, die nicht Wissen vermittelt, sondern den Schülerinnen und Schülern hilft, sich Wissen und Kompetenzen selbst anzueignen.

Magnus Schreiber nimmt diesen Diskussionsbeitrag freudig, aber doch stirnrunzelnd auf. Es scheint sein Thema zu sein. Doch sieht er die Dinge ganz anders. Die Vorstellung von der „Lehrkraft als Lerncoach", so der Professor, ist blauäugig und undurchdacht. Zwar haben alle Menschen dank des Internets jederzeit einfachen Zugang zu allen relevanten Wissensbeständen, jedoch stehen auf einer Ebene Falsches und Wahres, Relevantes und Irrelevantes. Wer selbst kein solides Fundament an Allgemeinwissen hat, ist der Informationsflut digitaler Technologien hilflos ausgeliefert. Wir können nur zwischen relevanten und irrelevanten Inhalten unterscheiden, wenn wir wissen, worauf es ankommt. Schülerinnen und Schüler lernen nur dann zwischen falschen und korrekten Informationen zu unterscheiden, wenn sie über eine grundlegende Bildung in möglichst vielen Wissens- und Lebensbereichen verfügen. Zoe ist hin- und hergerissen. Im Vortrag der Wissenschaftlerin wurden die Möglichkeiten digitaler Technologien für die selbstständige Wissensaneignung wohl doch etwas zu naiv dargestellt.

Der Professor legt nach. Wie soll eine Person beurteilen, ob ein Zeitungsbericht über ein politisches Ereignis der Realität entspricht oder eine einseitige Darstellung der Geschehnisse vermitteln möchte? Dies gelingt nur dann, wenn diese Person bereits über umfangreiches Hintergrundwissen zu diesem politischen Thema verfügt. Gleiches gilt für das Thema „Lernen lernen". Ich kenne keine einzige Lernstrategie, so Dr. Schreiber, die man ohne inhaltliches Wissen einsetzen kann, um sich ein neues Wissensgebiet zu erschließen oder sich eine neue Fertigkeit selbst beizubringen. Bereits das Lesen von Texten ist nur möglich, wenn ein Mensch zumindest die

Bedeutung der wichtigsten Wörter und Begriffe in einem Text kennt. Es ist unmöglich, sich ohne Vorwissen allein mit „Strategien“ oder „Techniken“ neues Wissen anzueignen. Diese Vorstellungen vom „Lernen lernen“ und von der Lehrperson als „Coach“ gehören zu den größten Trugbildern der Didaktik.
Zoe hörte aufmerksam zu, ist aber noch nicht ganz überzeugt. Immerhin wird in der Schule viel Wissen gepaukt, das die Schülerinnen und Schüler schnell wieder vergessen. Professor Schreiber nickt zustimmend, ja, das ist häufig der Fall. Allerdings kommt es darauf an, welches Wissen auf welche Weise vermittelt wird. Um diese Frage beantworten zu können, müssen wir mehr über die Grundlagen des menschlichen Wissens verstehen. Was wir als Menschen sind, was uns ausmacht, was wir leisten können, aber auch wo unsere Grenzen sind, wird wesentlich durch unser Gehirn und dessen Möglichkeit zu lernen und gelerntes Wissen zu speichern, bestimmt. Ist unser Gehirn wirklich in der Lage, ohne die mühsame Einarbeitung in Mathematik, Fremdsprachen, Literatur oder Geschichte das im Internet verfügbare Wissen zu nutzen?
Nein, natürlich nicht. Die Begründungen liefern uns die Wissenschaften, die sich mit der Struktur des Gehirns und den Prozessen des menschlichen Lernens beschäftigen. Sowohl die Kognitionspsychologie als auch die Neurobiologie zeigen, dass wir unser Wissen nicht beliebig und jederzeit zusammenbauen können. Menschliches Wissen folgt nicht einem Baukastensystem, das es erlauben würde, zu jedem beliebigen Zeitpunkt das Wissen zum Bereich X oder Y aus dem Internet zu holen und sich anzueignen. Vielmehr müssen bereits in der Kindheit die Grundlagen für Wissen und Handlungsfähigkeit konkret angelegt werden. Menschliches Wissen ist eine komplexe Vernetzungsstruktur und nur die „Knotenpunkte“, die während der Schulzeit vermittelt wurden, sind tragfähige und stabile Anknüpfungspunkte für das weitere Lernen im Leben, so Professor Schreiber. Zoe ahnt in diesem Augenblick, dass sie etwas ganz Wesentliches über ihren zukünftigen Beruf noch nicht verstanden hat. Wie speichert eigentlich das Gehirn Wissen und welche Rolle spielt dabei eine Lehrperson?

2.2 Hintergrundwissen zum menschlichen Gedächtnis

Sowohl die Kognitionspsychologie als auch die Neurobiologie beschreiben, jeweils aus einer anderen Perspektive, was menschliches Wissen ist, aus welchen Teilkomponenten sich unser Wissen zusammensetzt und welche Prozesse dafür verantwortlich sind, Wissen auf- und umzubauen (Eysenck & Keane, 2020; Goswami, 2004, 2020). Wir werden in diesem Lehrbuch auf grundlegende Erkenntnisse dieser Wissenschaften zurückgreifen. Lehrkräfte können die Erkenntnisse nicht nur für die Gestaltung des Unterrichts nutzen. Mit dem Wissen über menschliches Wissen lässt sich begründen, was Menschen in ihrer Kindheit und Jugend lernen sollten und welche Rolle dabei die zielgerichtete Vermittlung von Lerninhalten in Schule und Unterricht spielt.

2.2.1 Langfristige Speicherung verschiedener Wissensarten

Menschen haben die Fähigkeit, viel Wissen langfristig im Gedächtnis zu speichern und in vielfältigen Situationen zu nutzen (Sridhar et al., 2023). Dauerhaft heißt im Prinzip „lebenslang", wenn man von alters- oder krankheitsbedingten Prozessen des Vergessens absieht. Neurobiologisch betrachtet besteht unser Wissen aus den Vernetzungen, die im Laufe von lebenslangen Lernprozessen zwischen den Neuronen (Gehirnzellen) entstanden sind. Der Aufbau dieser Vernetzungsstrukturen ist allerdings ein langer Prozess und viele Informationen müssen erst die beiden Vorstufen unseres Langzeitgedächtnisses passieren, bevor ein allgemeines Wissen langfristig verfügbar ist (Camina & Güell, 2017; Squire, 2004). Dieser Prozess wird mit dem Drei-Speicher-Modell des menschlichen Gedächtnisses dargestellt (Abbildung 2).

Das Kurzzeitgedächtnis oder Arbeitsgedächtnis (*working memory*) ist die „Pforte", die jede Information durchschreiten muss, um eine Chance zu haben, im Langzeitgedächtnis dauerhaft verbleiben zu können. Dieser Teil unseres Gedächtnisses wird wichtig, wenn es um das Verständnis von Lernprozessen, Unterrichtsmethoden und Medien geht. Informationen können nur eine kurze Zeit, wenige Sekunden bis einige Minuten, in diesem Teil unseres Gedächtnisses verbleiben. Menschen können sich nur mit kleinen Wissensportionen beschäftigen und benötigen viele dieser Wissensportionen, um nach und nach über ein allgemeines Verständnis eines Sachverhalts zu verfügen (deklaratives Wissen) oder eine Fertigkeit gut zu beherrschen (prozedurales Wissen). Im Laufe einer langen Zeit müssen somit viele Beispiele oder Übungen aktiv in unserem Arbeitsgedächtnis bearbeitet werden, bevor sich wirklich dauerhafte Spuren davon ins Langzeitgedächtnis einprägen.

Aber auch das sensorische Gedächtnis des Menschen hat eine große Bedeutung für Lehr- und Lernprozesse. Alle Informationen aus unseren Sinnesorganen (Ohren, Augen, Tastsinn oder Wahrnehmung von Vorgängen im Körper) werden für eine kurze Zeit in sensorischen Karten im Gehirn zwischengespeichert. Nur ein sehr kleiner Teil dieser Information gelangt durch bewusste Aufmerksamkeit ins Arbeitsgedächtnis und hat damit überhaupt erst die Chance, langfristig abgespeichert zu werden.

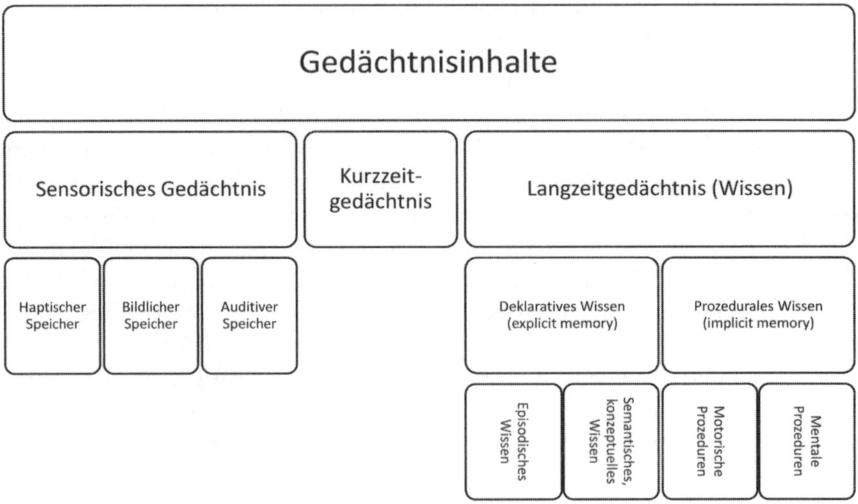

Abb. 2: Gedächtnis und Wissensarten (Quelle: Eigene Darstellung unter Verwendung von Guell und Camina 2017, Seite 12)

Für Lehrkräfte lohnt es sich, die Arten von Wissen, die im Langzeitgedächtnis gespeichert werden können, etwas genauer zu betrachten. Sowohl die Neurobiologie als auch die Psychologie verwenden zur Beschreibung von Inhalten des Langzeitgedächtnisses die beiden Begriffe „deklarativ“ und „prozedural“ (De Jong & Ferguson-Hessler, 1996; Renkl, 2015; Sridhar et al., 2023). Das deklarative Wissen eines Menschen, auch als explizites Wissen bezeichnet, umfasst alles, was wir mithilfe von Symbolen wie Sprache oder Mathematik beschreiben und ausdrücken können. Es beinhaltet unser Wissen über die Welt und uns selbst, einschließlich unserer Erlebnisse, Erfahrungen und Gefühle. Deklaratives Wissen ist verbalisierbar und daher durch Sprache zugänglich. Wir können Geschichten erzählen, Sachverhalte beschreiben oder Definitionen von Begriffen aufschreiben.
Deklaratives Wissen lässt sich anschaulich in Form von *concept maps* (konzeptuelle Landkarten) darstellen (Nesbit & Adesope, 2006). Abbildung 3 zeigt eine *concept map* für den Begriff der Photosynthese. Die wichtigsten sprachlichen Aussagen, um zu verstehen, wie Pflanzen Licht, Wasser und Kohlendioxid in Zucker und Sauerstoff umwandeln, werden grafisch dargestellt. Der zentrale Begriff der Photosynthese steht in der Mitte. Weitere erklärende Begriffe wie Chloroplasten, chemische Energie, Sauerstoff usw. werden um diesen Begriff gruppiert. Anschließend werden die Zusammenhänge zwischen den Begriffen mit Pfeilen dargestellt und sprachlich spezifiziert. Wichtig ist zu verstehen, dass *concept maps* keine *mind maps* sind. *Mind maps* sind mehr oder weniger lose Assoziationen zu einem Begriff. *Concept*

maps dagegen sind nicht beliebige Assoziationen, sondern repräsentieren eine klar definierte Theorie in einem Fachgebiet. Sie sind gut geeignet, um Schülerinnen und Schülern komplexe Begriffe zu visualisieren. Zudem können Lehrkräfte anhand von *concept maps* schnell erkennen, wie komplex und anspruchsvoll ein Thema ist.

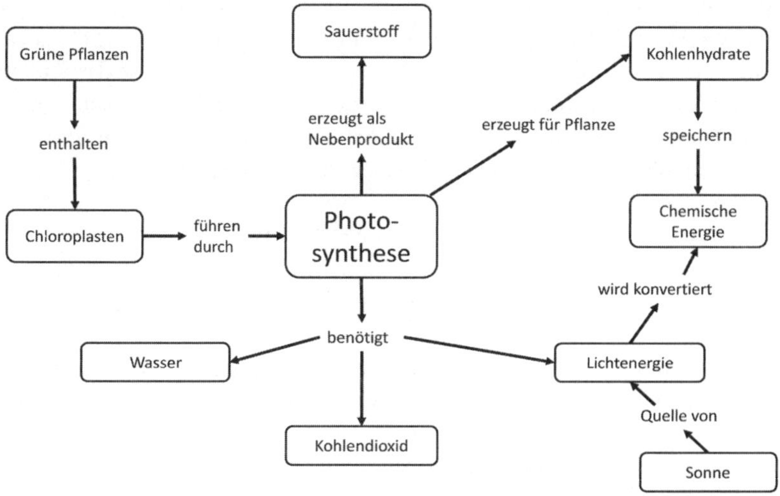

Abb. 3: Concept Map zum Begriff Photosynthese (Quelle: Eigene Darstellung)

Die Gedächtnisforschung unterteilt deklaratives Wissen noch einmal weiter in semantisches (alternativ: konzeptuelles, begriffliches) und episodisches Wissen (Abbildung 1). Semantisches Wissen umfasst allgemeines Wissen und wird häufig auch als konzeptuelles Wissen oder Begriffswissen bezeichnet. Semantisches Wissen ist das allgemeine Verständnis von Dingen, Personen, Theorien und umfasst konkrete Begriffe (Ein Stuhl ist ein Möbelstück zum Sitzen), Kategoriensysteme (Klassifikation von Pflanzen und Tieren in der Biologie), wissenschaftliche Fakten (Eis schmilzt bei Temperaturen über 0 Grad Celsius), Fachbegriffe (quadratische Funktionen, Beschleunigung, Inflation) oder mathematische Gesetze (Winkelsumme im Dreieck). Episodisches Wissen bezieht sich dagegen auf Wissen spezifische Ereignisse oder Erfahrungen in unserem Leben. Dies sind oft persönliche und einzigartige Erinnerungen, die zu einer bestimmten Zeit und an einem bestimmten Ort geschehen sind. Aber auch Erlebnisse, Fallbeispiele oder Erzählungen aus einzelnen Unterrichtsstunden können als episodisches Wissen verstanden werden. Beide Arten von deklarativem Wissen, semantisches und episodisches Wissen, können bewusst erinnert, verbal kommuniziert und grafisch in Form von *concept maps* dargestellt werden.

Mit prozeduralem Wissen (*procedural knowledge, implicit knowledge, non-declarative knowledge, automated knowledge, compiled knowledge*) werden alle im Gedächtnis langfristig angelegten Vernetzungen bezeichnet, die für die automatisierte Ausführung von Handlungen und Prozeduren verantwortlich sind. Dies sind sowohl motorische Prozeduren (z. B. laufen, schreiben, gehen), als auch überwiegend mental ablaufenden Prozeduren (z. B. lesen, im Kopf rechnen, räumliche Rotation). Prozedurales Wissen ist in der Regel unbewusst und schwierig oder unmöglich zu verbalisieren. Eine Person weiß, dass sie eine Fertigkeit wie beispielsweise das Radfahren beherrscht, kann dies jedoch nicht ohne Weiteres im Detail beschreiben. Versuchen Sie doch einmal aufzuschreiben, wie man Schuhe bindet. Für die Ausführung des prozeduralen Wissens ist eine genaue Verbalisierung auch nicht notwendig.

2.2.2 Abstraktion und Vernetzung von Wissen

Es wäre falsch anzunehmen, das Gehirn würde die einzelnen Facetten des prozeduralen oder deklarativen Wissens als isolierte Elemente speichern. Unser Wissen besteht vielmehr aus Vernetzungen, die unterschiedlich komplex sein können. Einfache Informationen wie beispielsweise historische Fakten („Schiller und Goethe waren gut befreundet") sind deklarative Wissenselemente, die aus wenigen Vernetzungen bestehen. Man könnte zu dieser Aussage eine *concept map* zeichnen, die aus zwei Elementen (Goethe, Schiller) und einer Relation (Freundschaft) besteht. Auch beim episodischen, deklarativen Wissen könnten wir solche recht einfachen Netzwerke identifizieren, beispielsweise die Erinnerung, gestern auf der Heimfahrt einem alten Freund begegnet zu sein. Beispiele für einfaches prozedurales Wissen sind Automatismen (beim Öffnen eines Schraubverschlusses automatisch in die richtige Richtung drehen) oder unbewusste Assoziationen (bei dem Reiz „2+3" sofort an „5" denken).

Wenn nun einzelne, zunächst isolierte Wissenselemente miteinander verknüpft werden, entsteht komplexes, vernetztes Wissen. Dies gilt sowohl für deklaratives als auch prozedurales Wissen. Beispielsweise könnte eine Schülerin die Frage stellen, warum Schiller und Goethe gut befreundet waren. Sie könnte dann das zunächst einfache, deklarative Wissen („Schiller und Goethe waren befreundet.") mit vielfältigen weiteren Ideen und Fakten zum Leben und Schaffen der beiden Dichter verknüpfen. Die Freundschaft zwischen Goethe und Schiller kann anhand von biografischen Details, Umständen der damaligen Zeit, ihren Werken und gemeinsamen Interessen sowie ihren Begegnungen und Aufenthaltsorten beschrieben und erklärt werden. Abstrakte Konzepte oder Schemata entstehen dann, wenn es der Person gelingt, diese einzelnen, deklarativen Wissenselemente zu vernetzen und dann noch unter einem bestimmten Oberbegriff zu subsummieren. In unserem Beispiel wäre der Oberbegriff „frühromantische Literatur" ein abstraktes Konzept, das auch die Freundschaft der beiden Dichter als Teilelement umfassen würde. Wenn diese zunehmende Vernetzung von Einzelfakten gelingt, entsteht ein vernetztes, abstraktes

Wissen. Genau diese Art von Wissen ist nachhaltig, wird nicht mehr vergessen und kann flexibel in vielen Situationen genutzt werden.
Gleiches gilt für die Komplexität von prozeduralem Wissen. Die motorischen und kognitiven Fertigkeiten, die zum Autofahren benötigt werden, sind ein Beispiel für komplex miteinander vernetztes, prozedurales Wissen. Machen Sie sich doch einmal bewusst, welche motorischen Prozeduren, aber auch welche mentalen Automatismen bei einzelnen Fahrsequenzen schnell und teilweise simultan ausgeführt werden müssen: Schulterblick, Blick in den Rückspiegel, Geschwindigkeit entgegenkommender Fahrzeuge abschätzen, Blinker setzen, bremsen, lenken und auf Fahrbahnmarkierungen achten. Aber auch rein mental ablaufende Prozeduren, wie beispielsweise das Kopfrechnen bestehen aus komplex miteinander vernetzten Einzelelementen. Nach vielen Jahren Mathematikunterricht sollte eine Person beispielsweise in der Lage sein, die Aufgabe „450 : 5“ im Kopf rechnen zu können. Dabei werden Rechenautomatismen nacheinander ausgeführt, die sich in Kurzform etwa so zusammenfassen lassen: „Null weglassen bei der Division und nachher wieder anhängen, 45:5 ist 9, Null anhängen, somit 90“. Je besser diese Teilprozeduren miteinander vernetzt sind und bei der Ausführung ineinander greifen, desto stabiler ist dieses prozedurale Wissen und desto besser kann eine Person dieses Wissen in vielfältigen Situationen einsetzen.
Die Beispiele in den letzten beiden Abschnitten könnten fälschlicherweise den Eindruck vermitteln, die Vernetzung von Wissen sei nur innerhalb einer Wissensart möglich. Dem ist nicht so. Ich habe aus didaktischen Gründen zunächst einmal die Vernetzungsmöglichkeiten auf eine Wissensart bezogen. Der Netzwerkcharakter unseres Gehirns ist jedoch wesentlich komplexer und umfassender und ermöglicht vielfältige Verknüpfungen zwischen prozeduralen und deklarativen Wissensfacetten. In den meisten Unterrichtsfächern sind beide Facetten des Wissens eng miteinander verzahnt, wie beispielsweise beim Fremdsprachenlernen. Die deklarative Facette der Bildung von Zeitformen in der englischen Sprache umfasst beispielsweise folgende Regel: „Man benutzt das *present progressive* für Handlungen, die im Moment passieren. Man erkennt das *present progressive* an bestimmten Signalwörtern wie *now, look, listen* usw. Das *present progressiv* wird mit dem Hilfsverb „*to be*“ und der ing-Form gebildet.“ Die prozedurale Facette hingegen bezieht sich auf die automatisierte Bildung von Zeitformen beim mündlichen Sprechen. Muttersprachler erwerben diese Fähigkeit über das Sprachbad in ihrer Kindheit und werden sich erst später im systematischen Grammatikunterricht ihrer Muttersprache mit der deklarativen Facette, den Grammatikregeln der Zeitformen auseinandersetzen. Beim Fremdsprachenlernen ist die Reihenfolge genau umgekehrt. Zunächst lernen die Kinder die Regeln und im Idealfall gehen diese nach und nach in Automatismen über. Egal wie der Lernprozess verläuft, der Idealzustand wäre eine übergreifende Vernetzung von deklarativen und prozeduralen Facetten zur Bildung von Zeiten in einer Fremdsprache.

Für diese übergeordnete Vernetzungsstruktur wird in der Kognitionspsychologie der Begriff „Schema“ (Plural: Schemata) verwendet. Dieser Begriff geht auf die kognitive Entwicklungstheorie von Jean Piaget zurück. Schemata werden heute als abstrahierte, skelettartige Wissensstrukturen verstanden, in die deklaratives und prozedurales Wissen integriert sein können (Gray & Tall, 2007; Renkl, 2015; Van Kesteren & Meeter, 2020). Mit Schemata sind wir in der Lage, schnell auf wiederkehrende, ähnliche Problemstellungen oder Aufgabentypen in einer Lerndomäne zu reagieren, da unser Gehirn sofort alle zur Bearbeitung notwendigen Wissensaspekte aktiviert. Wenn eine Schülerin in einem Online-Shop drei T-Shirts zum Preis von 29 Euro je T-Shirt kaufen möchte, aktiviert das Gehirn sofort das Schema „Multiplikation“. Dieses Schema umfasst sowohl das abstrakte Konzept „Multiplikation“, was die Zuordnung der beiden Faktoren 3 und 29 ermöglicht. Es aktiviert jedoch auch das prozedurale Wissen darüber, wie man 3 mal 29 geschickt im Kopf rechnen kann. Ein Schema verbindet damit sowohl die Merkmale einer Situation, in der ein bestimmtes Wissen wichtig ist, als auch das für die Lösung notwendige deklarative und prozedurale Wissen. Schemata sind dann besonders effektiv, wenn sie konkrete Erfahrungen, Beispiellösungen oder Situationen mit einem abstrakten Konzept verbinden. Je mehr konkrete Situationen und Beispiele (episodisches Wissen) eine Person mit dem Schema „Multiplikation“ verbinden kann, desto leistungsfähiger ist dieses Schema. Sie kann dadurch ihr Wissen schneller und flexibler in vielen weiteren Situationen anwenden.

2.2.3 Der Aufbau von Schemata

Jetzt kommen wir zum Punkt, den alle Lehrerinnen und Lehrer verstehen sollten, um ihr berufliches Selbstverständnis begründen zu können. Die entscheidende Frage ist, wie diese komplexen, abstrakten und hoch vernetzten Schemata entstehen. Wir werden uns in diesem Lehrbuch an verschiedenen Stellen mit Theorien des Lernens und des Wissenserwerbs beschäftigen. Ich möchte an dieser Stelle lediglich eine der fundamentalsten und für Lehrkräfte wichtigsten Erkenntnisse der Kognitionspsychologie bzw. der Neurobiologie zusammenfassen (Henke, 2010; Van Kesteren & Meeter, 2020). Der Aufbau von wirklich gut vernetzten und flexibel nutzbaren Schemata ist ein jahrelanger Lernprozess und Menschen benötigen im Laufe dieses langen Lernprozesses viele Beispiele (episodisches Wissen), um stabile Konzepte in einem Fachgebiet aufzubauen (semantisches, konzeptuelles Wissen). Ebenso benötigen Menschen häufige und gezielte Übungen, um mentale oder motorische Prozeduren zu festigen und zu erweitern (prozedurales Wissen).
Dieser Wissenserwerb gelingt nur in strukturierten Lernumgebungen und unter Anleitung von Menschen, die bereits selbst über diese komplex vernetzten Schemata in einem Fachgebiet verfügen. Die Vorstellung, wir könnten uns quasi Wissen *on demand* aus dem Internet aneignen, wenn wir eine bestimmte Aufgabe oder ein Projekt im beruflichen Alltag lösen müssen, ist völlig absurd. Der gezielte Aufbau

grundlegender Schemata für die wichtigsten Bereiche unseres Weltwissens muss bereits so früh wie möglich beginnen und muss von Lehrkräften über die gesamte Spanne des Schullebens gezielt vorangetrieben werden. Den Kindern und Jugendlichen die grundlegenden Schemata unseres kulturellen Wissens nicht gezielt zu vermitteln, wäre eine Vernachlässigung.

Der kognitionspsychologische Begriff „Schema" macht auch deutlich, in welchem Verhältnis prozedurales Wissen und deklaratives Wissen stehen. Ein Schema verbindet deklarative und prozedurale Wissensaspekte, wobei die deklarativen Aspekte eine entscheidende Rolle spielen und uns Menschen von anderen Lebewesen unterscheiden. Wir sind vernunftbegabte Wesen, die vor dem Handeln denken und sprechen können. Ich möchte dies an einem einfachen Beispiel erläutern. Stellen Sie sich vor, Sie sind in einer fremden Stadt und müssen den Weg zu einer Sehenswürdigkeit, die Sie besichtigen wollen, finden. In diesem Fall ist es sinnvoll, wenn Ihr Gehirn das Schema „Orientierung in einer Stadt" aktiviert. Dieses Schema besteht aus einer Vielzahl unterschiedlicher Facetten, z. B. räumliche Strukturen dieser Stadt (deklarativ); Vorstellung von den Himmelsrichtungen (deklarativ), Wissen über verschiedene Hilfsmittel zur Orientierung (deklarativ), Umgang mit Google Maps oder einem Stadtplan (prozedural) oder das Ansprechen von Menschen (prozedural). Das Schema integriert jedoch nicht nur das deklarative und prozedurale Wissen zur Lösung der Situation. Es integriert auch ihre bisherigen Erfahrungen bei der Orientierung in einer fremden Stadt als episodisches Wissen. Sie erkennen damit schneller, in welchen Situationen sie welches Schema aktivieren sollten.

Wie verläuft die idealtypische Lösung dieses Problems? Sie erkennen, dass Sie sich in der Stadt nicht zurechtfinden, möglichst schnell zu der Sehenswürdigkeit gelangen möchten, aber kein Smartphone dabei haben, lediglich einen Stadtplan und auch keine Menschen in der Nähe sind, die Sie fragen könnten. Vieles bei dieser Problemwahrnehmung läuft automatisiert ab (Wahrnehmung und Kategorisierung von Gegenständen, Orten usw.). Auch die Lösung des Problems (jemanden suchen, den man nach dem Weg fragen könnte; den Standort auf dem Stadtplan erkennen, eine Straße entlang laufen, usw.) ist nur mit automatisierten Prozeduren möglich. Die für eine intelligente Problemlösung entscheidende Komponente liegt allerdings dazwischen, zwischen hochautomatisierter Wahrnehmung der Situation und hochautomatisierten Handlungen: Unsere Möglichkeit, aufgrund unseres deklarativen Wissens (bisheriger Episoden, Kenntnisse von räumlichen Strukturen etc.) über das Problem nachzudenken und eine Problemlösung vorausschauend zu planen, ist in jedem Schema somit die entscheidende Komponente. Je vernetzter, umfangreicher und abstrakter diese Komponente ist, desto besser verstehen wir Situationen. Dadurch werden unsere Möglichkeiten flexibler und umfangreicher, um eine Lösung für eine Situation zu planen und zu erproben.

Der Aufbau genau dieser Art von intelligenten und fachspezifischen Schemata dauert lange und sollte möglichst früh im Leben von Menschen beginnen. Wenn

Erwachsene nicht über ein Schema „Orientierung in einer Stadt" verfügen, können sie nur blind einem Menschen vertrauen, der sie in eine bestimmte Richtung schickt oder blind der digitalen Technologie vertrauen, die ihnen den Weg zeigt. Die Frage ist allerdings, ob man das so will, ob das dem Wesen von uns Menschen entspricht. Menschen sollten in möglichst vielen Bereichen mündig und selbstbestimmt handeln können und hierfür benötigen sie ein umfangreiches Verständnis der Welt. Wenn wir bei Schülerinnen und Schülern ein Schema „räumliche Orientierung" aufbauen möchten, müssen wir bereits früh mit den Grundlagen hierfür beginnen. Bereits in der Grundschule lernen Kinder die Himmelsrichtungen kennen, orientieren sich mit einer Landkarte im Raum, erfahren, wie sie einen Kompass einsetzen können. Sowohl im weiteren Verlauf der Schulzeit (Geografieunterricht) als auch in außerschulischen Lernsituationen kommen viele weitere Episoden dazu, die dieses räumliche Orientierungsschema sukzessive erweitern und abstrahieren. Dies ist nur ein kleines Beispiel für den langfristigen Aufbau von Schemata durch Schule und Unterricht.

Auch die Expertiseforschung, ein spezieller Zweig der Kognitionspsychologie, hat die Langfristigkeit des Erwerbs von intelligenten Schemata herausgearbeitet (Gobet, 2005; Coughlan et al., 2014; Eysenck & Keane, 2020). Eine Fragestellung in diesem Forschungsfeld ist, wie sich das Wissen von Experten und Novizen unterscheidet. Ein Novize löst ein Problem Schritt für Schritt und muss wiederholt über einzelne Strategien und Konzepte nachdenken. Bei einem Experten laufen automatisierte Problemlösungsroutinen ab, sodass viel Gedächtniskapazität für die eigentliche Arbeit an der Aufgabe und das Überprüfen der Lösungsschritte frei ist (hoch vernetztes prozedurales Wissen). Die entscheidende Erkenntnis der Expertiseforschung ist allerdings, dass Problemlösungsroutinen nur möglich sind, weil ein Experte über ein hoch vernetztes, domänenspezifisches, deklaratives Wissen verfügt. Novizen dagegen kennen zwar die deklarativen Grundlagen ihres Faches, können es jedoch noch nicht vernetzen und noch nicht in vielfältigen Kontexten anwenden. Das deklarative Wissen von Novizen ist noch stark situationsgebunden (z. B. Lehrbuchkontext, Unterrichtskontext) und es fehlen abstrakte, vernetzte Schemata.

Eine erfahrene Ärztin verfügt beispielsweise über ein dichtes Netzwerk an Klassifikationen von Symptomen unter wenigen Oberbegriffen. Mithilfe dieses Netzwerks kann sie Diagnosen schnell durchführen. Ein Medizinstudent dagegen verfügt lediglich über unverbundenes Lehrbuchwissen. Die verschiedenen Merkmale von Krankheiten sind noch stark voneinander isoliert abgespeichert. Querverbindungen zwischen verschiedenen Krankheiten werden noch nicht erkannt. Um eine konkrete Diagnose durchzuführen, muss dieser Medizinstudent erst viele isolierte Wissensfacetten nacheinander durchgehen, während eine Expertin über ihr vernetztes Wissen sofort ganze Schemata aktivieren und somit viele verschiedene Symptome gleichzeitig erkennen und einordnen kann.

2.2.4 Domänenspezifisches und metakognitives Wissen

Mit dem im vorangehenden Abschnitt besprochenen Hintergrundwissen sollten Sie nun in der Lage sein, die Idee, Kindern und Jugendlichen nur noch Selbstlernstrategien zu vermitteln, ins Reich der pädagogisch-didaktischen Absurditäten zu verabschieden. Selbst wenn eine Schülerin beispielsweise über die besten Recherchestrategien für das Internet verfügen würde, aber kein grundlegendes Verständnis von einem Thema hat, würde sie nichts verstehen von dem, was sie recherchiert hat. Ja, sie wäre nicht einmal in der Lage, die Recherchestrategien anzuwenden. Welche Begriffe soll die Schülerin in die Suchmaschine eingeben? Wie soll sie die Prompts für die generative KI formulieren? Wie bewertet sie den KI-generierten Text oder die von einer Suchmaschine vorgeschlagenen Internetseiten? Schülerinnen und Schüler können sich nur dann selbstständig weiteres Wissen aneignen, wenn sie bereits über ein breites und grundlegendes Netzwerk von Begriffen zu einem Thema verfügen. Erst das Wissen, dann die Lernstrategien. Diese sind natürlich wichtig, um das Wissen zunehmend eigenständig erweitern zu können. Aber die Reihenfolge ist eindeutig, und das ist auch eindeutig die Aufgabe des Unterrichts. Lehrkräfte müssen erst in die Themengebiete einführen und können darauf aufbauend Lernstrategien erarbeiten und nutzen.

Aber es geht noch weiter, ich möchte an dieser Stelle auch deutlich machen, dass die Unterscheidung zwischen „Wissen" und „Lernstrategien" kognitionspsychologisch nicht trägt. Auch Lernstrategien sind Wissen, das mehr oder weniger komplex sein kann und meistens aus deklarativen und prozeduralen Facetten aufgebaut ist. Eine wissenschaftlich korrekte und sinnvollere Unterscheidung ist dagegen das Begriffspaar domänenspezifisches vs. metakognitives Wissen.

Domänenspezifisches Wissen ist das in Fachdisziplinen und Schulfächern repräsentierte Wissen. Häufig werden auch noch innerhalb eines Fachs verschiedene Lerndomänen benannt (z. B., Geometrie, Algebra, Schreibkompetenz, Lesekompetenz, Botanik). Es umfasst Wissen über die grundlegenden Konzepte, Theorien, Methoden und Praktiken, die in einem bestimmten Bereich der Wissenschaft entwickelt wurden. Ein Beispiel für domänenspezifisches Wissen ist das Wissen eines Geologen über geologische Strukturen, Gesteinstypen und geologische Prozesse. Dieses Wissen hat zunächst eine innerfachliche Relevanz und kann nicht ohne entsprechende Ausbildung und Erfahrung erworben werden. Wer jedoch über ein sicheres, domänenspezifisches Wissen verfügt, kann zunehmend auch interdisziplinär oder fächerübergreifend denken und handeln. Wenn Schülerinnen und Schüler beispielsweise über grundlegende Konzepte in Physik (Stromkreis, Ladung) und Chemie (Ionen, Säuren, Basen) verfügen, kann das Thema „Photovoltaik" interdisziplinär behandelt werden.

Metakognitives Wissen hingegen ist Wissen über das eigene Wissen, die eigenen Lern- und Denkprozesse, Lernstrategien sowie Strategien der Planung, Steuerung und Kontrolle von Handlungen (Renkl, 2015). Es ist das Wissen darüber, was ich weiß und wie ich es gelernt habe, sowie das Wissen darüber, wie ich dieses Wissen anwenden kann. Metakognitives Wissen ist domänenübergreifend und ein wichtiger Bestandteil des selbstregulierten Lernens (Panadero, 2017). Lern- oder Planungsstrategien sind für das Lernen in den meisten Fächern relevant. In neurowissenschaftlichen Publikationen wird der Begriff „exekutive Funktionen" verwendet (Berkman, 2018). Auch beim metakognitiven Wissen lassen sich prozedurale und deklarative Teile unterscheiden. Wir können beispielsweise eine Lernstrategie verbal beschreiben und erklären, warum wir sie in welchen Situationen anwenden (z. B. Vokabellernstrategie). Der prozedurale Aspekt einer Lernstrategie ist ihre konkrete Ausführung, Regulierung und Überwachung.

Die Unterscheidung zwischen domänenspezifischem Wissen und metakognitivem Wissen ist relevant um zu verstehen, dass nicht nur Fachinhalte, sondern auch Lernstrategien als „Wissen" bezeichnet werden müssen. Die Argumentation, dass Schulen nicht nur Wissen vermitteln sollen, sondern auch die Kinder und Jugendlichen zum selbstständigen Lernen befähigen sollen, ist vor dem Hintergrund dieser Begriffsunterscheidung nicht logisch. Auch die Fähigkeit zum selbstständigen Lernen ist Wissen. Um sich beispielsweise als Studentin eigenständig auf eine Klausur vorzubereiten, sind deklarative und prozedurale Wissenselemente notwendig: Was muss ich lernen? Was weiß ich bereits? Welches sind meine persönlichen Fallstricke bei einer Klausurvorbereitung, z. B. dass ich meistens kurz vor der Klausur lerne? Welche Lernstrategien waren bisher erfolgreich beim Lernen auf Klausuren?

2.3 Orientierung für die Klärung des beruflichen Selbstverständnisses

Zoe findet den langatmigen und von Fachbegriffen nur so strotzenden Vortrag von Professor Schreiber anstrengend, aber interessant. Mein bisheriges Verständnis von Wissen greift zu kurz, denkt sich Zoe. Auch die faszinierende Vorstellung, Schülerinnen und Schüler könnten sich Wissen selbstständig erarbeiten, wenn sie nur die richtigen Methoden und Strategien dafür an die Hand bekommen, gerät ins Wanken. Die redegewandte Wissenschaftlerin hat in ihrem Vortrag nicht konsequent darüber nachgedacht, warum es in der Schule doch Sinn machen könnte, Grundlagen in Mathematik, Naturwissenschaften und weiteren kulturellen Teilbereichen aktiv und systematisch zu vermitteln.

Im Gespräch nach der Vorlesung bringt Magnus Schreiber die Diskussion auf den Punkt. Ein paar wenige Studierende, unter anderem auch Zoe und Lorenz, haben sich um ihn geschart und er spricht Klartext. Lehrkräfte sind keine Lerncoaches, so sein Statement. Unterrichten wird dann eine einfache und klare Aufgabe, wenn Lehrkräfte für die Vermittlung von relevantem Fachwissen Verantwortung übernehmen. Es wäre grundlegend falsch und entspricht nicht der Natur des menschlichen Wissenserwerbs, wenn sich ein Lehrer als Lernberater oder Lerncoach verstehen

würden. Es wäre fatal, wenn eine Lehrerin ihre Aufgabe nur noch darin sehen würde, ihre Schülerinnen und Schüler bei der „Selbstaneignung" von Strategien und Lerninhalten zu unterstützen.
Als zukünftige Lehrkräfte sollten Sie selbstbewusst von sich sagen können, dass die Vermittlung von Fachwissen in Schulen eine herausragende Bedeutung sowohl für jedes einzelne Individuum als auch für die Gesellschaft hat. In Schulen muss es deshalb um die Vermittlung von domänenspezifischen Schemata gehen, der Unterricht wird auch in Zukunft in Fächern strukturiert sein. Sie als Lehramtsstudierende sollten sich darauf konzentrieren, in Ihren Unterrichtsfächern Expertin oder Experte zu werden und sollten Ihre Berufsmotivation damit begründen, diese Expertise an Kinder und Jugendliche weiterzugeben, damit diese wiederum ihre eigene Freude am Fachwissen entwickeln können. Diese Aufgabe ist nicht leicht, aber man sollte sie nicht komplizierter als nötig machen.
Unterricht ist dann einfach stark, wenn Sie als Lehrkräfte die Handlungsfähigkeit und somit die mentale „Stärke" der Kinder und Jugendlichen als zukünftige Erwachsene im Blick haben. Diese werden dann handlungsfähig sein bzw. in der Lage sein, ihre Handlungsfähigkeit in Zukunft zu erweitern, wenn sie über ein solides Grundlagenwissen in möglichst vielen Bereichen verfügen. Und wie in den vorangehenden Abschnitten dargelegt wurde, lässt sich die „Stärke" von Wissen am Grad der Vernetzung von deklarativen und prozeduralen Wissensbausteinen ablesen. Diese Vernetzung kann jedoch nur dann gelingen, wenn Schulen in den Anfangsjahren der Lernbiographie von Menschen die richtigen Ankerpunkte für Schemata aufbauen. Nur dann gelingt es, alle weiteren Lerninhalte mit diesen Ankerpunkten zu verbinden und das Fachwissen kann sich kontinuierlich vernetzen. Es entsteht eine Wissensbasis, die niemand so schnell vergisst, und die eine Person handlungsfähig macht.
Lorenz gibt sich nicht zufrieden. Er wiederholt noch einmal das Argument, dass in der Schule doch viel unnötiges Faktenwissen gepaukt wird, das zu 90% wieder vergessen wird. Der Professor lenkt zunächst ein und gibt zu, dass es hierfür genug Beispiele gibt. Er erinnert sich noch gut an seinen eigenen Biologieunterricht im Gymnasium. Die Unterrichtsstunden waren geprägt von endlos erscheinenden Listen mit auswendig zu lernenden Begrifflichkeiten, wie beispielsweise die Zellbestandteile oder die einzelnen Phasen der Photosynthese. Ein weiteres Beispiel, das mir hierzu einfällt, ist der Geschichtsunterricht, in dem die Ursachen des Zweiten Weltkriegs in Form von Spiegelstrichen mehr oder weniger wortwörtlich auswendig gelernt werden mussten. Wenn der Unterricht beim Lernen dieser Einzelfakten stehen bleibt, entsteht das, was man in der Kognitionspsychologie als „träges Wissen" oder Schubladenwissen bezeichnet (Renkl et al., 1996). Die Person schiebt einzelne Wissenselemente in eine Schublade, um sie später für bestimmte Zwecke wieder hervorzukramen. Das Wissen bleibt jedoch unverbunden, weshalb das effizient arbeitende menschliche Gehirn dieses Wissen wieder vergisst. Und das ist auch gut so.

Die Lösung kann aber auch nicht sein, so Professor Schreiber weiter in seinen Ausführungen, kein Fakten- oder Detailwissen mehr zu vermitteln. Detailwissen macht aber nur dann Sinn, wenn es möglichst schnell in einen größeren Zusammenhang, in ein übergreifendes Schema eingebettet wird. Jede Schülerin sollte schon einmal genau die Prozesse der Photosynthese gelernt haben. Aber gleichzeitig muss es dem Unterricht auch gelingen, Querverbindungen aufzuzeigen, beispielsweise wie man mit dem Verständnis der Photosynthese die Bedeutung von Wäldern für den Menschen erklären kann. Auch beim Thema „Zweiter Weltkrieg“ ist es wichtig, dass die Jugendlichen mit Detailwissen und Fakten konfrontiert werden und diese auch memorieren. Ohne die Kenntnis von historischen Quellen, Geschichten, Personen und Jahreszahlen kann eine Schülerin die größeren historischen Zusammenhänge nicht verstehen. Aber diese Zusammenhänge müssen entlang von Schlüsselkonzepten bewusst vermittelt werden. Beispielsweise indem eine Lehrerin die historischen Entwicklungslinien der deutschen Geschichte aufzeigt und damit einzelne Geschehnisse in einen abstrakten, allgemeinen, jedoch zusammenhängenden Kontext einbettet. Menschen benötigen das Detailwissen, um solche Querverbindungen zu ziehen. Aber nur wenn viele Querverbindungen gezogen werden, bleibt das Wissen dauerhaft im Gedächtnis und kann später für die Erklärung vielfältigster Phänomene und die Lösung unterschiedlichster Probleme herangezogen werden. Das anfangs träge Wissen wird dann lebendig und transferierbar. Erst dieses vernetzte, über Jahre hinweg aufgebaute, abstrakte Wissen ist „mächtig“.

Zoe und Lorenz stimmen dem Professor zu, dass ein in Schemata integriertes Faktenwissen notwendig ist und einen komplexen, abstrakten Begriff erst veranschaulicht und lebendig macht. Aber ein Einwand bleibt aus ihrer Sicht. Warum liegt der Schwerpunkt in der Schule überwiegend beim deklarativen Wissen? Gerade das prozedurale Wissen, das Können, Handeln und Tun, ist doch später im Leben viel wichtiger? Professor Schreiber nickt vielsagend. Ja, wenn wir handeln und Probleme lösen, benötigen wir prozedurale Fähigkeiten. Allerdings wird bei zunehmender Komplexität der Probleme auch mehr deklaratives Wissen notwendig, um ein Problem überhaupt erst zu verstehen und eine Lösungsidee entwickeln zu können.

Schülerinnen und Schüler können eine Sachaufgabe zur Zinsrechnung nur lösen, wenn sie die Grundlagen des Prozentrechnens verstanden haben (z. B. Begriffe wie Grundwert, Prozentsatz, Prozentwert). Sie benötigen zwar für die Lösung dieser Aufgabenstellung auch ihre Kopfrechenfähigkeiten (prozedurales Wissen). Diese Wissenskomponenten sind jedoch nachrangig und werden an einer bestimmten Stelle im Problemlösungsprozess „aufgerufen“. Die Führung übernimmt das deklarative, konzeptuelle Wissen. Eine Schülerin kann sich nur dann auf eine Fremdsprache unterhalten, wenn sie auch das entsprechend komplexe Hintergrundwissen über die Thematik der Unterhaltung hat (Vokabeln, Redewendungen, kulturelles Wissen über ein Land, allgemeines Weltwissen).

Dies gilt auch für sämtliche Lebensbereiche, die bereits jetzt oder auch in Zukunft von künstlicher Intelligenz geprägt sein werden. Um digitale Technologien vom Taschenrechner bis zur generativen KI für sich nutzen zu können, benötigen Menschen weiterhin deklaratives Wissen über das, was diese Technologien mehr oder weniger gut wissen oder können. Ich kann einen Taschenrechner nur dann sinnvoll benutzen, wenn ich Wissen über die Grundrechenarten habe. Ich kann eine künstliche Intelligenz zum Schreiben von Texten nur dann für mich nutzen, wenn ich Textsortenwissen habe und selbst in der Lage bin, adressatengerecht zu schreiben und Texte zu überarbeiten. Für ein mündiges und selbstbestimmtes Leben, und dabei schließe ich einen mündigen und kritischen Umgang mit allen neuen Informationstechnologien ein, benötigen Menschen ein möglichst breites und allgemeines Weltwissen. Genau das ist die Aufgabe von Schule. Lehrkräften sollte man die Zeit und die Möglichkeiten geben, sich auf die Vermittlung der zentralen Konzepte ihres Fachs fokussieren zu können. Nur so stärken Sie ihre Schülerinnen und Schüler für das Leben in einer von digitaler Technologie geprägten Welt.

Weiterführende Literatur

Eysenck, M. W., & Keane, M. T. (2020). Cognitive psychology: A student's handbook (Eighth edition). Psychology Press, Taylor & Francis Group.

Renkl, A. (2015). Wissenserwerb. In E. Wild & J. Möller (Eds.), Pädagogische Psychologie (pp. 3–24). Springer Berlin Heidelberg. https://doi.org/10.1007/978-3-642-41291-2_1

Squire, L. R. (2004). Memory systems of the brain: A brief history and current perspective. Neurobiology of Learning and Memory, 82(3), 171–177. https://doi.org/10.1016/j.nlm.2004.06.005

Übungsaufgaben

Die Testfragen zu diesem Beitrag finden Sie unter folgendem Link:
https://www.utb.de/do/10.36198/9783838563084-e02/disclaimer

Aufgabe 1: Was bedeutet der Begriff „domänenspezifisches Wissen“?

a. Wissen über das Internet und digitale Technologien.
b. Wissen, das nur für Experten in einem bestimmten Fachgebiet relevant ist.
c. Grundlegendes Wissen einer Fachdisziplinen oder eines Schulfachs.
d. Die Fähigkeit, das Internet effizient zu nutzen, um Informationen zu suchen.

Aufgabe 2: Erläutern Sie die Aufgabe von Schule und Lehrkräften für den langfristigen Aufbau von Schemata in einer Lerndomäne.

Aufgabe 3: Reflektieren Sie über eine Lernerfahrung, bei der Sie das Konzept des „Lernens zu lernen“ angewendet haben. Beurteilen Sie, wie effektiv diese Strategie war und inwiefern sie von Ihrem vorherigen Wissen in diesem Bereich abhängig war.

Aufgabe 4: Ordnen Sie die folgenden Beispiele der entsprechenden Wissensart zu (deklarativ, prozedural, episodisch).

a. Die Erinnerung an den ersten Schultag.
b. Das Wissen, wie man eine mathematische Gleichung löst.
c. Die Kenntnis der Hauptstadt von Frankreich.

Aufgabe 5: Diskutieren Sie, ob die Rolle der Lehrkraft in der Zukunft mehr die eines „Lerncoaches“ oder die eines „Wissensvermittlers“ sein sollte. Berücksichtigen Sie dabei die Argumente von Professor Schreiber im Hinblick auf die Bedeutung von domänenspezifischem Wissen und die Fähigkeit, zwischen relevanten und irrelevanten Informationen zu unterscheiden.

Literatur

Berkman, E. T. (2018). The neuroscience of goals and behavior change. *Consulting Psychology Journal: Practice and Research, 70*(1), 28–44. https://doi.org/10.1037/cpb0000094

Camina, E., & Güell, F. (2017). The neuroanatomical, neurophysiological and psychological basis of memory: Current models and their origins. *Frontiers in Pharmacology, 8*, 438. https://doi.org/10.3389/fphar.2017.00438

Coughlan, E. K., Williams, A. M., McRobert, A. P., & Ford, P. R. (2014). How experts practice: A novel test of deliberate practice theory. *Journal of Experimental Psychology: Learning, Memory, and Cognition, 40*(2), 449–458. https://doi.org/10.1037/a0034302

De Jong, T., & Ferguson-Hessler, M. G. M. (1996). Types and qualities of knowledge. *Educational Psychologist, 31*(2), 105–113. https://doi.org/10.1207/s15326985ep3102_2

Eysenck, M. W., & Keane, M. T. (2020). *Cognitive psychology: A student's handbook* (Eighth edition). Psychology Press, Taylor & Francis Group.

Gobet, F. (2005). Chunking models of expertise: Implications for education. *Applied Cognitive Psychology, 19*(2), 183–204. https://doi.org/10.1002/acp.1110

Goswami, U. (2004). Neuroscience and education. *British Journal of Educational Psychology, 74*(1), 1–14. https://doi.org/10.1348/000709904322848798

Goswami, U. (2020). *Cognitive development and cognitive neuroscience: The learning brain* (Second edition). Routledge,Taylor & Francis Group.

Gray, E., & Tall, D. (2007). Abstraction as a natural process of mental compression. *Mathematics Education Research Journal, 19*(2), 23–40. https://doi.org/10.1007/BF03217454

Henke, K. (2010). A model for memory systems based on processing modes rather than consciousness. *Nature Reviews Neuroscience, 11*(7), 523–532. https://doi.org/10.1038/nrn2850

Nesbit, J. C., & Adesope, O. O. (2006). Learning with concept and knowledge maps: A meta-analysis. *Review of Educational Research, 76*(3), 413–448. https://doi.org/10.3102/00346543076003413

Panadero, E. (2017). A review of self-regulated learning: Six models and four directions for research. *Frontiers in Psychology, 8*, 422. https://doi.org/10.3389/fpsyg.2017.00422

Renkl, A. (2015). Wissenserwerb. In E. Wild & J. Möller (Eds.), *Pädagogische Psychologie* (pp. 3–24). Springer Berlin Heidelberg. https://doi.org/10.1007/978-3-642-41291-2_1

Renkl, A., Mandl, H., & Gruber, H. (1996). Inert knowledge: Analyses and remedies. *Educational Psychologist, 31*(2), 115–121. https://doi.org/10.1207/s15326985ep3102_3

Squire, L. R. (2004). Memory systems of the brain: A brief history and current perspective. *Neurobiology of Learning and Memory, 82*(3), 171–177. https://doi.org/10.1016/j.nlm.2004.06.005

Sridhar, S., Khamaj, A., & Asthana, M. K. (2023). Cognitive neuroscience perspective on memory: Overview and summary. *Frontiers in Human Neuroscience, 17*, 1217093. https://doi.org/10.3389/fnhum.2023.1217093

Van Kesteren, M. T. R., & Meeter, M. (2020). How to optimize knowledge construction in the brain. *Npj Science of Learning, 5*(1), 5. https://doi.org/10.1038/s41539-020-0064-y

3 Mit herausfordernden Lernzielen motivieren

Das Video zu diesem Beitrag finden Sie unter folgendem Link:
https://www.utb.de/do/10.36198/9783838563084-m04

Ziele und Überblick: Dieses Kapitel geht der Frage nach, welchen Sinn und Zweck Lernziele für den Unterricht haben. Bildungspläne und Bildungsstandards legen Lernziele für alle Schularten und Fächer fest, sind aber oft bildungspolitisches Wunschdenken und führen zur Illusion der Steuerbarkeit von Unterricht. Entscheidend ist jedoch, welche Lernziele von den Schülerinnen und Schülern verstanden und akzeptiert werden. Diese Themen werden im Kapitel behandelt:

- Die Unterscheidung zwischen vorgegebenen Unterrichtszielen und individuellen Lernzielen der Schülerinnen und Schüler ermöglicht es den Lehrkräften, Bildungspläne und Bildungsstandards kritisch zu reflektieren.
- Studien zum Pygmalion-Effekt zeigen, dass richtig kommunizierte Erwartungen der Lehrkräfte einen großen Einfluss auf die Leistung und Motivation der Schülerinnen und Schüler haben können.
- Lernziele und Leistungsziele wirken sich unterschiedlich auf den Wissenserwerb und die Motivation aus. Lernziele fördern das Verständnis und die Entwicklung von Kompetenzen, während Leistungsziele vor allem leistungsorientierten Schülerinnen und Schüler zugute kommen.
- Das Kapitel erläutert den Unterschied zwischen einem *growth mindset* und einem *fixed mindset* und deren Auswirkungen auf die Motivation von Schülerinnen und Schülern.

Dieses Kapitel gibt Lehrkräften eine Orientierung, welche Lernziele leistungs- und motivationsförderlich sind und wie sie diese auf einfache und verständliche Weise im Klassenzimmer kommunizieren können.

3.1 Die Illusion der Steuerung durch Bildungspläne

Zoe besucht bei Prof. Schreiber ein Seminar zur Unterrichtsplanung und soll für das anstehende Praktikum eine Unterrichtsstunde zum Thema „Evolutionäre Anpassung“ im Fach Biologie, Klasse 10, Realschule entwerfen. Zunächst, so die Aufgabenstellung im Seminar, soll sie sich mit den Lernzielen beschäftigen und dazu sowohl die nationalen Bildungsstandards als auch die Bildungspläne des Bundeslandes lesen. Welche Lernzielformulierungen bzw. welche Bildungsstandards sind für dieses Thema relevant? Das ist schwieriger als gedacht. Zuerst muss man sich durch viele Internetseiten mit verschiedenen Unterseiten und Links klicken, um die relevanten Seiten zu finden. Und dann diese langatmigen Formulierungen. In jedem zweiten Satz stolpert sie über das Wort „Kompetenz“. Es klingt, als seien alle Schülerinnen und Schüler, die in Zukunft die Schule verlassen werden, unglaublich kompetent. Im Biologieunterricht erwerben die Schülerinnen und Schüler nicht nur Fachwissen, sondern auch Kommunikations- und Bewertungskompetenzen. So können die Schülerinnen und Schüler am Ende der Jahrgangsstufe 10 „Erkenntnisse und Methoden in ausgewählten aktuellen Bezügen wie zu Medizin, Biotechnik und Gentechnik, und zwar unter Berücksichtigung gesellschaftlich verhandelbarer Werte beschreiben und beurteilen“ (Kultusministerkonferenz, 2004, S. 15). Zoe empfindet eine gewisse Diskrepanz zwischen der Realschulabschlussklasse, die sie in ihrem letzten Praktikum erlebt hat, und den wolkigen Lernzielformulierungen in den Bildungsplänen.

Professor Schreiber hat dazu bestimmt auch eine Meinung, denkt sie sich, und konfrontiert ihn mit ihrer Beobachtung. Warum gibt es überhaupt Lernziele und welchen Beitrag leisten sie zu einem guten Unterricht? Sind die Lernziele in den Bildungsplänen nicht nur reines Wunschdenken von Menschen aus der Bildungspolitik? Wenn ich als Lehrerin später den Jugendlichen all die Kompetenzen vermitteln soll, die in den Bildungsstandards aufgelistet sind, reichen 10 Schuljahre nicht aus. Professor Schreiber hört sich die Einwände von Zoe ruhig an und lächelt. Die Studentin hat ihm anscheinend wieder genau das richtige Stichwort geliefert, um weit auszuholen.

Um Bildungspläne, Bildungsstandards und all die darin aufgeführten Lernzielformulierungen und Kompetenzstandards zu verstehen, ist eine historische Betrachtung aufschlussreich, so die einleitenden Worte des Professors. Der Begriff „Lernziel“ ist relativ neu und entstand erst in der Mitte des 20. Jahrhunderts. Der Menschheit ist es bis dahin recht gut gelungen, kulturell relevantes Grundlagenwissen auch ohne Lernziele an die nächste Generation weiterzugeben. Schulfächer, Lehrpläne und Lehrbücher waren ausreichend, um zu definieren, was die Schule vermitteln soll. Ein Volksschullehrer aus dem 19. Jahrhundert verstand auch ohne „Lernziele“, dass er seinen Kindern Lesen, Schreiben und Rechnen „beibringen“ muss. Die Jugendlichen an den höheren Schulen im 19. Jahrhundert haben Latein

und Griechisch auch ohne Bildungsstandards, Operatorverben oder Kompetenzmodelle gelernt.
Lernziele sind ein Konzept, das im 20. Jahrhundert entstanden ist. Die modernen Sozialwissenschaften wie Psychologie, Soziologie und Erziehungswissenschaft orientieren sich dabei an den Verfahren der naturwissenschaftlich-technischen Forschung. In den 1960er Jahren wurden zahlreiche wissenschaftliche Beiträge zu den Themen ‚lernzielorientierte Didaktik' und ‚kybernetische Didaktik' veröffentlicht. In dieser Zeit entstanden auch bekannte Lernzieltaxonomien wie die Bloom'sche Taxonomie der Lernziele (Bloom et al., 1956; Anderson & Krathwohl, 2001).
Die kybernetische Didaktik vergleicht den Unterricht mit einem technischen Regelkreislauf (Cube, 1982). Ein Beispiel hierfür ist die Steuerung einer Heizung, um eine angenehme Zimmertemperatur von 22 Grad im Wohnzimmer zu erreichen. Um dieses Ziel präzise zu erreichen, benötigt die Steuerung Informationen über die aktuelle Temperatur, welche von einem Thermometer im Wohnzimmer geliefert wird. Die Heizungssteuerung berechnet die Differenz zwischen der Solltemperatur und der Ist-Temperatur und erhöht die Wassertemperatur für die Heizkörper, wenn die Differenz groß ist, wie zum Beispiel im Wohnzimmer, wo es aktuell lediglich 15 Grad hat. Sobald die Soll-Temperatur erreicht ist, schaltet die Heizung ab.
Was hat die Steuerung einer Heizung mit Unterricht zu tun? Die Vertreterinnen und Vertreter der lernzielorientierten Didaktik führten an, es gebe in Schulklassen ebenso wie in technischen Systemen eine Differenz zwischen einem Soll-Zustand und einem Ist-Zustand. Die Kinder und Jugendlichen sollen ein bestimmtes Wissen erwerben, über das sie noch nicht verfügen. Damit eine Lehrperson einen optimalen Unterricht vorbereiten und durchführen kann, benötigt sie somit zwei Informationen:
Lernziel: Zunächst einmal muss mit einem „Lernziel" die Soll-Größe festgelegt werden. Das Lernziel ist dann – analog zur Temperatur im Wohnzimmer – das gewünschte Wissen, über das die Lernenden am Ende eines bestimmten Lernabschnitts verfügen sollen.
Aktueller Lernstand: Die zweite Information ist der aktuelle Zustand im „System". Analog zur Temperatur im Wohnzimmer wäre dies für den Unterricht das Wissen, über das die Schülerinnen und Schüler bereits verfügen.
Jetzt kann die Lehrperson die Differenz zwischen Lernziel und aktuellem Wissensstand ermitteln. Wenn diese Differenz hoch ist, muss im Unterricht noch einiges passieren und die Lehrperson muss effektive „Methoden" anwenden, um den Lernstand der Klasse möglichst nahe an das Lernziel heranzubringen. Wenn die Differenz klein oder gleich Null ist, dann hat die Lehrperson ihr Ziel erreicht. Die Heizung schaltet sich ab, der Unterricht zu diesem Lernziel endet und alle Beteiligten können sich dem nächsten Lernziel zuwenden oder in die Ferien gehen. Diese kybernetische Theorie von Unterricht erscheint einfach. Die Annahme, die komplexe Dynamik von Lehr- und Lernprozessen im Unterricht mit einem

technischen Regelkreis zu vergleichen, ist jedoch falsch. Eine Schulklasse ist ein komplexes System von Individuen, die sich nur selbst steuern können und dabei mehr oder weniger bewusst die äußeren Steuerungsimpulse aufnehmen.

Lehrkräfte, Schulen, aber auch Verantwortliche in der Bildungspolitik verfallen häufig diesem trivialen, kybernetischen Regelkreisdenken. Die Bildungspolitik beispielsweise beauftragt Expertinnen und Experten, um Bildungsstandards zu formulieren. Diese notieren akribisch, welche Kompetenzen Schülerinnen und Schüler in welchen Fächern bis zu welcher Bildungsstufe erwerben sollen. Um die Zielerreichung zu messen, werden regelmäßig zentrale Leistungserhebungen durchgeführt. Dieses Paradigma der „Outputsteuerung" erzeugt in Kreisen der Bildungspolitik und Bildungswissenschaft eine Steuerungsillusion. Es gibt allerdings keine empirischen Evidenzen für eine Verbesserung des Bildungssystems durch Bildungsstandards und zentrale Tests (Bellmann & Weiß, 2009). Rückmeldungen aus zentralen Tests werden häufig ignoriert (Maier, 2008). Studien aus den USA zeigen sogar deutliche Nebenwirkungen auf (Emler et al., 2019). Unterricht wird auf die getesteten Inhalte reduziert und Lehrkräfte setzen mehr auf Auswendiglernen statt auf Verständnis.

Diese Steuerungsillusion finden wir auch im Klassenzimmer. Lehrkräfte erläutern zu Beginn des Schuljahres, welche Lernziele im Fach laut Bildungsplan erreicht werden müssen. Pflichtbewusst wird darüber in Elternabenden informiert. Selbstverständlich prüfen die Klassenarbeiten und Abschlussprüfungen, inwiefern die Lernziele von den Schülerinnen und Schülern erreicht werden. Es ist wieder das Muster der kybernetischen Didaktik: Vorgabe einer Soll-Größe und Messung, ob die Soll-Größe erreicht wurde oder nicht. Die Illusion liegt darin zu meinen, dass sich die Schülerinnen und Schüler so verhalten wie eine Heizung. Natürlich können Lehrkräfte sowohl auf die Kinder als auch auf die Eltern mit Lernzielen und den verknüpften Leistungsmessungen externen Druck ausüben. Was geprüft wird, wird auch gelernt. Allerdings führt diese kybernetische Vorstellung des Unterrichts weg von einem motivierten, vertieften Lernen und hin zum Auswendiglernen und Bulimie-Lernen.

Was könnte dann die Alternative sein? Wir müssen, so Professor Magnus Schreiber, zwischen Unterrichtszielen bzw. Lehrzielen und Lernzielen unterscheiden. Unterrichtsziele sind der äußere Rahmen, der in Bildungsplänen oder Bildungsstandards vorgegeben wird. Diesen gesetzlich festgelegten Rahmen sollten Lehrkräfte kennen, sie sollten sich aber auch die Freiheit nehmen, sich innerhalb dieses Rahmens situationsgebunden zu bewegen. Lernziele sind hingegen das, was bei den Schülerinnen und Schülern von den Unterrichtszielen erreicht wird. Lernziele sind die innere Triebfeder eines Individuums, sich zu verbessern und etwas dazuzulernen. Es kommt somit darauf an, ob es einer Lehrperson gelingt, die Unterrichtsziele mit den subjektiv wirksamen Lernzielen der Schülerinnen und Schüler abzugleichen. Sie als Lehrperson können das Unterrichtsziel vorgeben. Entscheidend wird aber dann sein, welche Lernziele sich die Schülerinnen und Schüler selbst geben, welche sie akzeptieren, nicht was auf dem Papier oder im Internet steht. Der nächste Abschnitt gibt genauere Einblicke in die motivationspsychologischen Mechanismen von Lernzielen.

3.2 Hintergrundwissen zu Lernzielen und Motivation

Dieses Teilkapitel liefert eine kurze Zusammenfassung von vier Forschungsrichtungen, die geeignet sind, um die Bedeutung von Lernzielen für die Motivation zu verstehen. Auch hier gilt der übliche Disclaimer wie für alle anderen Teilkapitel auch: Es gäbe noch viel mehr zu erzählen und zu berichten. Es handelt sich lediglich um eine Auswahl von Theorien und Modellen zum Thema. Im Vordergrund des Kapitels steht nicht die umfassende Darstellung eines wissenschaftlichen Forschungsbereichs, sondern die Anwendung auf konkrete Fragestellungen, die sich im Lehramtsstudium und beim Berufseinstieg ergeben.

3.2.1 Erwartungen von Lehrkräften

Sie als Lehrperson können mit Ihren Unterrichtszielen die Lernmotivation der Schülerinnen und Schüler enorm steigern, wenn Sie dabei konsequent die richtigen Erwartungen (*teacher expectations*) kommunizieren. Um diesen Effekt zu verstehen, müssen wir zunächst einmal den Begriff der Lernmotivation definieren. Warum sind manche Schülerinnen und Schüler motiviert, schwierige Mathematikaufgaben zu lösen oder einen langen Text zu schreiben? Warum gibt es Lernende, die sich dagegen nicht anstrengen möchten? Eine einfache Erklärung hierfür liefert die Erwartungs-Wert-Theorie der Motivation (Wigfield & Eccles, 2000). Die Stärke der Lernmotivation hängt von zwei Faktoren ab:

1. Wert: Ist das Ziel einer Handlung für diese Person wünschenswert?
2. Erwartung: Mit welcher Wahrscheinlichkeit rechnet diese Person, das Ziel auch erreichen zu können?

Lehrkräfte setzen gerne beim Wert an und möchten ihre Klasse vom Nutzen ihres Unterrichtsfachs oder eines Themas überzeugen. Diese Motivationsstrategie funktioniert allerdings nicht bei jedem Thema wirklich gut und verpufft ganz, wenn man nicht die subjektiven Erfolgserwartungen mitbedenkt. Was heißt das genau? Wenn Lernende vom Wert eines Lernziels überzeugt sind (gut rechnen zu können ist wichtig im Leben), jedoch nicht daran glauben, dieses Lernziel erreichen zu können, sind sie nicht motiviert, sondern hoffnungslos und ängstlich. Wie aber können Lehrkräfte den Glauben der Schülerinnen und Schüler, das Ziel erreichen zu können, aufbauen? Hierfür gibt es eine relativ einfache Antwort. Lehrkräfte sollten selbst davon überzeugt sein, dass ihre Schülerinnen und Schüler das Lernziel erreichen werden. Kann das funktionieren?

Rosenthal und Jacobson (1968) zeigten erstmals in einer experimentellen Studie, dass sich die Erwartungen von Lehrkräften auf die Lernentwicklung von Schülerinnen und Schülern auswirken können. Hierzu führten sie ein Experiment an einer US-amerikanischen Grundschule durch. Alle Lehrkräfte der 18 Klassen dieser Schule erhielten vor Beginn des Schuljahres eine Klassenliste, auf der die Kinder mit einem ungewöhnlich hohen IQ-Wert markiert waren. Die Forschergruppe bat die Lehrkräfte darum, diese Information nicht mit den Eltern oder der Klasse zu teilen. Die Experimentalgruppe bestand somit aus den als besonders intelligent markierten Kindern aller Klassen dieser Schule. Die Kontrollgruppe waren alle nicht markierten Kinder.

Diese Information war jedoch falsch. Die Forschergruppe wählte die als besonders intelligent markierten Kinder zufällig aus. Diese positiv verzerrte Falschinformation hat bei den Lehrkräften eine hohe, jedoch nicht der Realität entsprechende Erwartung bezüglich der Lernentwicklung dieser Kinder hervorgerufen. Ein Jahr später zeigten sich bei einem Teil der Schülerinnen und Schüler in der Experimentalgruppe tatsächlich signifikante Zuwächse im IQ im Vergleich zu den Kindern der Kontrollgruppe. Dieser Effekt beschränkte sich allerdings auf die ersten beiden Klassen der Grundschule. Rosenthal und Jacobson sahen im Alter der Kinder eine Erklärung für diesen differenziellen Effekt. Die Lehrkräfte hatten vermutlich noch wenig eigenes Wissen über die Kinder der ersten und zweiten Klassen und ließen sich somit stark von den induzierten, hohen Erwartungen leiten.

Dieser in der Literatur als „Pygmalion-Effekt“ bezeichnete Befund wurde in vielen weiteren Studien wiederholt und geprüft. Zusammenfassende Überblicksstudien, sogenannte Metaanalysen, haben den Effekt von hohen Erwartungen der Lehrperson auf die Leistungsentwicklung der Schülerinnen und Schüler bestätigt. Eine weitere Studie in diesem Forschungsfeld fand beispielsweise eine durchschnittliche Effektstärke des Pygmalion-Effekts (d=.70) in unterschiedlichen experimentellen Settings (Rosenthal & Rubin, 1978). Von seinen Schülerinnen und Schülern etwas zu erwarten und an sie zu glauben, ist somit lernwirksamer als viele Unterrichtsmethoden.

In der Alltagspraxis werden Lehrkräfte aber vermutlich selten mit absichtlichen Falschinformationen über Lernende hinters Licht geführt. Jedoch können sie das Lernpotenzial von Kindern und Jugendlichen häufig nicht richtig einschätzen, weil entweder zu wenig Information vorliegt oder äußerliche Merkmale von Schülerinnen und Schülern zu Fehleinschätzungen führen (De Boer et al., 2010, 2018; Rosenthal & Rubin, 1978). Diese fehlerhaften Erwartungen (*biased expectations)* können sich sowohl auf eine Über- bzw. Unterschätzung der gesamten Lerngruppe (*general bias*) als auch auf eine Über- bzw. Unterschätzung einzelner Kinder aufgrund ihrer Merkmale (*specific bias*) beziehen.

Sie als Lehrperson können sich kritisch hinterfragen, welche Erwartungen Sie an welche Schülerinnen und Schüler stellen und warum das so ist. Welchen *expectation bias* haben Sie? Welche bewussten oder unbewussten Informationsquellen nutzen Sie, um Ihre Erwartungshaltung zu begründen? Die Forschung nennt eine Reihe von Faktoren, die zu Fehleinschätzungen der Lernentwicklung führen können (De Boer et al., 2010). Dies sind unter anderem die von den Lernenden bisher gezeigten Leistungen, der von der Lehrperson wahrgenommene familiäre und kulturelle Hintergrund, die Motivation und das Engagement im Unterricht sowie Überzeugungen und Einstellungen der Lehrpersonen selbst. Generell lässt sich sagen, dass Schülerinnen und Schüler mit den äußerlich wahrnehmbaren Merkmalen einer Minderheitengruppe, einer Lernschwierigkeit oder einem bildungsbenachteiligten Milieu eher unterschätzt werden.

Lehrkräfte sollten auch die genauen Teilprozesse des Pygmalion-Effekts verstehen. Warum wirkt sich die Erwartungshaltung einer Lehrkraft auf die tatsächliche Lernleistung aus? Eine Erklärung hierfür ist ein sich wechselseitig verstärkender Kreislauf aus Erwartungen und Verhalten. Wer hohe Erwartungen an eine Schülerin hat, nimmt auch ihre positiven Beiträge oder Verhaltensweisen wahr, verstärkt diese und stellt ihr anspruchsvolle Aufgaben und Fragestellungen. Die Schülerin versucht diesen Ansprüchen gerecht zu werden und ihre eigenen Erwartungen an ihre Lernfähigkeit zu erhöhen. Dadurch strengt sie sich mehr an, versucht anspruchsvollere Aufgaben zu bearbeiten und investiert mehr Lernzeit. Die Lehrperson nimmt dies wahr und fühlt sich in den eigenen hohen Erwartungen an diese Schülerin bestätigt. Dieser Kreislauf funktioniert allerdings auch nach unten, wenn Lehrkräfte von einer Schülerin besonders niedrige Leistungserwartungen haben.

Was aber haben die Erwartungen von Lehrkräften mit Lernzielen und Unterrichtszielen zu tun? Sehr viel! Unterrichtsziele sind nichts anderes als die schriftlich formulierten Erwartungen von Lehrkräften und Lernziele sind die Erwartungen der Schülerinnen und Schüler bezüglich ihres Lernerfolgs. Dies ist aber nur dann der Fall, wenn es sich um Ziele handelt, an die eine Lehrperson tatsächlich glaubt. Nicht die Unterrichtsziele, die man unreflektiert und wohlformuliert in einen Unterrichtsentwurf schreibt oder in den Bildungsplänen nachlesen kann. Sie als Lehrperson sollten somit gut über die Ziele Ihres Unterrichts nachdenken und diese nach Möglichkeit auch schriftlich fixieren. Was möchten Sie mit Ihrer Klasse erreichen? Was trauen Sie den Kindern zu? Stellen Sie sich dabei die Frage, ob Sie der Klasse nicht zu wenig zutrauen. Formulieren Sie anspruchsvolle Unterrichtsziele und suchen Sie gute Gründe, warum es gut möglich sein könnte, dass Ihre Schülerinnen und Schüler diese Ziele auch erreichen können.

3.2.2 Vorgabe und Kommunikation von Zielen

Ziele werden in der Berufswelt als ein wichtiges Element zur Führung und Motivation von Menschen eingesetzt. Studien haben untersucht, wie Führungskräfte diese Ziele am besten zusammen mit dem Personal entwickeln und formulieren. Die *goal setting theory* fasst viele dieser empirischen Befunde zusammen. Diese Theorie wurde entwickelt, um zu erklären, wie man Mitarbeiterinnen und Mitarbeiter in Unternehmen und großen Organisationen für neue Aufgabengebiete oder für die Weiterqualifikation motivieren kann (Locke & Latham, 2002, 2019). Wesentliche Merkmale motivierender Lernziele nach der *goal setting theory* lassen sich auf den Unterricht an Schulen übertragen:

(1) Je anspruchsvoller ein Ziel ist, desto mehr Anstrengung und Leistung zeigt eine Person. Die Leistung lässt nur dann nach, wenn die eigene Fähigkeit nicht ausreicht, um das Ziel zu erreichen oder wenn die Person das Ziel ablehnt.

(2) Konkrete und anspruchsvolle Ziele führen zu mehr Anstrengungsbereitschaft und Leistung als das allgemeine Ziel „sein Bestes zu geben".

(3) Ziele müssen konkret und prüfbar formuliert werden, um Unsicherheit zu reduzieren und ein konkretes Feedback zu ermöglichen.

(4) Ziele, die in naher Zukunft erreichbar sind (proximale Ziele), sind effektiver als weit entfernte Ziele (distale Ziele). Bei proximalen Zielen erhalten die Personen schneller eine informative bzw. korrigierende Rückmeldung.

(5) Bei komplexen Themen und Lerninhalten ist der Effekt von anspruchsvollen Lernzielen geringer als bei weniger komplexen Lerninhalten. Dies liegt an der Verständlichkeit und Überprüfbarkeit komplexer Lernziele.

(6) Die Person muss das Lernziel akzeptieren und es zum eigenen Ziel machen. Wenn das Lernziel akzeptiert wird, verstärkt sich der Zusammenhang zwischen dem Lernziel und der Leistung. Dies gilt besonders für anspruchsvolle, schwierige Lernziele.

Die Forschungsarbeiten zur *goal setting*-Theorie erklären verschiedene Wirkmechanismen von anspruchsvollen, konkreten und proximalen Lernzielen. Erstens lenken konkrete und anspruchsvolle Lernziele die Aufmerksamkeit von Menschen auf relevante Lernaktivitäten und Rückmeldungen. Lernende können irrelevante Informationen ausblenden und bleiben länger „an einer Sache" (Persistenz). Gerade in Zeiten einer Reizüberflutung durch digitale Medien ist dieser Aspekt bedeutungsvoll. Zweitens haben konkrete und anspruchsvolle Lernziele eine motivierende Funktion. Die Person zeigt mehr Einsatz, weil eine Autoritätsperson ihr etwas zutraut und sie diesem Vertrauen gerecht werden möchte (siehe Forschung zu *teacher expectations*). Anspruchsvolle Lernziele können laut Studien auch das Interesse an einem Thema erhöhen. Dieser Aspekt ist für schulisches Lernen von Bedeutung. Wir gehen häufig davon aus, dass sich Jugendliche generell für bestimmte Fächer und Themen nicht interessieren. Das Interesse an Fächern wird jedoch auch von situativen Faktoren, wie beispielsweise der aktuellen Lehrperson in diesem Fach, stark beeinflusst. Eine Mathematiklehrerin kann das Interesse der Klasse am Fach steigern, wenn sie hohe Erwartungen kommuniziert und gleichzeitig Vertrauen in die Entwicklungsmöglichkeiten jedes Einzelnen signalisiert.

Die Studie von Moeller et al. (2012) ist ein konkretes Beispiel für die Anwendung der *goal setting*-Theorie im Unterricht. Die Autorinnen und Autoren beschreiben ein Forschungsprojekt im Spanischunterricht an 23 US-amerikanischen *high schools*. Die Schülerinnen und Schüler arbeiteten mit einem Sprachenportfolio und wurden aufgefordert, vor Beginn jeder Lektion selbst konkrete Lernziele für sich zu notieren. Die Ziele sollten möglichst konkret beschrieben werden, zum Beispiel welche Vokabeln gelernt oder welche Art von Texten in welchem Umfang geschrieben werden soll (konkrete, spezifische, prüfbare Lernziele). Am Ende der Lektion wurden die Ziele mit konkreten Aufgaben geprüft und die Schülerinnen und Schüler sollten reflektieren, inwieweit sie die Ziele erreicht haben und was noch fehlt. Auch dieser Prozess der Überprüfung und Reflexion der Lernziele wurde schriftlich im Sprachenportfolio festgehalten. Die Klassen wurden in der Studie über vier Jahre begleitet. Die Lernenden formulierten in dieser Zeit zunehmend anspruchsvollere Lernziele für sich und es zeigte sich ein deutlicher Zusammenhang zwischen anspruchsvollen, konkreten Zielen und Fortschritten beim Spanischlernen.

3.2.3 Lernziele vs. Leistungsziele

Im dritten, hier betrachteten Forschungsfeld spielt die Unterscheidung zwischen Lernzielen (*learning goals, mastery goals*) und Leistungszielen (*performance goals*) eine wichtige Rolle (Meece et al., 2006). Wenn Lehrkräfte über ihre eigenen Unterrichtsziele und die möglichen Lernziele ihrer Schülerinnen und Schüler nachdenken, sollten sie diese Unterscheidung berücksichtigen.

Bei Leistungszielen (*performance goals*) liegt der Fokus auf dem Erreichen eines bestimmten Ergebnisses. Dieses Ergebnis ist ein konkretes Produkt (z. B. Führerscheinprüfung, Theateraufführung, Aufsatz, Mathematiktest, Werkstück im Technikunterricht, Turnübung usw.) und eine Bewertung dieses Produkts mit einem kriterialen Maßstab (Fahrprüfung bestanden, Mathematiktest nicht bestanden) oder einem sozialen Maßstab (bester Aufsatz in der Klasse; schlechteste Theateraufführung aller Zeiten, dritter Platz bei der Turnolympiade usw.). Leistungsziele können motivierend sein.

Eine zu starke Orientierung an Leistungszielen kann jedoch auch nachteilig sein. Leistungsziele fokussieren das Denken und Handeln nicht auf den Wissenserwerb und Lernzuwachs, sondern auf das äußerlich sichtbare Ergebnis. Leistungsziele können sogar das Lernen verhindern, wenn die Person der festen Überzeugung ist, ein Leistungsziel mit dem bisherigen Wissen und Können schnell erreichen zu können. Wenn eine Schülerin lediglich darauf fokussiert ist, einen Vokabeltest zu bestehen, wird sie mit ihrer bisherigen, ineffektiven Vokabellernstrategie weitermachen. Wenn sie sich dagegen eine effektivere Lernstrategie aneignen müsste, würde dies zunächst dazu führen, dass sie beim nächsten Vokabeltest eventuell schlechter abschneidet.

Bei Lernzielen (*mastery goal, learning goal*) steht dagegen der Aufbau von Wissen (deklaratives Wissen) oder Fertigkeiten (prozedurales Wissen) im Vordergrund. Der Fokus der Lernhandlungen liegt auf persönlichem Wachstum und persönlicher Entwicklung. Lernziele zielen darauf ab, Wissen und Fähigkeiten zu erweitern, unabhängig von der Leistung im Vergleich zu anderen oder einem kriterialen Bewertungsmaßstab. Im Idealfall erkennen Menschen, die ein Lernziel verfolgen, dass sie durch Anstrengung und Zeit diesem Ziel näherkommen. Wer ein Lernziel verfolgt, muss jedoch auch damit rechnen, gewohnte Abläufe und Denkschemata in Frage zu stellen. Die Belohnung dieser Anstrengung ist jedoch die Erweiterung des eigenen Wissens und somit die generelle Möglichkeit, in Zukunft Aufgaben und Probleme deutlich besser lösen zu können.

Bei einer Tendenz zur Fokussierung von Lernzielen (*mastery goal orientation*) stehen das Lernen und Verstehen im Mittelpunkt des Denkens und Handelns. Was weiß ich, was kann ich? Was weiß ich noch nicht und welche Aufgaben und Probleme kann ich mit meinem jetzigen Wissen noch nicht lösen? Eine Person ist damit viel eher an neuen Lerninhalten und am genauen Verstehen von Zusammenhängen interessiert. Sie hat eine höhere Tendenz, schwierige Problemstellungen ausdauernd zu bearbeiten und dabei auch neue Strategien und Lösungswege zu erproben.

Ich möchte diese beiden Lernzielorientierungen anhand des konkreten Beispiels „Schreiben von Texten" verdeutlichen:

So denkt eine Schülerin mit einer Orientierung an Leistungszielen (performance goal orientation): Wir haben gerade im Deutschunterricht das Thema „Bildergeschichte" und bald steht eine Klassenarbeit an (Fokus auf Ergebnis, Leistungsvergleich). Die Lehrerin möchte, dass wir in dieser Klassenarbeit eine Bildergeschichte schreiben und benotet diese. Bisher haben wir im Unterricht ein paar Übungsaufsätze geschrieben und es ist mir schwergefallen, mehr als eine Seite Text zu schreiben. Zudem hat die Lehrerin viele Fehler angestrichen. Ich hatte sofort Sorge, ob ich in der Klassenarbeit genug schreibe und eine gute Note bekomme. Vermutlich nicht. Die Lehrerin sagt zwar, ich solle meinen Text anhand der Kriterienliste noch einmal kontrollieren. Aber es fällt mir schwer. Ich habe sowieso Mühe etwas zu schreiben und dann soll ich nochmal alles durchgehen? Ich finde Fehler, ärgere mich und bin frustriert. Aus diesem Grund schreibe ich möglichst viel Text und gebe den Aufsatz ab. Für eine Drei wird es schon ausreichen.

Eine Schülerin mit einer Tendenz zu Lernzielen denkt wie folgt (*mastery goal orientation*): Wir behandeln im Unterricht das Thema „Bildergeschichte" und endlich hat mir die Lehrerin genau erklärt, worauf es bei einer guten Geschichte ankommt (Fokus auf Lerninhalte). Bisher habe ich versucht, möglichst viel zu schreiben. Aber nein, bei einer guten Geschichte kommt es auf die Spannung an und man kann mit ganz gezielten Tricks den Text spannend gestalten. Ich überlege mir erst einmal, was in der Bildergeschichte passiert und schreibe dann auf, welche Szenen nacheinander folgen. Anschließend nehme ich die im Unterricht besprochene Kriterienliste und schaue jeden Punkt einzeln durch. Habe ich auch spannende Adjektive verwendet? Wo könnte ich noch welche einbauen? Sind alle meine Verben im Präteritum? Es macht Spaß, wenn ich sehe wie mein Text nach und nach besser klingt. Ich gebe abschließend meine Bildergeschichte einer Freundin zum Lesen und freue mich, wenn sie noch einen Tipp hat.

Lehrkräfte können mit ihren Unterrichtszielen viel dazu beitragen, dass sich die Schülerinnen und Schüler zunehmend mehr an Lernzielen und nicht ausschließlich an den Leistungszielen bzw. dem zu bewertenden Endprodukt (Prüfung, Vorführung) orientieren. Die Schülerinnen und Schüler müssen und sollen natürlich auch das Ziel verfolgen, eine Prüfung zu bestehen, etwas vorzuführen, an einem Wettbewerb teilzunehmen oder eine gute Platzierung zu erzielen. Es geht nicht darum, Leistungsziele zu verbannen. Es geht vielmehr darum, Lern- und Leistungsziele in eine ausgewogene Balance zu bringen. Die Lernenden sollten nicht gleich zu Beginn des Unterrichts mit Noten, Tests, Klausuren usw. konfrontiert werden. Zunächst einmal sollte es im Unterricht darum gehen, etwas zu lernen, Fehler zu machen und sich über den eigenen, individuellen Lernfortschritt zu freuen.

3.2.4 Growth mindset vs. fixed mindset

Abschließend möchte ich auf einen Forschungsbereich hinweisen, der um die motivationspsychologischen Konzepte *growth mindset vs. fixed mindset* zentriert ist (Dweck & Yeager, 2019; Yeager & Dweck, 2020). Ein *mindset* ist die persönliche Erzählung einer Person über die eigenen Begabungen, Talente und Lernmöglichkeiten. Wir können somit ein *growth mindset* als den Glauben eines Menschen an die eigenen Lernfähigkeiten verstehen. Ein *fixed mindset* ist dagegen die Überzeugung, persönliche Eigenschaften und intellektuelle Fertigkeiten seien festgelegt und nicht veränderbar. Menschen mit einem *growth mindset* setzen sich mit schwierigen Aufgaben auseinander und versuchen beständig ihre Fähigkeiten zu erweitern. Menschen mit einem *fixed mindset* dagegen gehen Herausforderungen aus dem Weg, wählen einfache Aufgaben, vermeiden negatives Feedback und können ihre Potenziale und Begabungen nicht entwickeln.
Je nach Überzeugung erklären Menschen ihre Erfolge und Misserfolge unterschiedlich (Attribution von Leistungen). Menschen mit einem *growth mindset* erklären

ihre Leistungen mit veränderlichen und internen, kontrollierbaren Faktoren wie beispielsweise der eigenen Anstrengungsbereitschaft. Bei einem *fixed mindset* dominieren dagegen Erklärungen, die auf nicht veränderbare Faktoren (Begabung) und externe, nicht kontrollierbare Faktoren (Zufall, schwierige Aufgabe) zurückzuführen sind.

In einer weiteren Studie wurde gezeigt, wie man die Überzeugungen von Schülerinnen und Schülern und damit ihre Lernentwicklung beeinflussen kann (Mueller & Dweck, 1998). Die Lehrkräfte lobten eine Gruppe von Lernenden überwiegend für ihre Begabung und ihre Intelligenz (*praise for intelligence*), die andere Gruppe für ihre Anstrengung (*praise for effort*). Es wurde jeweils entweder ein *fixed mindset* (Intelligenz loben) oder ein *growth mindset* (Anstrengung loben) verstärkt. Nach Fehlern zeigten die Kinder mit dem induzierten *fixed mindset* weniger Ausdauer bei der Aufgabenbearbeitung, weniger Freude und mehr externale Erklärungen für ihre Lernleistungen im Vergleich zu den Kindern, die für ihre Anstrengungsbereitschaft gelobt wurden (*growth mindset*).

Auch neurowissenschaftliche Studien bestätigen die psychologische Unterscheidung zwischen einem *growth mindset* und einem *fixed midset* (Mangels et al., 2006). Bei Menschen, die von der Unveränderbarkeit ihrer Intelligenz überzeugt waren (*entity theorists, fixed mindset*) zeigte sich nach einem Fehler ein anderes neuronales Aktivierungsmuster als bei Menschen, die von der Veränderbarkeit ihrer Intelligenz überzeugt waren (*incremental theorists, growth mindset*). Die Gehirnregionen, die für den Abgleich von neuen Informationen (korrigierendes Fehlerfeedback) mit vorhandenem Wissen zuständig sind, waren bei den *entity theoristis* weniger aktiv als bei den *incremental theorists*. Letztere sind daher besser in der Lage, sich auf die mit der negativen Rückmeldung transportierte Information zu konzentrieren. Damit lernen sie besser aus Fehlern. Die Personen mit einem *fixed mindset (entity theorists*) sehen in Fehlern hingegen eine Bedrohung ihres Selbstwerts und ignorieren die mit dem Fehler transportierten, lernrelevanten Feedbackhinweise.

3.3 Orientierung für die Kommunikation von Lernzielen

Zoe und Lorenz diskutieren abends bei einem WG-Essen mit weiteren Kommilitonen über die Vorlesung zu Lernzielen. Zumindest so stellt sich das Professor Magnus Schreiber vor, als er auf dem Nachhauseweg von der Uni an den heimischen Schreibtisch am Studentenwohnheim vorbeiradelt. Nun, lassen wir dem Professor seine idealisierende Vorstellung vom Studentenleben und konstruieren eine Reihe von Gedanken, die sich angehende Lehrkräfte machen könnten, um konkret zu begreifen, was motivierende Lernziele eigentlich sind.

Aus den Theorieperspektiven ergibt sich für mich ein recht schlüssiges Bild für die Gestaltung motivierender Lernziele, so Lorenz, der bereits ein wenig den dozierenden Stil des Professors kopiert. Stell dir doch einmal vor, du bist mäßig sportlich

begabt, arbeitest viel im Sitzen und möchtest endlich etwas für deine Fitness und Kondition tun. Das wäre so ein typischer „Neujahrs-Vorsatz", ein unspezifisches Ziel, das wenig motiviert. Du gehst einmal oder zweimal Laufen und verlierst dann schnell die Lust. Dein „innerer Schweinehund" ist zu groß. Wie könnte man es besser machen? Zunächst benötigst du ein wirklich motivierendes und herausforderndes Ziel, welches über das hinausgeht, was du dir „normalerweise" vorstellen kannst. Wie wäre es damit, in einem halben Jahr an einem Marathon teilzunehmen? Deine Fitnesstrainerin bestärkt dich darin, dass du den Marathon mit ausreichendem Training wirklich laufen kannst. Dieses herausfordernde Ziel und die Überzeugung der Trainerin können deine Sicht auf deine Fähigkeiten verändern.
Zoe runzelt skeptisch die Stirn. Ich weiß nicht so recht, ob das wirklich funktioniert mit diesem überambitionierten Lernziel, so die Studentin. Ich würde vermutlich nach wenigen Kilometern abbrechen, weil mir die Knie schmerzen und die Puste ausgeht. Der Marathonlauf als anspruchsvolles, hochgestecktes Fernziel wäre dann demotivierend. Es ist ein reines Leistungsziel. Entweder schaffe ich die 42 Kilometer zu laufen oder nicht. Ich muss mich an einem kriterialen Maßstab messen lassen. Lorenz kontert. Deshalb ist es die Aufgabe der Trainerin, an deiner Lernzielorientierung zu arbeiten. Du benötigst zu dem langfristigen Leistungsziel weitere kleine, proximale Lernziele, die dir verdeutlichen, ob du mit dem Training auf dem richtigen Weg bist. Diese Lernziele beschreiben konkrete Schritte auf dem Weg zum großen Ziel: Die Laufstrecke nur langsam aber schrittweise verlängern. An der eigenen Lauftechnik feilen, eventuell eine neue Lauftechnik erproben, die zunächst dazu führt, wieder kleinere Runden zu laufen. Diese konkreten Lernziele ermöglichen ein spezifisches Feedback und erweitern deine motorischen Fertigkeiten, was zu neuem prozeduralem Wissen führt.
Professor Schreiber würde sagen, dass die Menschen in diesem Zustand optimal motiviert sind, weil sie sowohl ein ambitioniertes Fernziel als auch viele konkrete Lern- und Etappenziele haben. Zudem werden sie von einer Lehrperson, die an sie glaubt und hohe Erwartungen signalisiert, unterstützt. Lorenz holt seine Vorlesungsaufschriebe aus der Tasche. Ich habe mir ein paar konkrete Strategien notiert, um meine Schülerinnen und Schüler später einmal mit den richtigen Lernzielen gut motivieren zu können. Auch das ist natürlich eine Fantasie von Professor Schreiber. Welche Hochschule wünscht sich nicht Studierende, die Vorlesungen nachbereiten, eigene Schlüsse ziehen, selbst weiterdenken und dabei noch mit Papier und Stift arbeiten? Egal ob Fiktion oder Realität. Hier sind die Notizen von Lorenz:

(1) Setze als Lehrperson anspruchsvolle Leistungsziele und erkläre deinen Schülerinnen und Schülern, dass jede und jeder in der Klasse dieses Ziel erreichen kann, wenn genug Zeit und Anstrengung ins Lernen investiert wird. Überlege dir aber vorher selbst gut, was du deiner Klasse wirklich zumuten kannst, hinter welchen anspruchsvollen Leistungszielen du wirklich stehen kannst. Die Motivation über Lernziele fängt in deinem Kopf an. Du selbst musst von den hohen Erwartungen,

die du an die Klasse stellst, überzeugt sein. Alles andere wäre gespielt und würde schnell entlarvt. Finde anschließend zusammen mit der Klasse eine gute Zielformulierung und notiere diese gut lesbar auf einem Plakat, in den Lerntagebüchern oder wo auch immer die Schülerinnen und Schüler ihren Lernfortschritt im Unterrichtsfach dokumentieren können.
Du bist beispielsweise eine Schwimmlehrerin und hast eine Gruppe, die zwar Brustschwimmen kann, aber die Schwimmtechnik des Kraulens noch nicht beherrscht. Erwarte von diesen Kindern, dass sie bis zum Schuljahresende 100 Meter am Stück Kraulschwimmen können.
Bist du eine Deutschlehrerin und hast in deiner Klasse Jugendliche, die zuhause kein Deutsch sprechen, keine Bücher lesen und die übliche Schulbuchlektüre ablehnen? Setze diesen Schülerinnen und Schülern ein anspruchsvolles und motivierendes Leistungsziel: Am Ende des Schuljahres kann jeder von euch einen selbst gewählten Roman mit 100 Seiten lesen und diesen in der Klasse vorstellen.
Du bist Mathematiklehrer und ärgerst dich über die mangelhaften Kopfrechenfertigkeiten deiner Schülerinnen und Schüler. Selbst einfache Grundrechenaufgaben im Zahlenraum bis 100 bereiten vielen Lernenden Schwierigkeiten. Sage der Klasse, dass bis zum Schuljahresende jede und jeder von 20 Kopfrechenaufgaben in fünf Minuten mindestens 18 davon richtig haben wird.

2) Plane mit deinen Schülerinnen und Schülern die nächsten konkreten, proximalen Lernziele. Formuliert diese gemeinsam und notiert sie an einer gut sichtbaren Stelle. Was soll in den nächsten Unterrichtsstunden genau gelernt werden? Woran erkennen die Schülerinnen und Schüler, etwas dazugelernt zu haben?
Beispiel Schwimmlehrerin: Plane und kommuniziere die nächsten, kleinen Lernziele, beispielsweise nur den Beinschlag beim Kraulschwimmen verbessern und eine 25-Meter Bahn mit dem Schwimmbrett und Kraulbeinschlag jedes Mal etwas schneller zurücklegen.
Beispiel Deutschlehrerin: Beginne mit kleinen Geschichten und überschaubaren Zeitungsartikeln zu interessanten Themen. Überlege gemeinsam mit den Schülerinnen und Schülern, welche Texte zu welchen Themen zunächst gelesen werden.
Beispiel Mathematiklehrer: Beginne zunächst einmal mit Einmaleinsaufgaben bis 100. Erweitere dann in einem zweiten Schritt Additions- bzw. Subtraktionsaufgaben im Hunderterraum. In einem dritten Schritt werden Multiplikations- und Additionsaufgaben kombiniert.

3) Formatives Assessment und Feedback: Beobachte die Schülerinnen und Schüler bei verschiedenen Lernaktivitäten, um zu prüfen, ob und wie schnell sie sich ihren Lernzielen annähern. Was haben wir gelernt? Wo sind noch Fehler? Was müssen wir noch weiter üben? (siehe Kapitel 10). Damit stärkst du die *learning goal orientation* in deiner Klasse.

Beispiel Schwimmlehrerin: Miss die Zeit für eine 25-Meter Bahn Kraulbeinschlag mit Schwimmbrett und notiere dir bei jeder Schülerin, jedem Schüler, wie der Beinschlag ausgeführt wird.
Beispiel Deutschlehrerin: Die Lernenden müssen jede Woche genau einen Text lesen und darüber in der Klasse kurz berichten. Besprich mit der Klasse, was vom Inhalt verstanden wurde und ob der Text zu lang oder zu kurz war.
Beispiel Mathematiklehrer: Beginne jede Unterrichtsstunde mit einem Kopfrechenquiz, am besten mit einer digitalen Unterstützung. Die Schülerinnen und Schüler erhalten sofort eine Rückmeldung und sehen genau, welche Einmaleinsreihen wiederholt werden müssen.

4) Beachte und verstärke kleine, individuelle Lernfortschritte. Sprich über die investierte Lern- und Übungszeit und nicht über Talent oder Begabung. Verwende digitale Tools, um die Lernfortschritte und die Lernzeiten zu visualisieren. Stärke damit das *growth mindset* bei deinen Schülerinnen und Schülern.
Beispiel Schwimmlehrerin: Zeige den Schülerinnen und Schülern die konkreten Fortschritte bei der Verbesserung der Beinschlagtechnik auf und wie diese damit die 25-Meter Bahn schrittweise schneller schwimmen können. Notiere die von den Lernenden geschwommenen Bahnen und verdeutliche damit den Zusammenhang zwischen Übungsaufwand und Lernfortschritt.
Beispiel Deutschlehrerin: Die Schülerinnen und Schüler notieren sich in einem Lerntagebuch, welche Texte sie gelesen haben, ob diese interessant waren, wie lang sie waren und ob sie den Eindruck hatten, den Text zu verstehen. Thematisiere im Unterricht die investierte Lesezeit sowie die zunehmende Länge und Schwierigkeit der Texte.
Beispiel Mathematiklehrer: Nutze ein adaptives Lernprogramm, das sowohl den individuellen Lernfortschritt als auch die insgesamt aufgewendete Übungszeit dokumentiert und in einem „Dashboard" übersichtlich darstellt. Dadurch werden Lernfortschritte beim Kopfrechnen für alle sichtbar.

Zoe ist beeindruckt von diesen konkreten Vorschlägen und wünscht sich eine Kopie von Lorenz. Wer weiß wozu sie das noch gebrauchen kann? Um die angeregte Diskussion nicht abbrechen zu lassen, schüttet sie etwas Wasser in den Wein. Lorenz, deine Beispiele klingen zwar gut, aber am Ende des Schuljahres muss ich als Lehrerin doch Zeugnisnoten vergeben. Letztendlich werden die Kinder und Jugendlichen unterschiedlich schnell voranschreiten und es werden auch nicht alle das gesetzte Leistungsziel erreichen. Ja, erwidert Lorenz, es bleibt uns später wohl nichts anderes übrig, als einen vertretbaren Kompromiss zwischen Verstärkung des individuellen Lernfortschritts und Beurteilung nach sozialen und kriterialen Maßstäben zu finden. Aber Notenverordnungen lassen hierfür erstaunlich viel Spielraum, so zumindest sieht das Professor Schreiber. Allein schon mit der mündlichen

Note haben Lehrkräfte ein mächtiges Instrument, um die individuelle Anstrengungsbereitschaft und den individuellen Lernfortschritt positiv zu verstärken.
In der nächsten Seminarsitzung greift Magnus Schreiber das Thema auf und knüpft an die fiktive Diskussion der beiden Studierenden an. Lernziele, so der um Kompromisse ringende Professor, können trotz Noten und Abschlussprüfungen auf eine ganz einfache Art motivierend sein. Lehrkräfte können jederzeit verdeutlichen, wie sich die Schülerinnen und Schüler mit konkreten Lernzielen und kleinen Lernschritten langsam aber sicher den schriftlichen Prüfungsaufgaben nähern. Notengebung und standardisiert zu bewertende Prüfungen auf der einen Seite und die Förderung der *learning goal orientation* bzw. des *growth mindset* auf der anderen Seite müssen sich nicht ausschließen. Es sind zwei Seiten einer Medaille. Wenn Lehrkräfte allerdings schon vom ersten Unterrichtstag an nur noch über anstehende Tests, Prüfungen und Noten reden, zerstören Sie die Lernmotivation genau der Schülerinnen und Schüler, die ihre Hilfe am nötigsten hätten. Diese Lehrkräfte erliegen der Illusion einer Steuerung über Leistungsziele und Leistungstests. Wer seine Klasse jedoch motivieren möchte, muss verdeutlichen, wie sich die Lernenden mit kleinen Schritten auf den Weg machen können. Genau diese kleinen, einfachen Schritte sind stark.

Weiterführende Literatur

De Boer, H., Timmermans, A. C., & Van Der Werf, M. P. C. (2018). The effects of teacher expectation interventions on teachers' expectations and student achievement: Narrative review and meta-analysis. Educational Research and Evaluation, 24(3–5), 180–200. https://doi.org/10.1080/13803611.2018.1550834

Dweck, C. S., & Yeager, D. S. (2019). Mindsets: A view from two eras. Perspectives on psychological science, 14(3), 481–496. https://doi.org/10.1177/1745691618804166

Locke, E. A., & Latham, G. P. (2019). The development of goal setting theory: A half century retrospective. Motivation Science, 5(2), 93–105. https://doi.org/10.1037/mot0000127

Übungsaufgaben

Die Testfragen zu diesem Beitrag finden Sie unter folgendem Link:
https://www.utb.de/do/10.36198/9783838563084-e03/disclaimer

Aufgabe 1: Was versteht man unter „kybernetischer Didaktik“?
a. Eine Lehrmethode, die sich ausschließlich auf digitale Medien stützt.
b. Eine Didaktik, die den Unterricht mit einem technischen Regelkreislauf vergleicht.
c. Ein pädagogischer Ansatz, der die Rolle der Lehrperson in der Klassenführung minimiert.
d. Eine Unterrichtsmethode, die sich auf die Vermittlung von Programmierkenntnissen konzentriert.

Aufgabe 2: Erörtern Sie, wie die Erwartungen von Lehrkräften die Lernentwicklung von Schülerinnen und Schülern beeinflussen können, basierend auf dem Konzept des Pygmalion-Effekts.

Aufgabe 3: Reflektieren Sie über eine Lehr- oder Lernerfahrung, in der das Setzen von Lernzielen eine entscheidende Rolle spielte. Wie haben die Lernziele die Motivation und das Engagement beeinflusst?

Aufgabe 4: Diskutieren Sie, wie die Unterscheidung zwischen Lernzielen (*mastery goals*) und Leistungszielen (*performance goals*) in der Praxis umgesetzt werden kann. Geben Sie Beispiele, wie Lehrkräfte eine ausgewogene Balance zwischen diesen Zielarten fördern können.

Aufgabe 5: Bewerten Sie auf einer Skala von 1 (sehr gering) bis 5 (sehr hoch), wie stark Ihr Unterricht durch die *goal-setting* Theorie beeinflusst ist. Reflektieren Sie, wie Sie Lernziele im Unterricht effektiver einsetzen können, um die Motivation und Leistung der Lernenden zu steigern.

Literatur

Anderson, L. W., & Krathwohl, D. R. (Eds.). (2001). *A taxonomy for learning, teaching, and assessing: A revision of Bloom's taxonomy of educational objectives* (Complete ed). Longman.

Bellmann, J., & Weiß, M. (2009). *Risiken und Nebenwirkungen Neuer Steuerung im Schulsystem. Theoretische Konzeptualisierung und Erklärungsmodelle.* https://doi.org/10.25656/01:4251

Bloom, B. S., Engelhart, M. D., Frust, E. J., Hill, W. H., & Krathwohl, D. R. (1956). *Taxonomy of educational objectives: Handbook I: Cognitive domain.* McKay.

Cube, F. von. (1982). *Kybernetische Grundlagen des Lernens und Lehrens* (4., neubearb. Aufl). Klett-Cotta.

De Boer, H., Bosker, R. J., & Van Der Werf, M. P. C. (2010). Sustainability of teacher expectation bias effects on long-term student performance. *Journal of Educational Psychology, 102*(1), 168–179. https://doi.org/10.1037/a0017289

De Boer, H., Timmermans, A. C., & Van Der Werf, M. P. C. (2018). The effects of teacher expectation interventions on teachers' expectations and student achievement: Narrative review and meta-analysis. *Educational Research and Evaluation, 24*(3–5), 180–200. https://doi.org/10.1080/13803611.2018.1550834

Dweck, C. S., & Yeager, D. S. (2019). Mindsets: A view from two eras. *Perspectives on Psychological Science, 14*(3), 481–496. https://doi.org/10.1177/1745691618804166

Emler, T. E., Zhao, Y., Deng, J., Yin, D., & Wang, Y. (2019). Side effects of large-scale assessments in education. *ECNU Review of Education, 2*(3), 279–296. https://doi.org/10.1177/2096531119878964

Gudjons, H., & Klafki, W. (Eds.). (1995). *Didaktische Theorien* (8. Aufl). Bergmann und Helbig.

Kultusministerkonferenz (Ed.). (2004). *Bildungsstandards im Fach Biologie für den Mittleren Schulabschluss. Beschluss vom 16.12.2004.* Luchterhand. https://www.kmk.org/fileadmin/Dateien/veroeffentlichungen_beschluesse/2004/2004_12_16-Bildungsstandards-Biologie.pdf

Locke, E. A., & Latham, G. P. (2002). Building a practically useful theory of goal setting and task motivation: A 35-year odyssey. *American Psychologist, 57*(9), 705–717. https://doi.org/10.1037/0003-066X.57.9.705

Locke, E. A., & Latham, G. P. (2019). The development of goal setting theory: A half century retrospective. *Motivation Science, 5*(2), 93–105. https://doi.org/10.1037/mot0000127

Mager, R. F. (1983). *Lernziele und Unterricht* (Nachdr. der überarb. Neuausg. 1977, 151.-154. Tsd). Beltz.

Maier, U. (2008). *Rezeption und Nutzung von Vergleichsarbeiten aus der Perspektive von Lehrkräften.* https://doi.org/10.25656/01:4338

Mangels, J. A., Butterfield, B., Lamb, J., Good, C., & Dweck, C. S. (2006). Why do beliefs about intelligence influence learning success? A social cognitive neuroscience model. *Social Cognitive and Affective Neuroscience, 1*(2), 75–86. https://doi.org/10.1093/scan/nsl013

Meece, J. L., Anderman, E. M., & Anderman, L. H. (2006). Classroom goal structure, student motivation, and academic achievement. *Annual Review of Psychology, 57*(1), 487–503. https://doi.org/10.1146/annurev.psych.56.091103.070258

Moeller, A. J., Theiler, J. M., & Wu, C. (2012). Goal Setting and Student Achievement: A Longitudinal Study. *The Modern Language Journal, 96*(2), 153–169. https://doi.org/10.1111/j.1540-4781.2011.01231.x

Mueller, C. M., & Dweck, C. S. (1998). Praise for intelligence can undermine children's motivation and performance. *Journal of Personality and Social Psychology, 75*(1), 33–52. https://doi.org/10.1037/0022-3514.75.1.33

Rosenthal, R., & Jacobson, L. (1968). *Pygmalion in the classroom: Teacher expectations and pupils' intellectual development.* Rinehart and Winston.

Rosenthal, R., & Rubin, D. B. (1978). Interpersonal expectancy effects: The first 345 studies. *Behavioral and Brain Sciences, 1*(3), 377–386. https://doi.org/10.1017/S0140525X00075506

Wigfield, A., & Eccles, J. S. (2000). Expectancy–value theory of achievement motivation. *Contemporary Educational Psychology, 25*(1), 68–81. https://doi.org/10.1006/ceps.1999.1015

Yeager, D. S., & Dweck, C. S. (2020). What can be learned from growth mindset controversies? *American Psychologist, 75*(9), 1269–1284. https://doi.org/10.1037/amp0000794

4 Exemplarisch und vernetzend unterrichten

Das Video zu diesem Beitrag finden Sie unter folgendem Link:
https://www.utb.de/do/10.36198/9783838563084-m05

Ziele und Überblick: Dieses Kapitel geht der Frage nach, warum vieles von dem, was Schülerinnen und Schüler im Unterricht lernen, schnell wieder vergessen wird. Gründe hierfür sind das Denken von Lehrkräften in Fachschubladen, Zeit- und Leistungsdruck im schulischen Alltag sowie ineffektive Lernstrategien. Für den Aufbau von nachhaltigem, deklarativem Wissen ist es jedoch entscheidend, exemplarisch und vernetzend zu unterrichten. Wer dies versteht, kann den Stoff- und Leistungsdruck im Schulalltag deutlich reduzieren und einfacher unterrichten. Das Kapitel beleuchtet diese Themen:

- Lehrkräfte sollten den Schubladenunterricht und das Bulimie-Lernen in der Schule durchschauen und kritisch hinterfragen können.
- Exemplarisches Lernen: Die Arbeit mit konkreten Beispielen ist entscheidend für ein tiefes Verständnis von abstrakten Konzepten.
- Der Transfer von Lerninhalten, sowohl innerhalb eines Faches als auch zwischen Unterrichtsfächern, fördert vernetztes Denken und ein umfassenderes Verständnis der Lerninhalte.
- Schlaf und Erholungsphasen sind für die Konsolidierung von neuem Wissen essentiell.

Dieses Kapitel gibt Lehrkräften eine Orientierung, wie Menschen deklaratives Wissen langfristig speichern und wie dies mit dem relativ einfachen Prinzip des exemplarischen und vernetzenden Lernens unterstützt werden kann.

4.1 Schubladenunterricht und Bulimie-Lernen

Professor Magnus Schreiber hat an der Hochschule noch diverse Aufgaben in der akademischen Selbstverwaltung. Unter anderem ist er für die Praktikumsschulen sowie die Einteilung der Studierenden in ihre Lehramtspraktika zuständig. Durch diese Tätigkeit kommt er mit vielen Lehrkräften und Schulleitungen in Kontakt. Die Nöte und Probleme an den Schulen vor Ort sind ihm nicht fremd und er fühlt sich in seiner Ansicht bestätigt, den universitären Elfenbeinturm möglichst häufig zu verlassen. Mit Julius Richter, einem Schulleiter an einer Realschule, ist Professor Magnus Schreiber schon längere Zeit in regem Austausch. Bei einem seiner Besuche an der Praktikumsschule schildert Rektor Richter wieder einmal den Stress an Schulen, unter dem sowohl die Kolleginnen und Kollegen als auch die Schülerinnen und Schüler leiden.
Magnus Schreiber fragt kritisch zurück. Warum berichten Lehrkräfte häufig von Zeitdruck in ihrem Unterricht? Wenn die sinkenden Leistungen von Schülerinnen und Schülern öffentlich beklagt werden, hat dies mit Sicherheit viele äußere Ursachen: Lehrkräftemangel, Sanierungsstau an Schulen, Schülerinnen und Schüler mit unzureichenden Sprachkenntnissen oder eine unstete, nach dem Zeitgeist schielende Bildungspolitik. Es gibt allerdings auch hausgemachte Probleme und jede Lehrerin und jeder Lehrer sollte sich fragen, worauf es beim Lernen eigentlich ankommt. Stress im Unterrichtsalltag entsteht häufig durch die Vorstellung, Themen und Inhalte in den Schulbüchern oder Bildungsplänen vollständig „abarbeiten“ zu müssen. Stress entsteht durch Tests, Klassenarbeiten und Abschlussprüfungen, auf die man die Kinder und Jugendlichen vorbereitet, indem man alle Themen „durchnimmt“, ohne zu wissen, was verstanden wurde.
Der Unterricht an Schulen wird in Fächer aufgeteilt, die nacheinander unterrichtet werden (Deutsch, Biologie, Fremdsprachen usw.). Es wird so getan, als sei jedes Fach ein einzelnes, großes Modul für die Allgemeinbildung. Eine Biologielehrerin beispielsweise denkt, die Schülerinnen und Schüler verstehen das Thema nur dann, wenn sie mindestens diese 6 Unterkapitel behandelt:

- Die Geschichte von Darwin und der Entdeckung der Evolutionstheorie
- Drei Tierbeispiele für evolutionäre Anpassung
- Drei Pflanzenbeispiele für evolutionäre Anpassung
- Grundlagen der Genetik für Erklärung von evolutionärer Anpassung
- Evolutionäre Anpassung bei den Vorfahren des Menschen
- Stammesgeschichte des Menschen

Das Biologiestudium, Schulbücher und viele weitere didaktische Materialien vermitteln ihr diese Vorstellung von der inhaltlichen Vollständigkeit einer Unterrichtseinheit.

Die Realität zeigt allerdings etwas ganz anderes. Die im Unterricht „behandelten Themen" haben in der Regel wenig mit dem zu tun, was später im Langzeitgedächtnis der Kinder und Jugendlichen fest an Wissen verankert wird. Wenn Lehrkräfte stark auf eine inhaltlich vollständige „Bearbeitung" von Themen fokussiert sind, führt dies zu einem oberflächlichen Lernen. Aufgrund des chronischen Zeitmangels an Schulen werden die einzelnen Themen nicht vertieft mit den Jugendlichen erarbeitet. Es wird auch viel zu selten aufgezeigt, in welchen anderen Fächern das Wissen angewendet werden kann. Zudem wird Schubladenunterricht auch durch Tests, Noten und Abschlussprüfungen begünstigt. Lehrkräfte möchten ihre Klassen möglichst gut auf Abschlussprüfungen vorbereiten und sehen sich gezwungen, alle Themen zu behandeln. Inhaltliche Vollständigkeit geht dann vor Tiefe und Gründlichkeit.

Das mag sein, erwidert der Schulleiter. Ich sehe, du bist wieder in deinem Element. Leider habe ich jetzt keine Zeit für eine mit Sicherheit spannende Diskussion. Ich möchte dich deshalb zu unserem nächsten pädagogischen Tag einladen. Die Kolleginnen und Kollegen hier an der Schule sind diskussionsfreudig. Präsentiere doch bitte deine Thesen. Der Professor nimmt die Einladung dankend an und geht beim Heimweg bereits seine Argumente durch. Ein wenig mulmig ist ihm aber schon. Vorträge vor Lehrerinnen und Lehrern sind ein heißes Pflaster für luftige Akademikerthesen. Das nachfolgende Teilkapitel entspricht in etwa dem, was Professor Schreiber vorgetragen hat.

4.2 Hintergrundwissen zum Erwerb von deklarativem Wissen

4.2.1 Träges Wissen

Hinter der Vorstellung vom Schubladenunterricht verbirgt sich eine fehlerhafte Idee bezüglich menschlicher Lernprozesse. Die Vorstellung, Menschen lernen, indem sie sich Schritt für Schritt bestimmte „Wissenspakete" aneignen, ist grundlegend falsch. In der Literatur wird dieses Phänomen als Schubladenwissen (*compartmentalized knowledge*) oder träges Wissen (*inert knowledge*) bezeichnet (Renkl et al., 1996). Diese Art von Schubladenwissen entsteht, wenn einzelne Themen im Unterricht weitgehend isoliert voneinander „behandelt" werden und den Schülerinnen und Schülern nicht klar ist, was das eine mit dem anderen zu tun hat. Das Wissen bleibt träge, weil es nicht auf neue Situationen übertragen werden kann. Damit sind nicht nur die späteren Anwendungen im Berufsleben gemeint, sondern auch die Querverbindungen innerhalb einer Unterrichtseinheit sowie zu anderen Themen in einem Fach oder anderen Fächern.

Die Folge von Schubladenunterricht ist Bulimie-Lernen. Schülerinnen und Schüler wenden fragwürdige und wenig effiziente Lerntechniken an, um sich in kurzer Zeit oberflächliches Wissen für Prüfungen „einzuverleiben". Nach der Prüfung

wird dieses Wissen aufgrund der Effizienz des Gehirns schnell wieder vergessen. Fragwürdige Memorierungstechniken sind beispielsweise das Durchlesen von Heftaufschrieben oder Skripten, das Wiederholen von Wörterlisten oder das Unterstreichen von Textstellen mit bunten Farben (Dunlosky et al., 2013).
Aber auch die äußerlichen Zeit- und Organisationsstrukturen unseres Schulsystems verleiten dazu, in Schubladen zu denken und zu unterrichten. Die Lernprozesse in einem ganzen Schuljahr werden durch mehrere lange und einen langen Ferienblock unterbrochen. In der Zeit zwischen zwei Ferienblöcken werden dann in sich abgeschlossene Wissenspakete unterrichtet. Mit Ferienbeginn wird das Paket abgehakt und nach den Ferien startet der Unterricht wieder mit dem nächsten Wissenspaket. Diese Segmentierung von Unterrichtsinhalten nach Ferienblöcken ist eine Einladung für die Schülerinnen und Schüler, Wissen in Schubladen abzulegen und danach wieder zu vergessen.
Doch was ist die Alternative? Wie können Lehrkräfte einen Unterricht gestalten, bei dem die Schülerinnen und Schüler zunehmend ihr Wissen vernetzen und vertiefen? In der didaktischen Literatur gibt es, wenig verwunderlich, viele Konzepte und Ideen hierfür. Zwei davon sind nicht neu, aber bewährt und auch nicht so kompliziert in der Umsetzung: Exemplarität und Transfer (Köck, 2008). Das Prinzip der Exemplarität ist eine dieser alten Ideen, die sowohl einfach als auch stark sind. Exemplarisches Unterrichten bedeutet, ganz vereinfacht gesprochen, die konsequente Nutzung von Beispielen für das Lernen von abstrakten Regeln oder Begriffen oder Theorien. Gut untersucht wurde beispielsweise die Lernwirksamkeit von Lösungsbeispielen in mathematisch-naturwissenschaftlichen Fächern (Atkinson et al., 2000).
Transfer im Unterricht bedeutet, konkret aufzuzeigen, wo und wie das erlernte Wissen in der Lebenswelt, in anderen Fächern oder bei anderen Themen desselben Fachs angewendet werden könnte. Horizontaler Transfer sind Querverbindungen innerhalb des Fachs von einem Thema zum anderen. Vertikaler Transfer sind Querverbindungen zu anderen Fächern oder Lerndomänen. Zunächst einmal können Fachlehrkräfte selbst in ihrem Unterricht anhand von Beispielen solche Querverbindungen ziehen (Peterßen, 2000). Von einem fächerverbindenden Unterricht würden wir sprechen, wenn zwei oder mehr Fachlehrkräfte kooperieren, um anhand eines gemeinsamen Beispiels Transfermöglichkeiten aufzuzeigen (z. B. Thema Klimawandel). Wesentlich aufwendiger und nicht unbedingt effektiver sind Formate wie der Projektunterricht oder der fächerübergreifende Unterricht. Bei diesen Formaten wird die Fachunterrichtsstruktur teilweise oder ganz aufgelöst.
Um die Stärke dieser beiden Unterrichtsprinzipien zu verstehen, ist wiederum ein Exkurs in die Kognitionspsychologie erforderlich.

4.2.2 Aufbau von semantischem Wissen

Schülerinnen und Schüler müssen in der Schule Fertigkeiten wie das Lesen, Rechnen und Schreiben erlernen. Diese Fertigkeiten sind hoch automatisiert und werden in der Kognitionspsychologie als prozedurales Wissen bezeichnet. Diese automatisierten Fertigkeiten sind allerdings nur die Grundlage, um das zu lernen, was man als Allgemeinbildung oder allgemeines Verständnis der Welt bezeichnen könnte. Die Kognitionspsychologie spricht in diesem Fall von deklarativem Wissen, von unserem Wissen über Gott, die Welt und uns selbst. Deklaratives Wissen ist all das, was wir nachlesen können, über das wir reden und diskutieren können: das Verständnis von mathematischen Funktionen, der Begriff der Evolution oder der Demokratie.

Um bei den Schülerinnen und Schülern deklaratives Wissen aufzubauen, müssen andere Lernprozesse in Gang gesetzt werden als beim Erwerb von mentalen oder motorischen Prozeduren wie beispielsweise dem Klavierspielen, dem Kopfrechnen, dem Tastaturschreiben oder dem Lernen von Vokabeln in einer fremden Sprache. Henke (2010) hat in einem übergreifenden Modell drei grundlegend unterschiedliche Prozesse beschrieben, die zur Bildung von langfristig abgespeicherten Gedächtnisinhalten führen:

- Schnelle Speicherung von flexiblen und komplexen Verknüpfungen (*rapid encoding of flexible associations*)
- Langsame Speicherung von festgefügten und komplexen Verknüpfungen (*slow encoding of rigid associations*)
- Schnelle Speicherung von isolierten Wissenselementen (*rapid encoding of single or unitized items*)

Um das Problem des Schubladenunterrichts und des Bulimie-Lernens zu verstehen und Alternativen hierfür zu entwickeln, sind die ersten beiden Lernprozesse relevant. Diese beiden Lernprozesse erklären, wie wir als Menschen deklaratives Wissen über die Welt erwerben. Genauer gesagt, wie semantisches Wissen als Teil des deklarativen Wissens entsteht (*semantic memory formation*).

Semantisches Wissen entsteht einmal über den Weg der schnellen Speicherung von flexiblen und komplexen Verknüpfungen (Henke, 2010). Episodisches Wissen wird von unserem Gehirn sofort, d. h. im Zuge der ersten Kodierung abgespeichert. Episodisches Wissen umfasst Ereignisse in unserem Leben, Begegnungen und Gespräche in unserem Alltag, Geschichten und Erzählungen anderer Menschen, aber auch alles, was Schülerinnen und Schüler in der Schule und im Unterricht erleben. Eine Unterrichtsstunde kann auch als episodisches Wissen im Gedächtnis bleiben.

Die an diesem Lernprozess beteiligten Gehirnregionen sind der Hippocampus und der Neokortex. Episodisches Wissen wird dann gut erinnert, wenn es eine spannende Handlung hat und mit reichhaltigen, interessanten Details angereichert ist.

Im Unterricht kann episodisches Wissen auf unterschiedliche Art in allen Unterrichtsfächern entstehen: Gemeinsam ein naturwissenschaftliches Experiment durchführen, eine interessante Originalquelle zu einem historischen Ereignis lesen, eine spannende Dokumentation zu einem biologischen Thema anschauen oder über ein aktuelles, politisches Thema diskutieren.
Episodisches Wissen wird sofort und mühelos vom Gehirn gespeichert (*rapid encoding*) und kann jederzeit bewusst erinnert und nacherzählt werden. Zudem ist episodisches Wissen flexibel, es kann ergänzt und modifiziert werden (*flexible associations*). Wir können Erlebnisse und Geschichten ergänzen, weitererzählen, aus einer anderen Perspektive betrachten und mit anderen Erfahrungen und Geschichten aus unserem Langzeitgedächtnis verbinden.
Der zweite Weg beim Aufbau von semantischem Wissen geht über die langsame Speicherung von festgefügten und komplexen Verknüpfungen (Henke, 2010). Bei diesen Lernprozessen entstehen feste Verknüpfungen zwischen verschiedenen Wissensbausteinen und zwar sowohl deklarativen als auch prozeduralen Facetten. Die im Gehirn beteiligten Regionen sind die Basalganglien, das Cerebellum (insbesondere motorische Prozeduren) und der Neokortex. Beispiele für komplexe, fest verdrahtete Wissensnetze mit hauptsächlich deklarativen Wissensfacetten sind Vokabeln, auswendig gelernte Lieder und Gedichte, das Einmaleins oder historisches Faktenwissen. Auch prozedurales Wissen besteht aus komplexen, jedoch fest verankerten Verknüpfungen. Jede motorische Fertigkeit lässt sich in zahllose Teilfertigkeiten gliedern, die alle miteinander verbunden sind, jedoch jeweils auf eine ganz bestimmte Art ausgeführt und somit auch erlernt werden müssen. Beim Klavierspielen beispielsweise werden Teilfertigkeiten so lange geübt, bis sie automatisiert sind und danach können sie mit weiteren Teilfertigkeiten zu komplexeren Assoziationen vernetzt werden. Diese Lernprozesse dauern jedoch lange und erfordern viele Übungen und Wiederholungen (*slow encoding*).

4.2.3 Lernen als aktive Konstruktion von Wissen

Um die Phasen des Erwerbs von deklarativem Wissen in einem Unterrichtsfach besser verstehen zu können, möchte ich einmal grundlegend auf das konstruktivistische Lernparadigma eingehen (Schunk, 2012). Lernen wird in diesem Paradigma als ein eigenaktiver Konstruktionsvorgang, den nur das Individuum selbst in Gang setzen, steuern und kontrollieren kann, verstanden. Wissen im Langzeitgedächtnis entsteht dabei über die Konstruktion von „Bedeutung" im Arbeitsgedächtnis bzw. Kurzzeitgedächtnis (Abbildung 2). Im Unterricht werden die Schülerinnen und Schüler mit äußeren Reizen konfrontiert, die zunächst einmal bewusst wahrgenommen und gefiltert werden müssen (sensorischer Speicher). Bereits der Vorgang der Wahrnehmung von Sinnesinputs wird über das vorhandene Wissen im Langzeitgedächtnis gesteuert. Wenn ausgewählte Informationen ihren Weg ins Kurzzeitgedächtnis gefunden haben, muss die lernende Person diese fokussierten

Sinnesinputs verstehen. Mit dem bereits vorhandenen Wissen (Vorwissen) konstruieren die Schülerinnen und Schüler eine Bedeutung bzw. einen „Sinn“ dieser neuen Informationen. Die Konstruktion von Bedeutung bzw. Sinn kann dabei auf unterschiedliche Weise erfolgen. Passt diese Information zu dem, was ich bereits weiß? Was ist der Unterschied, was das Neue an dieser Information? Aber auch wenn eine Information irritierend ist, eine Aufgabe zu Schwierigkeiten führt, ein Beispiel nicht verstanden wird, findet eine Bedeutungskonstruktion statt.
Erst durch diesen aktiven Vorgang der Bedeutungskonstruktion kann langfristig gespeichertes Wissen erweitert, ergänzt oder neu strukturiert werden. Dies ist die zentrale Aussage des konstruktivistischen Lernparadigma. Für die langfristige Planung von Unterricht ist es relevant, diesen Vorgang der aktiven Bedeutungskonstruktion noch genauer zu betrachten. In der Literatur werden oft vier Phasen beim Aufbau von semantischem Wissen unterschieden (Van Kesteren & Meeter, 2020). Dabei ist Lernen ein Prozess, bei dem sich Phasen der aktiven Fokussierung mit Phasen der Entspannung abwechseln (Diekelmann & Born, 2010; Igloi et al., 2015; Sridhar et al., 2023).

Phase 1 – Enkodierung
In der ersten Phase setzen sich Lernende aktiv mit einem Thema, einer Aufgabenstellung oder einer Übung auseinander. Sie müssen sich bewusst anstrengen und willentlich ihre volle Aufmerksamkeit den Sinneseindrücken widmen, die mit dieser Aufgabenstellung zu tun haben. Alle anderen, nicht relevanten Reize müssen ausgeblendet werden. Hinzu kommt, dass sich die Schülerinnen und Schüler in dieser Phase der aktiven Auseinandersetzung auch an all das bereits vorhandene Wissen im Langzeitgedächtnis erinnern müssen (Abbildung 4). Dieses vorhandene Vorwissen wird benötigt, um eine Aufgabe bearbeiten oder ein neues Thema verstehen zu können.
Ein Beispiel hierfür ist der Einstieg in eine Unterrichtseinheit „evolutionäre Anpassung“ mit der Geschichte, wie Darwin seine Theorie der Evolution von Lebewesen entdeckt hatte. Er suchte eine Erklärung für die unterschiedlichen Schnabelformen der Finken auf den Galapagos-Inseln und den verwandten Finkenarten auf dem Festland Südamerikas. Wenn es einer Biologielehrkraft gelingt, diesen Lerninhalt spannend zu vermitteln, mit Details aus den Entdeckungsreisen von Charles Darwin anzureichern, die Schnabelformen mit Bildern zu veranschaulichen und die Schülerinnen und Schüler mit anregenden Fragen und Impulsen aktiv zu beteiligen, kann eine reichhaltige Lernepisode im Gedächtnis enkodiert werden.
Diese Informationen zum neuen Lerninhalt werden in der Gehirnregion *medial temporal lobe* zunächst als episodisches Wissen gespeichert. Der *medial temporal lobe* (*temporal,* weil er sich hinter den Schläfen befindet; medial, weil er in der Mitte liegt) ist eine unterhalb des Neokortex liegende Gehirnstruktur und umfasst den Hippocampus, die Amygdala und den *rhinal cortex*. Der Hippocampus ist an der

Enkodierung von episodischem Wissen beteiligt. In dieser Gehirnregion werden auch Lernepisoden mit vielfältigen Informationen über Zeit, Ort und weitere Details abgespeichert.

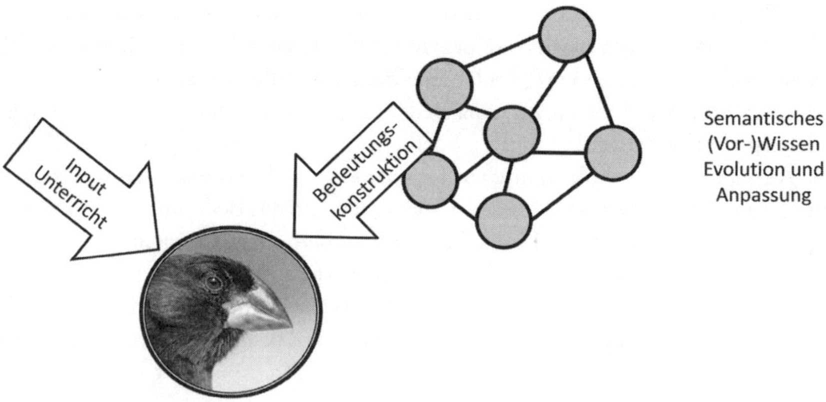

Abb. 4: Enkodierung von deklarativem Wissen (Quelle: Eigene Darstellung)

Es ist daher wichtig, dass sich Schülerinnen und Schüler bei der erstmaligen Auseinandersetzung mit einem Lerninhalt mit den Details beschäftigen. Details bedeuten jedoch nicht, sinnloses Faktenwissen zu präsentieren und auswendig lernen zu lassen. Vielmehr gilt: Je lebendiger, facettenreicher und anregender ein neuer Lerninhalt präsentiert wird, desto besser können ihn die Schülerinnen und Schüler als episodisches Wissen abspeichern. Lehrkräfte könnten dies beispielsweise wie folgt prüfen: Gelang es den Schülerinnen und Schülern auch noch nach einer Woche, wichtige Teile einer Unterrichtsstunde (ein Film, einen Diskussionsverlauf, ein Experiment) nachzuerzählen?

Die Enkodierung von Lerninhalten über den Weg des episodischen Wissens gilt für alle Fächer und Themen. Ein chemisches Experiment im Unterricht wird bei den Schülerinnen und Schülern zunächst als „Episode" abgespeichert. Es kann wie eine Geschichte nacherzählt werden: Warum hat man das Experiment durchgeführt? Welche Vermutungen hatten wir? Wie war der Versuchsaufbau? Was ist bei der Durchführung des Experiments alles passiert? Diese Details sind relevant für die spätere Enkodierung. Auch wenn sie nach Jahren nicht mehr erinnert werden, haben sie trotzdem in dieser Phase eine enorme Bedeutung. Aber auch die Erarbeitung von Themen im Mathematikunterricht (Beweise, Herleitungen etc.) oder Deutschunterricht (literarische Epochen) ist nur dann nachhaltig, wenn zunächst reichhaltige Lernepisoden im Gedächtnis entstehen.

Entscheidend ist zu verstehen, dass in dieser ersten Phase der aktiven Auseinandersetzung mit einem Lerninhalt die Vernetzungsstrukturen im Gehirn zwar aktiviert, aber noch nicht dauerhaft gebildet werden. Aktiviert bedeutet, dass Neurotransmitter wie Dopamin, Noradrenalin und Acetylcholin im Gehirn vorerst nur die Netzwerkstrukturen markieren, die für die Verarbeitung der aktuellen Aufgabe relevant sind. Das Gehirn ändert seine Vernetzungsstruktur in dieser Phase noch nicht. Der eigentliche Lernvorgang, die „Neuverdrahtung" im Gehirn, findet somit nicht während der aktiven Aufgabenbearbeitung statt, sondern während des Tiefschlafs oder ähnlicher Ruhezustände (siehe Phase 2).

Phase 2 – Konsolidierung

In einem zweiten Schritt erfolgt die Konsolidierung des episodischen Wissens. Dabei spielen der tiefe Schlaf und erholsame Pausen tagsüber eine wichtige Rolle. In diesen Ruhephasen bleiben die neuronalen Strukturen, die während der aktiven Lernphase neurochemisch markiert wurden, weiterhin aktiv. Das Gehirn wiederholt automatisch im Schlaf oder in Phasen der tiefen Entspannung das Wissen, mit dem wir uns tagsüber beschäftigt haben. Diese Phase der Konsolidierung des Wissens ist der eigentliche Lernprozess. Gerade in diesen Phasen bilden sich stabile, dauerhafte neuronale Verbindungen im Gehirn. Die Details verschwinden allmählich, und das Ergebnis der Konsolidierung ist eine Semantisierung in Form von abstrakt verknüpften Erinnerungen. Die wesentlichen bzw. gemeinsamen Merkmale vieler Einzelepisoden werden als Schema abgespeichert (Abbildung 6).
Durch die Konsolidierung und Semantisierung wird die neue Information unabhängig vom Hippocampus und ist allein im Neocortex verankert. An dieser Stelle wird auch deutlich, warum das „Vergessen" von Details sogar eine Grundvoraussetzung für den Aufbau von abstraktem, flexiblem Wissen ist. Dass Schülerinnen und Schüler im Unterricht besprochene Details vergessen, ist weder das Versagen von Lehrkräften noch der Institution Schule insgesamt, sondern ein natürlicher und notwendiger Vorgang. Dieses Vergessen von Details geht in der Regel mit dem Aufbau abstrakter Schemata einher, die es dann ermöglichen, zumindest Teile der Lernepisoden aus dem Unterricht zu rekonstruieren.

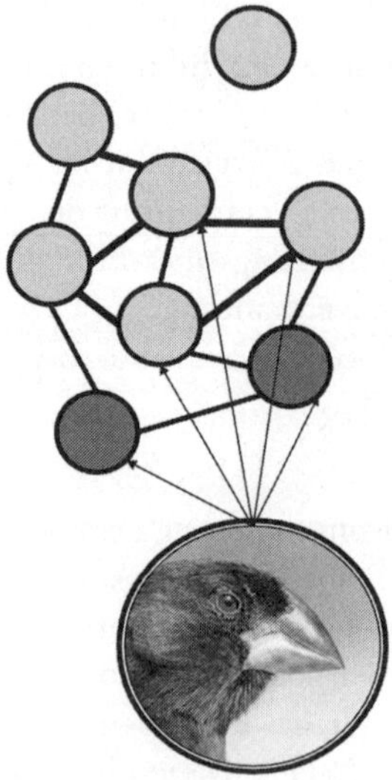

Abb. 5: Konsolidierung von semantischem Wissen (Quelle: Eigene Darstellung)

Am Beispiel der Unterrichtseinheit „evolutionäre Anpassung" könnte man sich diesen Vorgang der Konsolidierung idealerweise wie folgt vorstellen: Die Schülerinnen und Schüler haben verstanden, dass die Merkmale von Tieren wesentlich von ihrer Lebensumwelt geprägt sind. Zudem haben sie erkannt, dass die Änderung der Merkmale lange dauert und viele Generationen benötigt. Nur die Separierung der Darwinfinken über lange Zeit auf einer Insel führt zu dieser Anpassung. Diese zwei allgemeinen, neuen Erkenntnisse sind durch die dunkleren Punkte in der Abbildung symbolisiert. Dieses abstrakte Wissen ist semantisch, d. h. es kann sprachlich zum Ausdruck gebracht werden. Die Lernenden können mit diesen beiden allgemeinen Erkenntnissen in Zukunft „weiterdenken". Das abstrakte, semantische Wissen ist allerdings weiterhin mit der konkreten Lernepisode im Biologieunterricht verbunden. Andere Vorstellungen von Evolution, wie zum Beispiel die Anpassung als Leistung einzelner Individuen, werden in Frage gestellt und lösen sich aus dem Begriffsnetzwerk (grüner Kreis oben).

Diese Prozesse der Konsolidierung und Semantisierung von episodischem Wissen finden jedoch nicht während des Unterrichts statt, sondern in Ruhephasen. Der tiefe und erholsame Schlaf sowie Pausen am Tag sind somit ein wichtiger Teil von Schule und Lernen. In Ihrem Physikunterricht oder Ihrem Deutschunterricht können Sie die Lernprozesse lediglich vorbereiten. Sie als Lehrperson können lediglich dafür sorgen, dass die Schülerinnen und Schüler sich in Ihrem Unterricht oder bei den Hausaufgaben möglichst aktiv und fokussiert mit einem Lerninhalt oder einer

Übungsaufgabe beschäftigen. Der eigentliche Vorgang der Konsolidierung dieses Wissens findet später statt, nicht in Ihrem Unterricht.

Phase 3 – Retrieval (erstmalige Anwendung neuen Wissens)
Ein Lerninhalt ist nach einer einmaligen Beschäftigung und der folgenden Konsolidierung noch nicht dauerhaft im Langzeitgedächtnis abgespeichert. Eine einmalige Auseinandersetzung hinterlässt noch viel zu wenige „Spuren", d. h. stabile ausgebaute Vernetzungen im Gehirn. Dies gelingt erst dann, wenn das Wissen erneut abgerufen wird (*knowledge retrieval*). Nur Wissen, das häufig „verwendet" wird, führt zu dauerhaften Strukturen im Langzeitgedächtnis.
In Abbildung 6 wird diese Phase am Beispiel des Wissens zu Evolution und Anpassung schematisch dargestellt. Abruf von Wissen (*retrieval*) bedeutet, dass die Lernenden in der nächsten Biologiestunde mit den langen Hälsen von Giraffen als einem weiteren Beispiel für evolutionäre Anpassung konfrontiert werden. Dabei müssen sie das in der letzten Unterrichtsstunde aufgebaute, semantische Wissen nutzen, um aus den neuen Inputs dieser Unterrichtsstunde eine Bedeutung zu konstruieren. Beispielsweise könnte die Lehrperson verschiedene Vorfahren der Giraffen zeigen und die Frage stellen, warum sich die Hälse verlängert haben. Die Lernenden nutzen dann die in Phase 2 konsolidierten Vernetzungsstrukturen zum Begriff der Anpassung, um auch hier den Einfluss der Umweltfaktoren über mehrere Generationen zu erkennen. Durch diesen Vorgang des *retrieval* werden einmal gelernte Erkenntnisse erneut als relevant markiert.

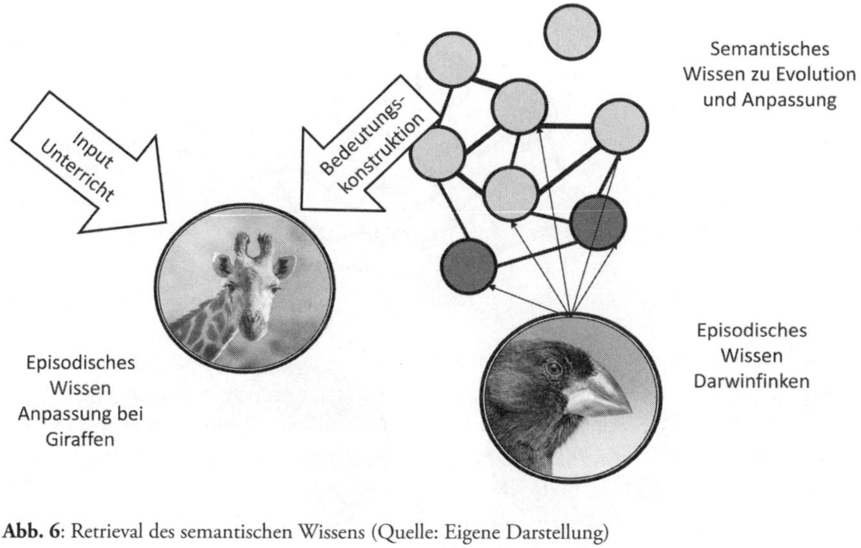

Abb. 6: Retrieval des semantischen Wissens (Quelle: Eigene Darstellung)

Um einmal konsolidiertes und damit semantisiertes Wissen wieder abzurufen, ist allerdings das vormals im Hippocampus gespeicherte episodische Wissen des ersten Lerninhalts nicht mehr in vollem Umfang notwendig. Wir müssen uns nicht mehr an alle Details der Episode im Zuge der Enkodierung (Phase 1) erinnern. Die Schülerinnen und Schüler könnten beispielsweise viele Details aus der ersten Unterrichtsstunde zum Naturforscher Charles Darwin oder zur Untersuchung der Darwinfinken vergessen haben. Sie sollten aber die wesentlichen Aspekte des Beispiels mit den abstrakten Aussagen im semantischen Netzwerk verbinden können. Nur so gelingt es ihnen, die wesentlichen Erkenntnisse aus dem Finken-Beispiel auf die Giraffen zu übertragen.

Phase 4 – Rekonsolidierung

Nach dem *retrieval*, der erstmaligen Anwendung von neuem Wissen, findet wiederum in Ruhephasen eine Rekonsolidierung, ein weiterer Ausbau der neu erlernten Vernetzungen statt. Erst in diesen Phasen der Rekonsolidierung entstehen wirklich dauerhafte und stabile neuronale Netzwerke. Zwar entstehen bereits in der Phase 2, der Konsolidierung, neue Verbindungen zwischen Nervenzellen. Aus Effizienzgründen werden diese Verbindungen vom Gehirn allerdings wieder gelöscht, wenn sie nicht zum Einsatz kommen und somit nutzlos sind. Die wirklich langfristige und dauerhafte Neuprogrammierung von neuronalen Netzwerken findet erst in Phasen der Rekonsolidierung statt. Erst wenn neues Wissen auch genutzt und abgerufen wird, weiß unser Gehirn, dass es sich lohnt, dieses Wissen nicht mehr zu vergessen. Dieser Umstand kann didaktisch nicht hoch genug bewertet werden. Wir lernen dazu, wenn wir uns aktiv erinnern und aufgefordert werden, vorhandenes Wissen zu nutzen.

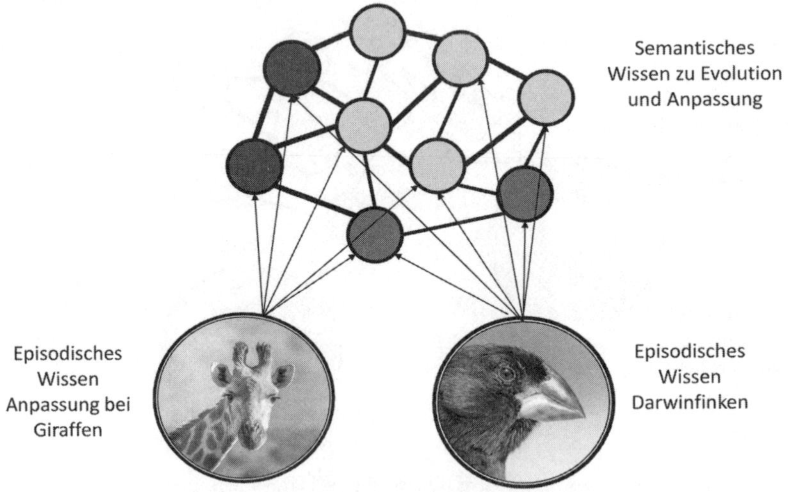

Abb. 7: Rekonsolidierung des semantischen Wissens (Quelle: Eigene Darstellung)

Allerdings kann sich auch im Zuge des Abrufs und der Rekonsolidierung ein Schema noch einmal verändern. Es wird bestenfalls ergänzt, optimiert oder weiter verfeinert. Es ist nicht so, dass dieses Wissen lediglich wie ein Werkzeug aus dem Schrank hervorgekramt, eingesetzt und danach wieder genauso in den Werkzeugschrank zurückgelegt wird. Das Schema ändert sich nach jeder Nutzung, indem Merkmale der Aufgabensituation, für die es genutzt wurde, mit abgespeichert werden (Abbildung 7). Damit wird ein Schema nach jeder Anwendung besser. Die lernende Person kann mehr Aufgabentypen und Situationen (episodisches Wissen) mit diesem Schema verknüpfen. Wir wissen dann besser, wann welches Wissen wie genutzt werden kann, um Probleme und Aufgabenstellungen zu lösen. Auf diese Weise entstehen tiefes Fachwissen und Expertise.

Diese vier grundlegenden Phasen des Erwerbs von deklarativem Wissen sind eine wesentliche Grundlage für die hohe Effizienz unseres Gehirns. Wir sind in der Lage, die für die Zukunft relevanten Erkenntnisse unserer vielfältigen Erfahrungen dauerhaft zu speichern. Wir müssen hierzu jedoch nicht alle Details und Informationen, mit denen wir uns jemals beschäftigt haben, abspeichern. Dies würde selbst die unglaublich hohe Speicherkapazität unseres Gehirns überfordern. Es reicht jedoch aus, wenn wir aus den vielfältigen Erfahrungen unseres Lebens die wirklich relevanten Erkenntnisse als abstrakte Schemata speichern. Mit den abstrakten Schemata sind wir in der Lage, neue Situationen schnell zu kategorisieren und die dafür notwendigen Lösungsprozesse zu aktivieren.
Irrelevante Details des episodischen Wissens können verblassen. Die für das Schema relevanten Aspekte des episodischen Wissens sollten jedoch in Verbindung mit dem abstrakten Schema stehen. Nur so können wir abstrakte Begriffe und Gesetze auch mit konkreten Beispielen und Erfahrungen in Verbindung bringen. Diese sind zudem wichtig, um unser abstraktes Wissen zu hinterfragen und weiterzuentwickeln. Warum denken wir so? Warum haben wir diese Theorie? Aufgrund welcher Erfahrungen und Lernepisoden ist welche Vorstellung entstanden?

4.3 Orientierung für die Auswahl von Lerninhalten

Professor Magnus Schreiber strapazierte mit seinem Vortrag die Geduld der anwesenden Lehrkräfte. Dennoch hatte er den Eindruck, seine Ausführungen trafen auf ein gewisses Interesse und nur ein kleiner Teil des anwesenden Auditoriums fragte sich, warum der pädagogische Tag mit solch mühsamen Vorträgen beginnen muss. Auf jeden Fall gelang es dem Professor, dem Vortrag gerade noch rechtzeitig eine unterrichtspraktische Wendung zu geben.

Von der Fachsystematik zum vernetzten Denken
Dieses Hintergrundwissen zu Lernprozessen, so Professor Schreiber weiter in seinen Ausführungen, ist ein Hinweis darauf, wie einfach es sein könnte, einen lernwirk-

samen Unterricht zu gestalten. Es kommt lediglich auf das richtige Mindset der Lehrkraft an. Hinterfragen Sie sich kritisch. Wo lasse ich mich im Unterricht durch zu viele Themen und Lerninhalte unter Druck setzen? Wo neige ich dazu, oberflächliches Faktenwissen aufeinanderzustapeln, welches von den Schülern nicht verstanden und erfasst wird? Wo drängen mich externe Faktoren (Tests, Abschlussprüfungen, vermeintliche Erwartungen im Kollegium oder der Elternschaft) dazu, Themen im Unterricht schnell „durchzunehmen“?
Setzen Sie all diesen Stressfaktoren etwas ganz anderes entgegen: Im Unterricht findet nur dann nachhaltiges Lernen statt, wenn Sie sich mit ihrer Klasse die Zeit nehmen, die für ein Fach wirklich relevanten Begriffe, Konzepte oder Theorien möglichst gründlich zu bearbeiten. Nur dann haben die Schülerinnen und Schüler wirklich die Chance, etwas zu begreifen. Nur dann können sie abstrakte Konzepte mit eigenen Erfahrungen, Erkenntnissen und Erlebnissen in eine lebendige Verbindung bringen. Ich bin überzeugt, dass dieses Mindset, diese ganz andere Perspektive auf den Unterricht genau das ist, was sich Lehrkräfte wünschen, wonach sie gesucht haben, als sie sich für diesen Beruf entschieden haben.
Insbesondere sollten Sie sich fragen, inwiefern das im Lehramtsstudium gelernte Fachwissen den Unterricht prägt. Wenn angehende Lehrkräfte sich über Jahre hinweg mit einem Fach wie Biologie, Germanistik oder Mathematik beschäftigen, denken sie in einer Fachsystematik. Diese Fachsystematik wurde jedoch von führenden Wissenschaftlerinnen und Wissenschaftlern in diesem Fach entwickelt, um eine unglaubliche Fülle an Themen und Inhalten zu sortieren. Als Lehrkraft benötigen Sie diesen Fachhintergrund, aber Schülerinnen und Schüler lernen anders. Verändern Sie Ihre Perspektive, weg von der Fachsystematik hin zu den Lernprozessen der Kinder und Jugendlichen. Damit sehen Sie auch mehr Transfermöglichkeiten und mehr Querverbindungen zu anderen Themen, Fächern oder Lebensbereichen.

Exemplarisches Lernen
Ihre Schülerinnen und Schüler sollten im Unterricht die Gelegenheit bekommen, die grundlegenden Fachbegriffe, Modelle oder Theorien in ihrem Unterrichtsfach zu verstehen und zu durchdringen. Dies gelingt nur mit exemplarischem Lernen. Exemplarisch heißt, jede Theorie (Grammatikregel, physikalisches Gesetz oder mathematische Formel) mit guten Beispielen, spannenden Experimenten, interessanten Erzählungen und aktivierenden Aufgabenstellungen zu verbinden. Erst aus dieser Fülle an konkreten Beispielen entsteht episodisches Wissen zur Thematik. Allerdings ist dieses exemplarische Detailwissen nur Mittel zum Zweck, nicht das Ziel des Unterrichts. Es kommt nicht darauf an, ob in einer Unterrichtseinheit zur evolutionären Anpassung drei oder sechs Beispiele durchgearbeitet wurden, sondern ob die Schülerinnen und Schüler anhand jedes einzelnen Beispiels ihr Verständnis des Fachbegriffs „evolutionäre Anpassung“ vertiefen, verändern und erweitern konnten.
Exemplarität bedeutet zudem, passende Beispiele zu verwenden. Welche Beispiele sind besonders gut geeignet, um einer Klasse in Mathematik das Konzept der Brü-

che zu veranschaulichen? Welche konkreten Märchen wähle ich aus, um die allgemeinen Merkmale dieser Literaturgattung besonders gut herausarbeiten zu können? Anhand welcher Tierarten lassen sich die Prozesse der evolutionären Anpassung am besten erklären? Anhand welcher Satzbeispiele und Verwendungskontexte erkläre ich im Deutschunterricht den Unterschied zwischen einfacher und zusammengesetzter Vergangenheit? Konkrete Beispiele und abstraktes Wissen gehören untrennbar zusammen. Nur wenn sich die Lernenden tief und intensiv mit konkreten Beispielen auseinandersetzen können und diese wirklich verstehen, entsteht die Art von episodischem Wissen, die für die Herausbildung abstrakter, semantischer Netzwerke geeignet ist. Wenn die einzelnen Beispiele zu wenig ergiebig und nicht interessant genug sind oder im Unterricht zu wenig Zeit bleibt, um sich in Ruhe mit ihnen auseinanderzusetzen, bleibt das Wissen oberflächlich, unvernetzt und isoliert.

Reduzieren Sie Inhalte, schaffen Sie Anwendungssituationen

Die Anwendung von Wissen ist ein wichtiges Thema in der allgemeinen Didaktik und wird unter verschiedenen Stichworten diskutiert: Transfer, Spiralcurriculum, fächerübergreifende Querverbindungen, lebensweltliche Bezüge. Diese Begriffe beschreiben eine gemeinsame Idee: Menschen lernen nur das, was sie relativ bald nutzen und damit transferieren können. Damit ist allerdings nicht die Anwendung von Schulwissen im späteren Leben gemeint. Der Hinweis einer Mathematiklehrerin, dass ihr später im Berufsleben häufig quadratische Funktionen benötigen werdet, ist recht wirkungslos. „Anwendung" bedeutet, dass im nachfolgenden Unterricht eine Möglichkeit gegeben werden muss, einmal gelerntes Wissen zu aktivieren und in einer neuen Situation zu nutzen.

Der Transfer von Wissen ist sowohl innerhalb eines Faches (vertikaler Transfer) als auch zwischen verschiedenen Fächern (lateraler, horizontaler Transfer) möglich. Im Biologieunterricht könnte beim Thema „Anpassungsmerkmale der Giraffe" Hintergrundwissen aus dem Fach Geografie zur Beschreibung der Lebensräume dieser Tierart zur Anwendung kommen (lateraler Transfer). Wenn die Mathematiklehrerin erste Beispiele für lineare Funktionen in der Jahrgangsstufe 6 erarbeitet, könnte sie dabei auf den Begriff der Proportionalität verweisen, der bereits in den vorherigen Schuljahren eingeführt wurde (vertikaler Transfer).

Mit dieser Perspektive verschwinden auch die Grenzen zwischen Schulfächern. Je durchlässiger diese Grenzen werden, desto mehr Querverbindungen sind möglich. Damit gelingt es den Schülerinnen und Schülern auch, die verschiedenen Fachbegriffe untereinander zu vernetzen und nachhaltiger abzuspeichern. Fächerübergreifender Transfer trägt dazu bei, das „Fachschubladen"-Denken sowohl von Lernenden als auch von Lehrkräften aufzubrechen. Nur so entsteht bei den Kindern und Jugendlichen nach und nach ein breites Verständnis für die Welt, in der sie leben. Nur so entsteht Allgemeinbildung. Und zwar keine Allgemeinbildung, die man zur Schau stellt, wie ungelesene Bücher im Regal. Sondern eine Allgemeinbildung, die aktiv genutzt wird, um sich und die Welt besser verstehen zu können.

Schlaf und Erholung sind Teil von Unterricht
Ihr Unterricht ist nicht nur die Zeit, die Sie mit den Kindern und Jugendlichen im Klassenzimmer verbringen. Die wichtigsten Lernprozesse für Ihr Unterrichtsfach finden außerhalb des Klassenzimmers statt, beim Schlafen oder während Phasen der Erholung tagsüber. Nehmen Sie sich die Freiheit, die Schülerinnen und Schüler, aber auch die Eltern und Ihre Kolleginnen oder Kollegen, auf diese wichtige Erkenntnis der Neurowissenschaften hinzuweisen. Die Kinder sollen in ihrer Freizeit die Möglichkeit haben, sich ohne weiteren Informationsinput durch Medien zu entspannen und zu erholen. Eine informationsarme, körperliche Aktivität an der frischen Luft ist Teil des Unterrichts!
Verdeutlichen Sie auch im Kollegium, dass weniger mehr ist beim Lernen. Prüfen Sie, welche Informationsmenge die Schülerinnen und Schüler insgesamt an einem Schultag, in einer Schulwoche oder im ganzen Schuljahr verarbeiten müssen. Gibt es ausreichend Zeit, um in jedem Schulfach zu den grundlegenden Begriffen zurückzukehren und sie nochmal aufzugreifen? Sind die Phasen des aktiven Lernens gleichmäßig über den Vormittag und den Nachmittagsunterricht verteilt? Gibt es über den Schultag verteilt auch längere Phasen der informationslosen Erholung mit Bewegung und Spielen? Werden an Ihrer Schule die Eltern darüber aufgeklärt, wie wichtig zu Hause Phasen der Entspannung und Erholung ohne Ablenkung durch digitale Medien sind? Haben Kinder und Jugendliche zuhause Möglichkeiten, bei denen sie ihre Gedanken frei schweifen lassen können und nicht ständig neuen Reizinputs ausgesetzt sind?

Obwohl nicht alle Lehrkräfte von den Ausführungen überzeugt waren, so ist es Professor Schreiber zumindest gelungen, einen großen Teil des Kollegiums zum Nachdenken anzuregen. Es wurde allerdings moniert, die Wissenschaft sei auch nicht viel schlauer als erfahrene Lehrkräfte und altbekannte didaktische Prinzipien. Ja, so ist das, dachte sich Magnus Schreiber. Nachhaltiger, qualitativ hochwertiger Unterricht ist keine Raketenwissenschaft. Häufig genügt die Besinnung auf das Bewährte, um einfach stark zu unterrichten.

Weiterführende Literatur

Atkinson, R. K., Derry, S. J., Renkl, A., & Wortham, D. (2000). Learning from examples: Instructional principles from the worked examples research. Review of Educational Research, 70(2), 181–214. https://doi.org/10.3102/00346543070002181

Henke, K. (2010). A model for memory systems based on processing modes rather than consciousness. Nature Reviews Neuroscience, 11(7), 523–532. https://doi.org/10.1038/nrn2850

Schunk, D. H. (2012). Learning theories: An educational perspective (6th ed). Pearson.

Übungsaufgaben

Die Testfragen zu diesem Beitrag finden Sie unter folgendem Link:
https://www.utb.de/do/10.36198/9783838563084-e04/disclaimer

Aufgabe 1: Was beschreibt „kompartmentalisiertes Wissen" am besten?

a. Wissen, das leicht auf neue Situationen übertragen werden kann.
b. Wissen, das aktiv genutzt und häufig abgerufen wird.
c. Wissen, das isoliert ist und nicht auf neue Situationen angewendet werden kann.
d. Wissen, das ausschließlich durch praktische Erfahrung erworben wird.

Aufgabe 2: Erklären Sie, warum das Prinzip der Exemplarität im Unterricht wichtig ist und wie es dazu beitragen kann, träges Wissen zu vermeiden.

Aufgabe 3: Entwerfen Sie einen Elternbrief, in dem Sie die Bedeutung von Schlaf, Pausen und Zeiten ohne Informationsinput erklären. Zeigen Sie in diesem Brief konkrete Vorschläge zur Umsetzung auf.

Aufgabe 4: Wählen Sie einen Unterrichtsinhalt aus einem Schulfach, das Sie studieren. Beschreiben Sie anhand dieses Beispiels die vier Phasen der aktiven Aneignung von deklarativem Wissen.

Aufgabe 5: Entwickeln Sie ein Unterrichtskonzept für ein Thema Ihrer Wahl, das exemplarisches Lernen und Transfer betont. Beschreiben Sie, wie Sie Beispiele nutzen würden, um abstrakte Konzepte zu vermitteln. Wie könnten Sie sicherstellen, dass Schülerinnen und Schüler das Wissen über Fachgrenzen hinweg anwenden können?

Literatur

Atkinson, R. K., Derry, S. J., Renkl, A., & Wortham, D. (2000). Learning from examples: Instructional principles from the worked examples research. *Review of Educational Research, 70*(2), 181–214. https://doi.org/10.3102/00346543070002181

Diekelmann, S., & Born, J. (2010). The memory function of sleep. *Nature Reviews Neuroscience, 11*(2), 114–126. https://doi.org/10.1038/nrn2762

Dunlosky, J., Rawson, K. A., Marsh, E. J., Nathan, M. J., & Willingham, D. T. (2013). Improving students' learning with effective learning techniques: Promising directions from cognitive and educational psychology. *Psychological Science in the Public Interest, 14*(1), 4–58. https://doi.org/10.1177/1529100612453266

Henke, K. (2010). A model for memory systems based on processing modes rather than consciousness. *Nature Reviews Neuroscience, 11*(7), 523–532. https://doi.org/10.1038/nrn2850

Igloi, K., Gaggioni, G., Sterpenich, V., & Schwartz, S. (2015). A nap to recap or how reward regulates hippocampal-prefrontal memory networks during daytime sleep in humans. *eLife, 4*, e07903. https://doi.org/10.7554/eLife.07903

Köck, H. (2008). Exemplarik und Transfer in der Geographie. Erkenntnis- und lerntheoretische Grundlagen. *Geographie Und Schule, 30*(176), 11–18.

Peterßen, W. H. (2000). *Fächerverbindender Unterricht: Begriff – Konzept – Planung – Beispiele: ein Lehrbuch* (1. Auflage). Oldenbourg.

Renkl, A., Mandl, H., & Gruber, H. (1996). Inert knowledge: Analyses and remedies. *Educational Psychologist, 31*(2), 115–121. https://doi.org/10.1207/s15326985ep3102_3

Schunk, D. H. (2012). *Learning theories: An educational perspective* (6th ed). Pearson.

Sridhar, S., Khamaj, A., & Asthana, M. K. (2023). Cognitive neuroscience perspective on memory: Overview and summary. *Frontiers in Human Neuroscience, 17*, 1217093. https://doi.org/10.3389/fnhum.2023.1217093

Van Kesteren, M. T. R., & Meeter, M. (2020). How to optimize knowledge construction in the brain. *Npj Science of Learning, 5*(1), 5. https://doi.org/10.1038/s41539-020-0064-y

5 Grundfertigkeiten gezielt üben

Das Video zu diesem Beitrag finden Sie unter folgendem Link: https://www.utb.de/do/10.36198/9783838563084-m06

Ziele und Überblick: Dieses Kapitel thematisiert die Bedeutung des systematischen Übens von Grundfertigkeiten in der Schule. Es hinterfragt, ob im Schulalltag genügend Zeit und Ressourcen für das effektive Üben von Basisfähigkeiten wie Lesen, Schreiben und Rechnen vorhanden sind und diskutiert die Auswirkungen mangelnder Übung auf die Leistungsfähigkeit der Schülerinnen und Schüler. Lehrkräfte können durch einfache und regelmäßige Übungsphasen das Lernen der Schülerinnen und Schüler sehr effektiv unterstützen. Im Kapitel wird folgendes Hintergrundwissen thematisiert:

- In allen Schulfächern sind automatisierte Basisfertigkeiten, d. h. prozedurales Wissen, die Grundlage für Lernerfolg.
- Der Erwerb von prozeduralem Wissen unterliegt bestimmten Lernphasen und Lerngesetzmäßigkeiten.
- Das Kapitel stellt unterschiedliche Ansätze und Strategien für effektives Üben vor, einschließlich des gezielten und randomisierten Übens sowie der Nutzung digitaler Hilfsmittel.
- Lehrkräfte sollten Übungsphasen systematisch in den Unterricht integrieren und die Verantwortung nicht auf das Elternhaus oder den Nachhilfeunterricht abwälzen.

Das Kapitel gibt Lehrkräften eine Orientierung, wie Menschen prozedurales Wissen stabil lernen und welche relativ einfachen Übungsstrategien diesen Prozess effektiv unterstützen können.

5.1 Wo bleibt die Zeit zum Üben?

Professor Magnus Schreiber sitzt am Frühstückstisch, trinkt seinen Kaffee und liest gelangweilt die Überschriften der regionalen Tageszeitung, normalerweise. Heute wird der Kaffee kalt, weil die Ergebnisse der jüngsten PISA-Studie auf Seite 3 ausführlich dargestellt werden. Ebenso interessieren ihn die Reaktionen der Bildungspolitik. Es ist immer das gleiche Spiel, denkt er sich. Alarmierende Befunde der Bildungsforschung lösen alle drei Jahre die gleichen Reaktionsmuster in der Bildungspolitik aus.

Die sogenannte PISA-Studie (Programme for International Student Assessment) erfasst im dreijährigen Rhythmus in vielen Ländern der Erde die Fähigkeit von zufällig ausgewählten 15-Jährigen im Lesen sowie im Lösen von mathematischen und naturwissenschaftlichen Sachaufgaben. Schon seit der ersten PISA-Studie im Jahr 2000 sind die Leistungen deutscher Jugendlicher im internationalen Vergleich nur durchschnittlich. Nach jeder PISA-Studie werden reflexartig die gleichen Rezepte zur Verbesserung der Lernsituation an Schulen hervorgekramt: Mehr Sprachförderung, Unterstützung bildungsferner Elternhäuser, Vorgabe von verbindlichen Bildungsstandards, eine bessere Evaluation von Schulen, mehr Unterrichtsqualität oder mehr Unterrichtsstunden für die Kernfächer. Die PISA-Ergebnisse verbesserten sich zwar leicht, aber ab 2012 setzte erneut ein Abwärtstrend ein. Bei der letzten PISA-Erhebung aus dem Jahr 2022 hatten die deutschen 15-Jährigen wieder schlechter abgeschnitten als in den vorherigen Erhebungen (Lewalter et al., 2023). Ein neuer Tiefstand wurde erreicht. Die hohe Zuwanderungsrate und die pandemiebedingten Schulschließungen sind sicherlich zwei Hauptursachen. Beides trifft jedoch auch auf viele andere Länder zu, die dennoch im internationalen PISA-Ranking deutlich besser abschneiden.

Professor Schreiber beschließt, das Thema in der heutigen Vorlesung aufzugreifen und mit den Studierenden mögliche Ursachen der deutschen Dauer-PISA-Misere zu diskutieren. Er kopiert den Zeitungsartikel in der Hoffnung, den Studierenden ein wenig den Charme einer analogen Regionalzeitung vermitteln zu können. Zoe und Lorenz ist das egal, sie finden das Thema dennoch interessant. Im Gespräch werden weitere Indizien für die mangelnde Leistungsfähigkeit vieler deutscher Schülerinnen und Schüler angesprochen. Lorenz erwähnt die Vertretungen der Arbeitgeber, des Handwerks und der Industrie, die regelmäßig über die mangelnde Ausbildungsreife von Schulabgängerinnen und Schulabgängern klagen. Auszubildende verfügen häufig nicht über grundlegende Kompetenzen wie Rechnen, Lesen und Schreiben, die für die meisten Berufe, egal ob handwerklich oder akademisch, weiterhin von großer Bedeutung sind.

Aber auch der langsam, jedoch stetig wachsende Markt an außerschulischer, privater Nachhilfe (*shadow education*) ist ein deutliches Indiz für die Leistungsfähigkeit des deutschen Schulsystems, so Professor Magnus Schreiber. Der Markt für Nachhilfe in Europa konnte über Jahrzehnte kontinuierlich wachsen, weil die gesellschaftliche Bedeutung von Schulabschlüssen stieg und Eltern bereit sind, ihre Kinder adäquat zu fördern, wenn dies den Schulen zunehmend weniger gelingt (Bray, 2021). Digitale Nachhilfeplattformen tragen zur weiteren Beschleunigung dieser Entwicklung bei. Mehr Nachhilfe, die Klagen über mangelnde Ausbildungsreife und der Negativtrend bei PISA – all diese Phänomene haben vielfältige Ursachen, die häufig außerhalb des Unterrichts gesucht werden. Das ist aber nicht zielführend, resümiert Magnus Schreiber. Ich denke, wir sollten nicht außer Acht lassen, dass der Unterricht ebenso eine wesentliche Ursache für Defizite bei den Schülerleistungen am Ende der Schulzeit ist. Wenn viele 15-Jährige in Deutschland nicht gut lesen und rechnen können, dann wurden vermutlich genau diese Fertigkeiten in der Schule zu wenig geübt.

Zoe und Lorenz sind gespannt, wie der Professor diese These begründet. Er erläutert zunächst einmal genauer, wie die Schulleistungen bei PISA erfasst werden. Wir diskutieren oft über Studienergebnisse, ohne die Durchführung der Studie genau zu verstehen. Bei PISA wird gemessen, wie schnell 15-Jährige einen längeren Sachtext lesen und verstehen können, erklärt Magnus Schreiber. Sie müssen einem Text einfache Informationen entnehmen, aber auch komplexere Schlussfolgerungen ziehen. Dabei sollten Sie in der Lage sein, verschiedene Textpassagen zu kombinieren. Um gut im Lesetest abzuschneiden, müssen Sie einen längeren Text flüssig lesen und dabei eine innere Repräsentation des Textes abspeichern. Was ist das Thema? Wie ist der Text gegliedert? Wo stehen die wichtigsten Aussagen? Welche Person schreibt diesen Text aus welcher Perspektive? Zur Bearbeitung von PISA-Testaufgaben im Bereich der Lesekompetenz ist zudem relativ wenig fachspezifisches Wissen notwendig.

Schauen Sie sich doch bitte einmal eine der im Internet verfügbaren PISA-Lesekompetenztest-Aufgaben an. Sie werden diese relativ schnell und mühelos bearbeiten können, wenn Sie einigermaßen zügig lesen können und in der Lage sind, während des Lesens eine innere Struktur von den wichtigsten Abschnitten und Aussagen dieses Textes aufzubauen. Sie müssen auch nicht während des Lesens die Details im Text memorieren, sondern nur fähig sein, diese Details zu finden und noch einmal nachzulesen. Warum sind diese Aufgaben aber so schwer für Jugendliche, die 10 Jahre lang in der Schule waren? Ganz einfach: Weil sie in diesen 10 Schuljahren viel zu wenig das Lesen geübt haben. Lesen ist eine hochautomatisierte Prozedur. Menschen lernen das Lesen nur dann wirklich gut, wenn sie es täglich üben. Viele Entwicklungen der letzten Jahre tragen allerdings dazu bei, dass die Schülerinnen und Schüler weniger herausgefordert werden, längere Texte zu lesen und zu verstehen. Die Nutzung von digitalen Medien sowohl in der Schule als auch in der Freizeit sind mit Sicherheit ein Hauptfaktor hierfür.

Gleiches gilt für die Mathematik- oder Naturwissenschaftstests in PISA. Diese erfordern sowohl Lesekompetenz als auch die Beherrschung von Grundfertigkeiten

in Mathematik wie beispielsweise Kopfrechnen, Umgang mit Größenangaben und Maßeinheiten, das Entnehmen von Werten aus Tabellen und Diagrammen oder das Umstellen von Gleichungen. Es werden die Grundfertigkeiten geprüft, die in einem guten Mathematikunterricht zehn Jahre lang geübt werden. Und trotzdem fallen die Ergebnisse so schlecht aus, trotzdem beklagen sich Arbeitgeber, dass Auszubildende nicht Kopfrechnen oder mit Maßeinheiten umgehen können. Diese Themen stehen bereits im Bildungsplan der Grundschule und dennoch gibt es bei vielen Schülerinnen und Schülern am Ende der Sekundarstufe I große Defizite. Auch hier liegt eine wesentliche Erklärung auf der Hand. Im Mathematikunterricht wird zu wenig geübt, zu wenig zielgerichtet geübt, zu wenig anspruchsvoll und intelligent geübt. Lehrkräfte könnten jetzt erwidern, dass im Mathematikunterricht viele Aufgaben gerechnet werden. Es wird auch darauf geachtet, dass die Schülerinnen und Schüler ihre Hausaufgaben machen. Doch sind die endlos langen Aufgabenpakete aus dem Mathematikbuch oder neuerdings aus der digitalen Lernplattform wirklich lernwirksam? Handelt es sich um effektives Üben?
Professor Schreiber möchte von den Studierenden wissen, warum das kontinuierliche und intelligente Üben im Schulalltag häufig zu kurz kommt. Zoe und Lorenz haben sofort ein paar Ideen:

- Die Organisation eines üblichen Unterrichtstages verhindert in der Regel das lernwirksame Üben. Vormittags werden im Unterricht neue Themen „erarbeitet“ oder „eingeführt“. Die Übungsphasen werden in die Hausaufgaben oder die nachmittägliche Ganztagesbetreuung ausgelagert. Beim Üben werden die Schülerinnen und Schüler allein gelassen, den oft überforderten Eltern überlassen oder von weniger didaktisch qualifiziertem Personal betreut.
- Volle Bildungspläne, anstehende Prüfungen und Unterrichtsausfall führen zu einem chronischen Zeitmangel in Schulen. Statt Themen und Inhalte zu reduzieren, ist es einfacher, am Üben und Wiederholen zu sparen.
- Dichtgedrängte Unterrichtswochen, kaum noch Unterricht nach Notenschluss und danach relativ lange Ferienblöcke sind eine ungünstige Zeitstruktur, um Grundfertigkeiten in allen Fächern zu wiederholen. Eine Studie an australischen Schulen zeigte beispielsweise eine Abnahme von Rechtschreibfertigkeiten und mathematischen Fertigkeiten über eine neunwöchige Sommerpause (Paechter et al., 2015).

Jetzt braucht der Professor eine gute Überleitung zu seinem geplanten Vortrag. Mit der Binsenweisheit „Übung macht den Meister bzw. die Meisterin“, würgt er die angeregte Diskussion etwas abrupt ab. Lehrkräfte unterrichten dann stark und lernwirksam, wenn sie das Üben und Wiederholen der Grundfertigkeiten, die für ihr Unterrichtsfach relevant sind, in den Unterricht integrieren. Die heutige Vorlesung beleuchtet lernpsychologische Erkenntnisse zum Erwerb und zur Automatisierung von mentalen und motorischen Fertigkeiten. Daraus lassen sich einfache und gut in den Unterricht integrierbare Hinweise für intelligentes Üben ableiten.

5.2 Hintergrundwissen zum Erwerb von prozeduralem Wissen

Ich möchte an dieser Stelle zunächst noch einmal auf das Modell von Henke (2010) verweisen, das bereits im vorangehenden Kapitel eingeführt wurde. Können Sie sich noch an die Grundzüge dieses Modells erinnern? Sie wissen ja, nur Wissen, das angewendet und wiederholt wird, bleibt im Gedächtnis. Falls Ihre Erinnerung doch etwas lückenhaft sein sollte, werde ich noch einmal auf die wesentlichen Aspekte des Modells eingehen. Für alle anderen gilt: Wiederholung schadet nie.

5.2.1 Prozedurales Wissen und Wiederholungen

Prozedurales Wissen wird im Gedächtnis auf eine andere Art und Weise und auch an anderen Stellen im Gehirn abgespeichert als deklaratives Wissen. Henke (2010) hat versucht, sowohl die neurowissenschaftlichen Erkenntnisse über die Prozesse der Speicherung von deklarativem und prozeduralem Wissen als auch die lernpsychologischen Theorien in einem Modell zu systematisieren. Das Modell ist überzeugend, weil es drei grundlegende Arten von menschlichen Lernprozessen beschreibt, die zur Erklärung vieler Lernphänomene und Lerntheorien geeignet sind. Dabei orientiert sich die Autorin an diesen Dimensionen:

1. Dauer des Lernprozesses: Werden neu präsentierte Informationen vom Gehirn sofort abgespeichert oder dauert der Lernprozess lange, sind viele Übungen und Wiederholungen notwendig (*rapid encoding vs. slow encoding*). Wenn wir uns die Finger an der heißen Herdplatte verbrennen, haben wir in Sekundenschnelle etwas gelernt, was wir nie wieder vergessen werden. Motorische Fertigkeiten wie das Tastaturschreiben, das Klavierspielen oder auch mentale Fertigkeiten wie Einmaleinsaufgaben lernen wir dagegen langsam, durch viele Wiederholungen und Anwendungen.

2. Komplexität des Wissens: Speichert das Gehirn neue Informationen als isoliertes Wissen ab oder werden neue Inputs in bereits bestehende Netzwerke integriert (*unitized items vs. associations*)? Bereits an verschiedenen Stellen in diesem Lehrbuch habe ich darauf aufmerksam gemacht, dass schulisches Lernen auf vernetztes Wissen abzielt. Es geht um den Aufbau von Schemata. An dieser Stelle ist noch einmal wichtig zu betonen, dass auch prozedurales Wissen in komplexen Schemata organisiert und integriert ist. Eine einzelne Einmaleinsaufgabe wie 3 x 4 = 12 wird nicht isoliert abgespeichert, es wäre nicht optimal. Die Einmaleinsaufgaben ergeben ein komplexes Netzwerk von miteinander verknüpften Nachbaraufgaben: Wenn die Aufgabe 3 x 4 = 12 automatisiert ist, dann kann ich auch leichter 3 x 8 = 24 lernen und automatisieren.

3. Veränderbarkeit des Wissens: Hierbei geht es um die Frage, ob im Gehirn feste Verknüpfungen entstehen oder ob die neuronalen Netzwerke sich ständig weiter verändern können (*rigid vs. flexible*). Diese Unterscheidung ist besonders wichtig, um den neuronalen Charakter von prozeduralem Wissen verstehen zu können. Im vorherigen Kapitel haben wir uns mit dem Aufbau von deklarativem Wissen beschäftigt. Die Grundlage hierfür sind semantische Netzwerke, die flexibel genug sind, um weitere Lernepisoden integrieren zu können. Bei Automatismen ist genau das Gegenteil der Fall. Einmal gelernte Vokabeln oder Einmaleinsaufgaben sind in Netzwerken abgespeichert, die starr sind und sich kaum über die Zeit verändern. Einmal gelernte motorische Fertigkeiten wie das Radfahren sind fest im Gehirn verankert. Motorische und mentale Prozesse können jedoch weiterentwickelt, verfeinert oder kombiniert werden. Die Grundprozedur muss jedoch erlernt und automatisiert werden und bleibt dann in dieser Form als langfristige und kaum veränderbare Struktur im Gehirn erhalten.

Anhand dieser drei Dimensionen kann Henke (2010) eine Reihe von Lerntheorien und Lernprozessen klassifizieren und dabei auch die jeweils beteiligten Gehirnregionen zuordnen. Für das Lernen von prozeduralem Wissen ist die langsame Speicherung von festgefügten und komplexen Verknüpfungen (*slow encoding of rigid associations*) relevant. Während dieser Lernprozesse entstehen feste Verknüpfungen zwischen verschiedenen Wissensbausteinen, sowohl deklarative als auch prozedurale Wissensfacetten. Die beteiligten Regionen im Gehirn sind die Basalganglien, das Cerebellum (motorische Prozeduren) und der Neokortex.

Das Erlernen von mentalen oder motorischen Prozeduren durchläuft grundsätzlich andere zeitliche Phasen als der Erwerb von semantischen Netzstrukturen. Der entscheidende Unterschied liegt in der Dauer. Prozedurales Wissen wird langsam über viele Wiederholungen aufgebaut (*slow encoding*). Sie werden sich vermutlich fragen, was der Unterschied zum Aufbau von semantischen Netzwerken bzw. komplexem Begriffswissen ist (vgl. Kapitel 4.2). Auch hier haben wir gesehen, wie wichtig die wiederholte Anwendung des semantischen Netzwerks für die langfristige Speicherung ist. Der Unterschied liegt beim episodischen Wissen, das die Grundlage für die Semantisierung darstellt. Dieses Wissen wird sofort encodiert und benötigt keine Wiederholung. Das, was im Unterricht an interessanten Handlungen, Erzählungen oder Experimenten passiert, wird direkt abgespeichert. Bei prozeduralem Wissen ist es anders. Mentale oder motorische Prozeduren müssen auf die gleiche Art wiederholt werden.

5.2.2 Die Struktur von prozeduralem Wissen

In diesem Abschnitt möchte ich auf die Struktur des prozeduralen Wissens eingehen. Automatisiertes, prozedurales Wissen ist eine Kombination von fest verknüpften Teilprozeduren, die sowohl eingehende Inputs automatisch kategorisieren als auch automatisierte Reaktionen auslösen. Die einfachste Variante eines nicht erlernbaren und nicht bewusst zugänglichen Automatismus sind Reflexe (Abbildung 8). Bei einem Reiz (Gegenstand nähert sich dem Auge) wird automatisch eine Verhaltensweise (Lidschlag) ausgelöst. Die neuronale Verdrahtung von Reflexen läuft nicht über das Gehirn, sondern es gibt eine direkte Verbindung von Reiz und Reaktion im Rückenmark. Für die Verarbeitung des Inputs und die Auslösung des Verhaltens sind keine neuronalen Netzwerkstrukturen des Gehirns notwendig. Die Verdrahtung läuft direkt von der automatisierten Kategorisierung des Inputs zur Stimulation der entsprechenden Muskelaktivitäten.

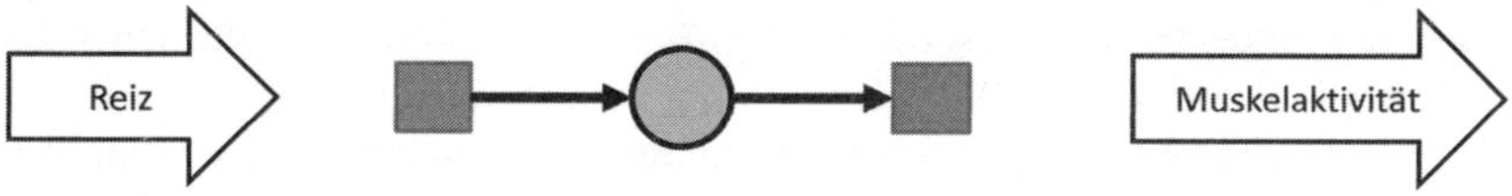

Abb. 8: Direkte Erregungsleitung bei Reflexen

Wesentlich komplexer als Reflexe sind Prozeduren, die wir als Kind nicht willentlich gelernt haben. Im Menschen angelegte, automatisierte Lernprogramme sorgen dafür, dass wir laufen, sprechen oder springen lernen. Es handelt sich dabei um biologisch primäres Wissen (Geary & Berch, 2016; Sweller et al., 2019). Diese Prozeduren bestehen aus Kategorisierungen der Inputs (visuelle Kategorisierung der Umgebung, Wahrnehmung der Füße) und vielen einzelnen, parallel ausgeführten Muskelbewegungen wie der Gehmotorik oder der Körperhaltung. Abbildung 9 zeigt eine schematische Darstellung mit parallel verarbeiteten Inputs und parallel ablaufenden Aktivitäten. Diese Prozeduren sind dem Bewusstsein zugänglich und können absichtlich gesteuert oder modifiziert werden. Die Prozedur kann aber auch weitgehend unbewusst ablaufen. Menschen lernen im Laufe ihrer Entwicklung somit viele motorische und mentale Prozeduren und benötigen hierfür keine explizite Unterweisung durch Lehrkräfte oder Eltern.

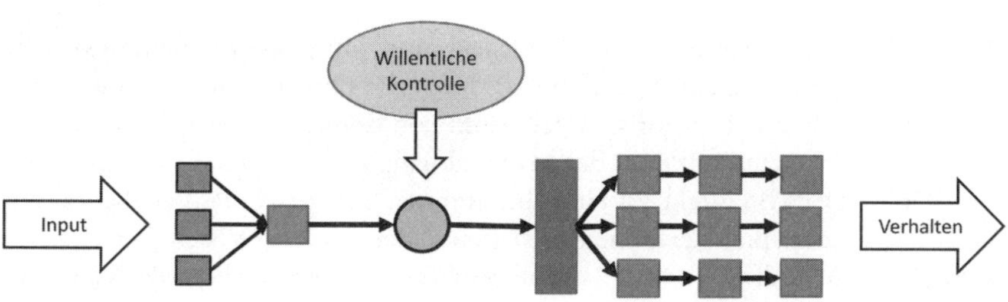

Abb. 9: Generalisierte motorische Prozeduren (Quelle: Eigene Darstellung)

In der Schule lernen Kinder und Jugendliche hingegen mentale und motorische Handlungsabläufe, die sie nicht in ihrer natürlichen Entwicklung erlernen und somit gezielt im Unterricht behandelt werden müssen, wie Lesen, Schreiben, Kopfrechnen, Klavierspielen, Notenlesen, einen Handstand machen, englische Wörter korrekt aussprechen, historische Jahreszahlen, Vokabeln, Einmaleinsaufgaben oder Merkverse. Ein Merkspruch für die Reihenfolge der Planeten im Sonnensystem („Mein Vater erklärt mir jeden Sonntag unseren Nachthimmel") ist genauso eine mentale Prozedur wie die Zuordnung eines englischen zu einem deutschen Wort. Der Gegenstand dieser mentalen Prozeduren sind Wörter und keine motorischen Aktivitäten. In beiden Fällen ist die Automatisierung das Ziel des Unterrichts. Eine bestimmte Reihenfolge von Wörtern soll ohne Nachdenken aufgesagt werden. Bestimmte Wortdefinitionen und Wortverbindungen sollten fest verankert sein. Auch grammatikalische Regeln oder Kategorisierungen, wie das Erkennen von Wortarten und die Bildung von Zeitformen, sind mentale Prozeduren, die einem festen Ablauf folgen und zunächst verstanden und dann ohne Nachdenken angewendet werden sollten.

Abbildung 10 zeigt das Prinzip der Organisation komplexer Prozeduren, wie sie in der Schule erlernt werden müssen. Ein gutes Beispiel hierfür wäre das laute Lesen. Bei der Verarbeitung des Inputs (visuelle Repräsentation des zu lesenden Textes) müssen zunächst eine Reihe von automatisierten Kategorisierungen stattfinden (Coltheart et al., 2001). Beispielsweise erkennen wir Wörter anhand von Graphemen, das sind häufig wiederkehrende und teilweise bedeutungshaltige Buchstabengruppen („ei" „sp", „sch"). Die Grapheme werden automatisch einem Phonem, einer Ausspracheeinheit, zugeordnet. Über diesen Automatismus können wir Wörter vorlesen und verstehen das Vorgelesene eventuell erst nachdem wir ein Wort ausgesprochen haben. Ein zweiter Weg ist das automatisierte, visuelle Erkennen von ganzen Wörtern oder Wortgruppen und den damit verbundenen Bedeutungen (Semantik). Beide Prozesse laufen parallel und weitgehend automatisiert ab und haben ein zwischengeschaltetes, semantisches Netzwerk (siehe grüne Punkte in der Abbildung 10).

Diese automatisierten Prozesse der Wahrnehmung von geschriebenem Text beim Lesevorgang werden in der Abbildung 10 durch die Quadrate auf der linken Seite symbolisiert. Diese Kategorisierungen sind von unserem langfristig gespeicherten Wissen (vernetzte Punkte in der Mitte) abhängig. Beim Lesen führt ein Wort (visueller Reiz) nicht direkt zu einer bestimmten Aussprache (sprachliches Verhalten). Vielmehr spielt „zwischengeschaltetes" deklaratives Wissen (semantische Netzwerke) eine Rolle, sowohl bei der automatisierten Kategorisierung als auch bei der danach folgenden, auch weitgehend automatisierten Sprachproduktion. Die Sprachproduktion beim lauten Vorlesen besteht ebenfalls aus parallel ablaufenden Prozeduren, die sich wiederum in Unterprozeduren gliedern lassen. Einzelne Wörter setzen wir aus Phonemen zusammen, die jeweils unterschiedliche Aktivierungen von verschiedenen, am Sprechen beteiligten Organen umfassen.

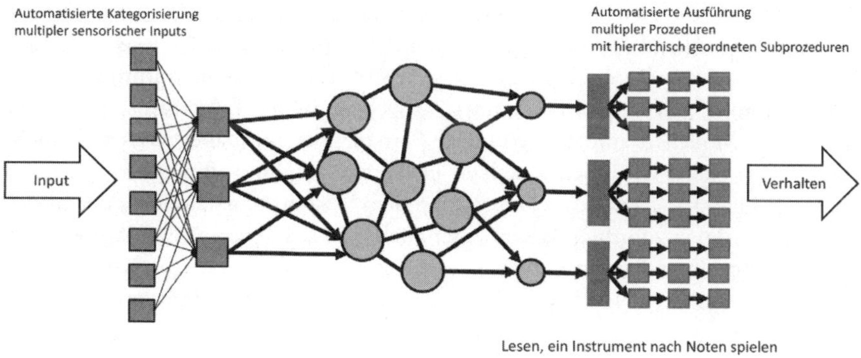

Abb. 10: Schematische Darstellung von komplexen Prozeduren (Quelle: Eigene Darstellung)

Die Unterscheidung zwischen motorischen und mentalen Prozeduren ist nicht gerade trennscharf, jedoch für Lehrkräfte hilfreich. Motorische Prozeduren wie eine Turnübung oder Klavierspielen werden selbstverständlich auch „mental" gesteuert, sind aber äußerlich als Bewegungsabläufe erkennbar. Beim Lernen motorischer Prozeduren können Lehrkräfte somit relativ einfach durch Beobachtung den Lernfortschritt einschätzen und gezielt auf noch zu übende Abläufe hinweisen. Motorische Prozeduren können auch wesentlich einfacher von den Lehrkräften vorgeführt werden und sind somit beim Beobachtungslernen gut zu vermitteln. Mentale Prozeduren dagegen, wie beispielsweise schnelles Kopfrechnen oder Lesen, bestehen aus einem größeren „kognitiven" Anteil und haben weniger motorische, äußerlich beobachtbare Facetten, wie beispielsweise das Hören oder Lesen der Aufgabe sowie das Aussprechen oder Schreiben der Lösung. Bei den mentalen Prozeduren sind allerdings die zentralen Abläufe und Algorithmen nicht direkt sichtbar. Je mehr nicht sichtbare, mentale Abläufe bei einer Prozedur eine Rolle spielen, desto schwieriger ist es für Lehrkräfte, die fehlerhaften Stellen bei der Ausführung der Prozedur zu erkennen. Lehrkräfte müssen dann indirekt über Beobachtungen auf die Abläufe im Kopf schließen oder mit den Lernenden auf einer Meta-Ebene über die „Vorgehensweise im Kopf" reden.

5.2.3 Phasen des Erwerbs von prozeduralem Wissen

Damit die Schülerinnen und Schüler die für ihre Unterrichtsfächer relevanten motorischen und mentalen Prozeduren gut erlernen können, sind andere Lernprozesse und damit auch andere zeitliche Strukturierungen relevant als beim Erwerb von deklarativem Wissen. Wie bereits zu Beginn dieses Kapitels dargestellt, beschreibt Henke (2010) den Aufbau von stabilem, prozeduralem Wissen als *slow encoding of rigid associations*. Die Prozeduren müssen häufig wiederholt werden (*slow*) und sie müssen auf die gleiche Weise wiederholt werden, sodass stabile Verbindungen entstehen (*rigid*) und diese übergeordneten Prozeduren verdichtet werden können (*associations*). Die neurobiologische Perspektive auf den Erwerb von prozeduralem Wissen stimmt mit einer Reihe von lernpsychologischen Erkenntnissen und didaktischen Modellen zum prozeduralen Lernen überein. Dabei spielen ähnliche Phasen eine Rolle. Ich möchte deshalb in diesem Abschnitt versuchen, vier übergreifende Phasen des Erwerbs von prozeduralem Wissen zu beschreiben, denen sich Übungsprinzipien zuordnen lassen. Aber auch eine Reihe von Lehr-Lernmodellen sind entlang dieser Phasen aufgebaut, beispielsweise des *cognitive apprenticeship*-Modell (Collins et al., 1991) oder Lehr-Lernmodelle der Schreibförderung (Harris et al., 2013).

Phase 1: Zeigen und Vormachen *(modeling)*

In der Phase der Modellierung bauen die Schülerinnen und Schüler zunächst eine mentale Vorstellung auf, ohne die Prozedur selbst ausführen zu müssen. Diese Phase ist wichtig, weil komplexe Prozeduren wie Kopfrechnen oder Lesen nicht als Verhaltensrepertoire von Kindern angelegt sind und nicht spontan ausgeführt werden können. Das Auftreten eines Verhaltens ist jedoch die Voraussetzung für instrumentelles Lernen, wie es im Paradigma des Behaviorismus erforscht wurde. Nur das Verhalten, das ein Individuum auch ausführt, kann belohnt und damit verstärkt werden. Bei komplexen Prozeduren ist dies nicht der Fall. Die Lehrperson muss die komplexe Fertigkeit erst vormachen oder erklären.

Bei einer motorischen Fertigkeit ist deshalb das Beobachtungslernen, das „Vormachen“, gut geeignet, um den Lernenden einmal eine erste mentale Vorstellung über den äußeren Ablauf der Handlung zu vermitteln. Die Turnlehrerin zeigt selbst, wie die Turnübung aussehen sollte. Der Techniklehrer demonstriert seinen Schülerinnen und Schülern, wie sie eine Ständerbohrmaschine richtig und sicher nutzen können, oder die Chemielehrerin zeigt genau, wie die Versuchsanordnung aufzubauen ist. Das Beobachtungslernen findet jedoch nur unter ganz bestimmten Voraussetzungen statt (Bandura et al., 1966; Bandura & Jeffrey, 1973; Steiner, 2001):

- Die Aufmerksamkeit der lernenden Person ist auf ein Modell mit affektiver Valenz gerichtet. Das Modell ist eine glaubwürdige und respektierte Person. Wenn Sie als Lehrkraft beispielsweise eine motorische Prozedur vormachen, sollten Sie dabei überzeugend wirken und Freude ausstrahlen.
- Die Schülerinnen und Schüler können das Modell und seine Handlungen gut sehen. Eventuell ist es auch sinnvoll, die eigene Handlungsausführung zu kommentieren. Bei einer Turnübung ist das vermutlich nicht möglich, beim Zeigen der Handhabung eines Werkzeugs eher.
- Die Schülerinnen und Schüler erzeugen eine erste, interne Simulation des Handlungsablaufs während sie das Modell beobachten. Beim Zusehen werden bereits erste motorische Bewegungen in Ansätzen simuliert oder nachgeahmt. Dabei ist

es hilfreich, wenn die Lernenden selbst kurze Äußerungen für die Bewegungsabläufe des Modells generieren („Jetzt springen!“, „Hier den Hebel nach unten drücken.“).

- Diese mentalen Abläufe der Fertigkeit werden durch das Modell stellvertretend verstärkt. Wenn das Modell die Handlung erfolgreich ausführt und die Lernenden diese Handlung intern nachvollziehen, wird die kognitive Repräsentation der Handlung verstärkt. Die Schülerinnen und Schüler sehen bei der Lehrperson, dass sie die Fertigkeit erfolgreich ausführen konnte und dabei etwas erreicht hat oder auch nur fröhlich lächelt, wenn alles gut geklappt hat.

Wenn allerdings die Prozedur überwiegend aus mentalen Denkschritten besteht, muss das Beobachtungslernen erweitert werden. Lehrkräfte sollten dann zunächst die Regeln (deklaratives Wissen) für die Ausführung der mentalen Prozedur mit den Schülerinnen und Schülern „theoretisch“ besprechen und anhand von Beispielen erproben. Diese Regeln beschreiben abstrakt, meist in sprachlicher Form, wann genau welche Abläufe erfolgen. Typische Beispiele dafür sind Schreibstrategien, Rechenstrategien oder grammatikalische Regeln. Die Lehrperson bespricht im Unterricht zunächst anhand von Beispielen, Zeichnungen oder Merksätzen, warum diese Strategien wichtig sind und wie man sie anwenden kann. Danach kann die Lehrperson, je nach Umfang, die gesamte Prozedur oder Teilprozeduren „vormachen“. Je mehr mentale Prozesse bei einer Prozedur von Relevanz sind (z. B. beim Kopfrechnen oder bei Schreibstrategien), desto mehr müssen Lehrkräfte in dieser Phase der Modellierung ihre eigenen Gedankengänge laut verbalisieren und kommentieren. Nur so haben die Schülerinnen und Schüler eine Chance, die komplette Anwendung der Prozedur am Modell nachvollziehen zu können.

Phase 2: Erste Versuche mit Unterstützung (*scaffolding*)
Nach der Phase der Modellierung folgen Übungsaufgaben, um das beobachtete Verhalten oder die abstrakten, theoretischen Regeln in einfachen Situationen anwenden zu können. Die Schülerinnen und Schüler bedienen erstmals eine Bohrmaschine, wenden eine Lesestrategie an oder unternehmen einen ersten Versuch bei einer Turnübung. In dieser Phase der erstmaligen Ausführung einer komplexen Prozedur wird das beobachtete, deklarative Regelwissen schrittweise in prozedurales Wissen überführt. Dieser Prozess wird auch Wissenskompilierung genannt (Salvucci, 2013; Steiner, 2001). In dieser Lernphase sollten Lehrkräfte folgende Aspekte beachten:

- Unterstützung: Die Schülerinnen und Schüler benötigen bei der erstmaligen Ausführung von Fertigkeiten noch viel Unterstützung. Der englische Begriff *scaffolding* bedeutet „Gerüst“ und beschreibt gut, wie die Lehrkräfte die Lernenden in dieser Phase unterstützen können. Sie lassen die Schülerinnen und Schüler etwas selbst machen, stehen aber jederzeit bereit, um Gefahren zu vermeiden oder etwas zu übernehmen, was die Lernenden noch nicht können.

- Die ersten Aufgabenstellungen sollten den Lernvoraussetzungen gut angepasst sein. Die Prozedur muss allerdings nicht gleich perfekt durchgeführt werden. Gerade aus Fehlern lernen die Schülerinnen und Schüler in dieser Phase am meisten (Metcalfe, 2017). Die Aufgabenstellungen in dieser Phase dürfen allerdings nur maximal so anspruchsvoll sein, dass die Lernenden zumindest die Fertigkeit ansatzweise ausführen können und somit Erfolg erleben.
- In dieser Phase ist das Feedback an die Lernenden besonders wichtig. Sie erhalten es entweder von der Lehrkraft oder es ergibt sich durch die Ausführung einer Handlung selbst. Häufig ist es eine Kombination von beidem. Bei einer Turnübung spüren die Schülerinnen und Schüler schnell, wenn die Ausführung nicht korrekt war. Die Turnlehrerin kann jedoch gezielt auf die falschen Bewegungsabläufe hinweisen.

Insgesamt entsteht durch eine mehrmalige Ausführung in dieser Phase bereits ein kognitives Schema der übergreifenden Handlungsprozedur. Die mentale Repräsentation der Beobachtung, die ersten eigenen Versuche sowie die Rückmeldung bei der ersten Ausführung führen zu einer Kompilierung und Verdichtung des deklarativen Regelwissens.

3. Phase der Automatisierung (*practice, fading*)
In dieser Phase beherrschen die Lernenden eine mentale oder motorische Prozedur bereits gut, um selbstständig üben zu können. Die Lehrperson muss nicht mehr unmittelbar eingreifen oder bei jeder Ausführung der Prozedur helfen. Sie kann sich langsam zurückziehen (*fading*). Das Ziel der Phase ist, dass die Prozedur zunehmend automatisch und auch zügiger ausgeführt werden kann. Dies ist nur dann der Fall, wenn die Schülerinnen und Schüler die Prozedur wiederholt anwenden. Dabei kommt es allerdings nicht nur auf die Anzahl der Wiederholungen an. Vielmehr spielen die richtige Dosierung und zeitliche Verteilung von Übungsaufgaben eine entscheidende Rolle. In der Literatur wird dies als *spacing effect* bezeichnet (Smith & Scarf, 2017). Zeitlich gut verteilte Übungen (*spaced practice, distributed practice*) sind lernwirksamer als wenige, lange Übungsphasen (*massed practice*).
Unter *massed practice* werden Lern- oder Übungssitzungen verstanden, bei denen das Lernmaterial in einem kurzen, konzentrierten Zeitraum intensiv wiederholt wird. Diese Methode wird oft als *cramming* bezeichnet, insbesondere wenn sie vor Prüfungen eingesetzt wird. Im deutschen Sprachraum verwenden wir hierfür gerne den Begriff des „Bulimie-Lernens“. Obwohl diese Technik kurzfristig zu einer schnellen Leistungssteigerung führen kann, ist sie langfristig oft weniger effektiv für die Speicherung von Informationen im Langzeitgedächtnis. Dies verdeutlicht beispielsweise eine interessante experimentelle Studie (Cousins et al., 2019). Studierende wurden nach einer Lerneinheit per Zufall in drei Gruppen geteilt. Die erste Gruppe sollte eine einstündige Pause machen (*break*). Die zweite Gruppe erhielt die Möglichkeit, einen einstündigen Mittagsschlaf zu halten (*napping*). Die

dritte Gruppe sollte in einer Stunde noch einmal möglichst viel von den Lerninhalten wiederholen (*cramming*). Beim Nachtest direkt nach der Lerneinheit waren die Studierenden in den Gruppen *napping* und *cramming* deutlich besser. Beim Behaltenstest nach einer Woche erzielten allerdings nur noch die Studierenden mit dem Mittagsschlaf einen signifikant höheren Punktwert.
Mit *spaced practice bzw. distributed practice* ist das Gegenteil von *massed practice* beschrieben. Hierbei werden Lern- oder Übungssitzungen über einen längeren Zeitraum verteilt. Zahlreiche Studien belegen die höhere Lernwirksamkeit von verteilten Übungen, insbesondere wenn Kinder und Jugendliche motorische oder sprachliche Fertigkeiten üben (Smith & Scarf, 2017). Verteilte Übungen sind zudem vielen anderen Lerntechniken weit überlegen (Donoghue & Hattie, 2021; Dunlosky et al., 2013). In den Studien zu verteilten Übungen absolvieren die Lernenden sowohl in der Experimentalgruppe als auch in der Kontrollgruppe Übungseinheiten im gleichen Zeitumfang. Die Übungseinheiten der Experimentalgruppe sind allerdings gleichmäßig über die gesamte Lerndauer verteilt. Die Kontrollgruppe hat nur einen oder wenige, dafür längere Übungsblöcke. Für diesen *spacing effect* werden verschiedene Erklärungen in der Literatur diskutiert:

- Bei verteilten Übungen lernen die Personen mehr Kontextelemente und können dadurch besser erkennen, in welchen Situationen welche Fertigkeit angewendet werden muss. Die Übungssituation verändert sich ständig, wodurch sich die Flexibilität und Nutzbarkeit des prozeduralen Wissens erhöht.
- Aber auch mit dem Begriff der Rekonsolidierung von Wissen lässt sich der *spacing effect* erklären (vgl. Kapitel 4.2.2). In den Zeiträumen zwischen den Übungsphasen sind Konsolidierungsprozesse des Gehirns möglich, die im Schlaf stattfinden. Bei jeder Übungsphase findet ein Abruf des Wissens (*retrieval*) statt, was zu dessen Konsolidierung beiträgt. Bei verteilten Übungen hat das Gehirn somit viel mehr Möglichkeiten, die angebahnten neuronalen Vernetzungen zu stärken.

Ist diese Phase erfolgreich, kommt es zu einer vollständigen Wissenskompilierung. Das ursprünglich vorhandene, deklarative Regelwissen verblasst und wird für die Ausführung der Tätigkeit nicht mehr benötigt. Das deklarative Wissen verschwindet allerdings nicht vollständig. Wir können beispielsweise in bestimmten Verkehrssituationen die gerade beachteten Regeln verbalisieren. Eine Schülerin kann erklären, wie sie mit dem Zirkel einen genauen Kreis zeichnet. Dafür ist jedoch wieder ein bewusstes Erinnern notwendig. Die Prozedur kann auch ohne dieses verbalisierte Regelwissen automatisch ausgeführt werden. Im Laufe des Lernprozesses kann es jedoch hilfreich sein, wenn Personen auf diese deklarativen Anteile zurückgreifen können. Wenn sich beispielsweise bei einem Schüler eine falsche Ausführung einer motorischen Prozedur eingeschlichen hat, wechselt der Unterricht noch einmal auf die Ebene des deklarativen Regelwissens, um Klärungen vorzunehmen oder Hinweise für die richtige Ausführung zu geben.

4. Phase der Integration mit weiteren Prozeduren (*integration, independent practice*)

Wenn grundlegende Fertigkeiten automatisiert sind, ist die Wissenskompilierung abgeschlossen. Es können weitere Fertigkeiten erlernt oder anspruchsvollere Fertigkeiten aus bereits automatisierten Fertigkeiten kombiniert werden. Auch für die Gestaltung dieser Phase des Erwerbs von prozeduralem Wissen gibt es wertvolle Hinweise aus empirischen Studien. Ich möchte an dieser Stelle das Prinzip des randomisierten Übens (*interleaved practice*) und das Prinzip des gezielten Übens (*deliberate practice*) beschreiben (Coughlan et al., 2014; Lehtinen et al., 2017; Schorn & Knowlton, 2021).

Randomisiertes Üben *(interleaved practice)* ist besser als Übungsblöcke

Im Unterricht wird häufig in Blöcken geübt (*blocked practice*). Ein Grund hierfür sind didaktische Materialien wie Schulbücher, Übungshefte oder Lernapps, die Übungsaufgaben blockweise arrangieren. Die Schülerinnen und Schüler üben dabei zuerst die Fertigkeit A mit 10 Aufgaben und bei der nächsten Übungseinheit die Fertigkeit B mit 10 Aufgaben. Bei randomisierten Übungen (*interleaved practice*) werden dagegen die einzelnen Übungsaufgaben durcheinandergewürfelt. Die Lernenden werden bei jeder Übungseinheit mit Aufgaben zur Fertigkeit A und B konfrontiert. Der wesentliche Unterschied liegt an der Art der Aktivierung (*retrieval*) des prozeduralen Wissens. Die Lernenden werden bei randomisierten Übungen dazu gezwungen, zu überlegen, welche Fertigkeiten (z. B. Rechengesetze, Zeichensetzungsregeln) sie bei den einzelnen Aufgaben anwenden sollen. Bei geblockten Übungen können sie nach den ersten Aufgaben ganz stur und ohne Nachdenken den gleichen Lösungsalgorithmus anwenden.

Empirische Studien belegen den positiven Lerneffekt des randomisierten Übens (Dunlosky et al., 2013; Rohrer et al., 2020). Ein Beispiel ist die Variation der Wurfweite beim Training von Korbwürfen mit einem Basketball (Cleary et al., 2006). Durch die Veränderung der Position vor jedem Wurf wird gewährleistet, dass die Wurfbewegung flexibel anwendbar ist. Dies ist effektiver als das blockweise Üben von Würfen von der gleichen Position aus. Erklärt wird dies durch die ständig wechselnden Rekonstruktionsbedingungen der Bewegung. Rohrer et al. (2020) fanden in einer experimentellen Studie in Mathematik hohe Effekte von verteilten Übungen (*interleaved practice*) im Vergleich zu blockweisen Übungen (*blocked practice*). Die Intervention dauerte über 4 Monate und die Lernzuwächse wurden mit einem nicht angekündigten Abschlusstest geprüft. Die Klassen wurden randomisiert in die beiden Versuchsgruppen aufgeteilt. Alle Klassen bearbeiteten die gleiche Menge an Übungsaufgaben. Der Unterschied zwischen den Versuchsgruppen lässt sich damit auf die Anordnung der Übungen zurückführen.

Gezielt üben *(deliberate practice)*

In Studien wurden Menschen mit außergewöhnlichen Fertigkeiten und einer hohen Expertise in einem Spezialgebiet (Schachspiel, Klavier, Chirurgie, Klettern usw.) beobachtet oder befragt, um herauszufinden, mit welchen Strategien des Übens sie diese Fertigkeiten erwerben konnten. Dabei zeigte sich immer wieder ein Muster. Diese Menschen üben genau die Fertigkeiten, die sie noch nicht so gut beherrschen, aber für ihr Weiterkommen relevant sind. In der Literatur wird diese Übungspraxis als gezieltes Üben (*deliberate practice)* bezeichnet (Coughlan et al., 2014; Lehtinen et al., 2017; Van Kesteren & Meeter, 2020). Es ist auch nicht ausreichend, einfach nur viel Schach oder Klavier zu spielen, um besser zu werden. Es genügt nicht, wenn angehende Ärztinnen und Ärzte möglichst viel operieren. Es ist besser, wenn der Schachspieler gezielt an seinen Spieleröffnungsstrategien arbeitet. Medizinstudierende müssen gezielt üben, anhand welcher Diagnose sie eine Krankheit erkennen.

Diese Phase des gezielten Übens ist besonders wichtig, wenn eine Person bereits über viele Grundfertigkeiten verfügt und ein höheres Niveau erreichen möchte. Es sind bereits viele automatisierte Prozeduren vorhanden und im Zuge der Integration dieser Grundfertigkeiten zeigen sich einzelne Lücken. Eine effektive Strategie ist es dann, diese Lücken gezielt zu schließen und dabei die bisher noch nicht gut integrierten Prozeduren erneut zu fokussieren.

Coughlan et al. (2014) untersuchten die Trainingsstrategien von *american football players*. Dabei zeigten sich deutliche Unterschiede zwischen Spielern mit hoher Expertise (*expert level players*) und Spielern mittlerer Expertise (*intermediate level players*). Die *expert players* übten die Fertigkeiten, die sie noch nicht gut beherrschen (*deliberate practice*). Sie bewerteten ihr Training auch als anstrengender und unangenehm im Vergleich zu den *intermediate players*. Diese trainierten die Fähigkeiten, die sie schon gut ausführen konnten. Die verschiedenen Übungsstrategien führten auch zu unterschiedlichen Lernfortschritten. Die Lernfortschritte bei den gezielten Übungseinheiten waren höher und auch noch im späteren Behaltenstest erkennbar. Bei den *intermediate players* zeigten sich im Behaltenstest dagegen keine Lernfortschritte mehr.

Das Konzept des gezielten Übens gilt nicht nur für erwachsene Menschen mit hoher Fertigkeit in einem begrenzten Spezialgebiet. Dieses Übungsprinzip lässt sich auch auf alle schulischen Unterrichtsfächer übertragen. Lehtinen et al. (2017) argumentieren beispielsweise, dass der Mathematikunterricht oft zu trägem prozeduralem Wissen (*inert routine skills*) führt. Obwohl die Rechenfähigkeiten durch häufiges Üben automatisiert werden, verstehen die Lernenden nicht, warum sie diese Fähigkeiten üben. Darüber hinaus erfahren sie nicht, wie sie sich durch das Üben verbessern können und in welchen Situationen sie welche Fähigkeiten anwenden müssen. Gezielte Übungen können dem entgegenwirken. Die Schülerinnen und Schüler verstehen dann, welche Aspekte der Rechenfertigkeit bei einer Übung trainiert werden. Im Idealfall sind es genau die Aspekte, die leicht über dem bisherigen Lernstand liegen und somit optimal herausfordernd sind. Die Übungen sind dann jedoch anstrengend und nicht langweilig. Die Lernenden sollten bewusst die Anstrengung spüren und sich bewusst zum Üben entscheiden. Gezieltes Üben in dieser Phase der Integration von prozeduralem Wissen ist somit nur möglich, wenn sich Lernende auf die Übungen fokussieren können, wenn sie ihren Lernstand reflektieren und sich selbst Feedback geben können.

5.3 Orientierung für eine wirksame Übungspraxis

Während des Vortrags von Professor Schreiber, der an vielen Stellen wieder einmal begriffslastig, langatmig und redundant war, hatten Zoe und Lorenz zumindest an einer Stelle ein Aha-Erlebnis, einen fruchtbaren Lernmoment. Zoe lernt seit zwei Jahren Klavier und Lorenz spielt bereits seit seiner Kindheit Handball. Beiden wurde während des Vortrags klar, dass sie ihre Sportart oder ihr Musikinstrument jetzt wohl nicht so gut beherrschen würden, wenn sie genauso wenig üben und wiederholen würden, wie dies in den meisten Unterrichtsfächern im normalen Schulalltag der Fall ist. Das Handballtraining findet dreimal pro Woche statt und am Wochenende werden die Spiele ausgetragen. Auch Zoe spielt mindestens jeden zweiten Tag eine halbe Stunde Klavier. Insgesamt kommt eine recht stattliche Übungszeit pro Woche zusammen. Für welche Fertigkeiten wenden Kinder und Jugendliche so viel Übungszeit in der Schule auf?

Professor Magnus Schreiber fasst noch einmal zusammen: Sie werden als Lehrerin oder Lehrer nur dann stark unterrichten, wenn Üben ein Hauptbestandteil Ihres Unterrichts ist. Das Üben von Grundfertigkeiten kann in jede Unterrichtsstunde integriert werden, muss nicht kompliziert sein, sollte jedoch regelmäßig und systematisch erfolgen. Es sind nicht nur die klassisch als übungsintensiv beschriebenen Lerndomänen wie Musikunterricht oder Sport, in denen Übung die dominante Lernaktivität ist. Auf die Einübung, Wiederholung und zunehmende Automatisierung von prozeduralem Wissen kommt es in allen Unterrichtsfächern an. Und weil dies in vielen Schulen nicht der gängigen Praxis entspricht, lernen die Schülerinnen und Schüler in diesen Fächern auch nicht so schnell und so viel wie notwendig wäre. Ausgefeilte Unterrichtsmethoden oder spannende Projekte sind nichts wert, wenn den Lernenden das grundlegende Handwerkszeug in diesem Fach fehlt.

Beim Üben sollten Lehrkräfte über den Tellerrand ihres eigenen Unterrichtsfachs blicken. Die Kolleginnen und Kollegen an einer Schule können beim Üben und Automatisieren von Grundfertigkeiten an einem Strang ziehen. Sie können sich überlegen, welche mentalen und motorischen Automatismen die Lernenden beherrschen sollten, um in möglichst vielen Fächern gut mitarbeiten zu können. Das fängt mit Lesen, Rechtschreibung und Kopfrechnen an und geht über Vokabeln, Fremdwörter bis hin zu digitalen Fertigkeiten wie Tastaturschreiben, Dokumente formatieren oder Datensicherung. In jedem Unterrichtsfach können die Lehrkräfte mit den Schülerinnen und Schülern zumindest das Lesen und die deutsche Rechtschreibung üben. Dies gilt insbesondere auch für die Sekundarstufe.

Hilfreich sind allerdings feste Übungszeiten im täglichen Präsenzunterricht. Das Auslagern von Übungs- und Wiederholungsaktivitäten ist meiner Meinung nach ein Riesenproblem in unserem Bildungssystem. Lehrkräfte verlassen sich darauf, dass Schülerinnen und Schüler vor Prüfungen und Tests selbst zu Hause üben und wiederholen. Die Schule verlässt sich darauf, dass im Zweifelsfall die Eltern einspringen oder eine bezahlte Nachhilfe mit den Kindern und Jugendlichen den Lernstoff noch einmal wiederholt und übt. Noch problematischer wird es in Zukunft, wenn sich Lehrkräfte auf digitale Übungsprogramme verlassen. Die Lernenden sollen den digitalen Vokabeltrainer nutzen, mit der Mathe-App Kopfrechnen üben oder mit der Geographie-App die Mittelgebirge Deutschlands wiederholen.
Ich will damit nicht sagen, solche Tools und außerunterrichtliche Übungsgelegenheiten seien falsch oder sollen nicht genutzt werden. Im Gegenteil, es gibt gute und lernwirksame Übungs-Apps für alle Fächer und Themen. Schwierig wird es nur, wenn Lehrkräfte diese Übungsaktivitäten nicht aktiv in ihren Unterricht integrieren oder wenn die Übungserfolge nicht im Unterricht thematisiert werden. In digitalen Lernsystemen und Übungs-Apps ist es beispielsweise entscheidend, ob die Lehrkräfte den Übungs- und Lernerfolg überwachen können, um Schwierigkeiten gezielt ansprechen zu können. Schülerinnen und Schüler dürfen beim Üben nicht allein gelassen werden. Was und wie geübt werden sollte, muss in jeder Unterrichtsstunde Thema sein.
Nutzen Sie daher gute, digitale Apps für eine effiziente Übungspraxis in Ihrem Unterricht. Viele digitale Medien sind lernschädliche Ablenkungen, intelligente Übungs-Apps können dagegen ein wahrer Segen sein. Nutzen Sie digitale Lernsysteme um die Übungspraxis in Ihrem Unterrichtsfach von Anfang an konsequent zu individualisieren und für sich selbst auch arbeitsökonomischer organisieren zu können. Ich möchte an dieser Stelle keine konkreten Apps oder Lernsysteme empfehlen. Erstens soll hier nicht der Eindruck entstehen, ich möchte etwas „verkaufen". Zweitens entwickeln sich diese digitalen Übungs-Apps so schnell, dass beim Lesen dieser Zeilen schon neue Möglichkeiten zur Verfügung stehen. Drittens möchte ich mit diesem Buch Lehrkräfte aller Schulstufen und Unterrichtsfächer ansprechen. Aus diesem Grund möchte ich auf die entscheidenden Qualitätsmerkmale von guten Übungs-Apps hinweisen:

- die App sollte sich nicht nur auf ein Thema beziehen, sondern wesentliche, aufeinander aufbauende Prozeduren und Automatismen ihres Faches abbilden. Nur so ist es möglich, dass Lernende mit Vorwissensdefiziten das üben können, was sie vor ein oder zwei Schuljahren „verpasst" haben. Eine Vokabel-App fürs Fremdsprachenlernen sollte nicht nur die jeweils für die aktuelle Lektion notwendigen Vokabeln zur Übung bereitstellen, sondern auch so aufgebaut sein, dass Vokabeln aus vorangegangenen Lektionen wiederholt geprüft werden. Intelligentes Üben bedeutet, genau das zu üben, was an Grundlagen noch fehlt, um voranzukommen.

- die App sollte spielerisch (*gamifiziert*) gestaltet sein. Kinder und natürlich auch Jugendliche lieben es, Punkte zu sammeln, Auszeichnungen zu erhalten und sich mit anderen, auf ähnlichem Niveau Lernenden in Rankings zu vergleichen. Es gibt mittlerweile viele gut gemachte Übungs-Apps von kommerziellen Firmen, die spielerisch und motivierend gestaltet sind, um die Schülerinnen und Schüler zumindest ein wenig „süchtig" auf Üben zu machen. Dies erreichen wir jedoch nicht durch langweilige Übungen in Schulbüchern. Wir müssen verstehen, dass wir die didaktischen „Verführungskünste" der digitalen Medien auch positiv für die Lern- und Persönlichkeitsentwicklung der Lernenden nutzen kann. Konkrete Beispiele möchte ich nicht nennen. Aber informieren Sie sich, welche digitalen Lern-Apps weltweit am meisten genutzt werden. Dann wissen Sie, was ich meine. Schauen Sie sich auch die Philosophie dieser Firmen an und nach welchen didaktischen Designprinzipien sie arbeiten.
- Verwenden Sie digitale Lern-Apps mit einem *teacher dashboard*. Damit ist die Möglichkeit gemeint, die Lernaktivitäten und Lernfortschritte der Klasse kontrollieren zu können. Das ist nicht der Anfang einer totalen Überwachung der Kinder und Jugendlichen, jetzt auch noch zu Hause beim Üben. Nein, nur durch Überwachung und Kontrolle von Lern- und Übungsaktivitäten werden Sie Ihrer Verantwortung als Lehrkraft gerecht. Wer den Lernenden unter dem Deckmantel der „Erziehung zur Selbstständigkeit" zu viele Möglichkeiten und Optionen zubilligt und nichts einfordert, handelt verantwortungslos.
- Gute Übungs-Apps setzen auch die im vorangehenden Abschnitt dargestellten Übungsprinzipien um. Sie erinnern die Lernenden regelmäßig daran, in kleinen Paketen zu üben. Dabei ist es natürlich wichtig, dass die Schülerinnen und Schüler im Unterricht auch gezielt mit einer digitalen Lern-App üben können. Gute Programme sind mittlerweile mithilfe von künstlicher Intelligenz auch in der Lage, eine *lagged practice* (größer werdende Abstände zwischen dem Abfragen von Wissenselementen) und eine *interleaved practice* (Mischung verschiedener Aufgaben in einem Übungsblock) umzusetzen.

Weiterführende Literatur

Donoghue, G. M., & Hattie, J. A. C. (2021). A meta-analysis of ten learning techniques. Frontiers in Education, 6, 581216. https://doi.org/10.3389/feduc.2021.581216

Dunlosky, J., Rawson, K. A., Marsh, E. J., Nathan, M. J., & Willingham, D. T. (2013). Improving students' learning with effective learning techniques: Promising directions from cognitive and educational psychology. Psychological Science in the Public Interest, 14(1), 4–58. https://doi.org/10.1177/1529100612453266

Lehtinen, E., Hannula-Sormunen, M., McMullen, J., & Gruber, H. (2017). Cultivating mathematical skills: From drill-and-practice to deliberate practice. ZDM, 49(4), 625–636. https://doi.org/10.1007/s11858-017-0856-6

Übungsaufgaben

Die Testfragen zu diesem Beitrag finden Sie unter folgendem Link:
https://www.utb.de/do/10.36198/9783838563084-e05/disclaimer

Aufgabe 1: Was wird unter *shadow education* verstanden?

a. Eine geheime Form der Bildung für eine ausgewählte Gruppe von Personen.
b. Der wachsende Markt an außerschulischer, privater Nachhilfe.
c. Ein spezielles Ausbildungsprogramm im Bereich der Informatik.
d. Bildungsprogramme, die in den Abendstunden oder am Wochenende stattfinden.

Aufgabe 2: Diskutieren Sie, wie die PISA-Ergebnisse die Notwendigkeit unterstreichen, Grundfertigkeiten im deutschen Bildungssystem stärker zu fokussieren.

Aufgabe 3: Reflektieren Sie über Ihre eigenen Lernerfahrungen: Welche Rolle spielte das kontinuierliche und gezielte Üben in Ihrer schulischen und außerschulischen Bildung? Wie hat es Ihr Lernen beeinflusst?

Aufgabe 4: Erörtern Sie am Beispiel eines Ihrer studierten Unterrichtsfächer, wie Lehrkräfte die Strategie des randomisierten Übens (*interleaved practice*) in den Unterricht integrieren könnten, um das Lernen und die Automatisierung von Grundfertigkeiten zu verbessern.

Aufgabe 5: Auf einer Skala von 1 (sehr gering) bis 5 (sehr hoch), bewerten Sie Ihre eigenen Übungsstrategien im Studium. Berücksichtigen Sie dabei die im Text vorgestellten Konzepte. Gibt es Bereiche, in denen Sie diese Strategien besser nutzen könnten?

Literatur

Bandura, A., Grusec, J. E., & Menlove, F. L. (1966). Observational learning as a function of symbolization and incentive Set. *Child Development, 37*(3), 499. https://doi.org/10.2307/1126674

Bandura, A., & Jeffrey, R. W. (1973). Role of symbolic coding and rehearsal processes in observational learning. *Journal of Personality and Social Psychology, 26*(1), 122–130. https://doi.org/10.1037/h0034205

Bray, M. (2021). Shadow education in europe: Growing prevalence, underlying forces, and policy implications. *ECNU Review of Education, 4*(3), 442–475. https://doi.org/10.1177/2096531119890142

Cleary, T. J., Zimmerman, B. J., & Keating, T. (2006). Training physical education students to self-regulate during basketball free throw practice. *Research Quarterly for Exercise and Sport, 77*(2), 251–262. https://doi.org/10.1080/02701367.2006.10599358

Collins, A., Brown, J. S., & Holum, A. (1991). Cognitive apprenticeship: Making things visible. *American Educator: The Professional Journal of the American Federation of Teachers, 15*(3), 6–11, 38–46.

Coltheart, M., Rastle, K., Perry, C., Langdon, R., & Ziegler, J. (2001). DRC: A dual route cascaded model of visual word recognition and reading aloud. *Psychological Review, 108*(1), 204–256. https://doi.org/10.1037/0033-295X.108.1.204

Coughlan, E. K., Williams, A. M., McRobert, A. P., & Ford, P. R. (2014). How experts practice: A novel test of deliberate practice theory. *Journal of Experimental Psychology: Learning, Memory, and Cognition, 40*(2), 449–458. https://doi.org/10.1037/a0034302

Cousins, J. N., Wong, K. F., Raghunath, B. L., Look, C., & Chee, M. W. L. (2019). The long-term memory benefits of a daytime nap compared with cramming. *Sleep, 42*(1). https://doi.org/10.1093/sleep/zsy207

Donoghue, G. M., & Hattie, J. A. C. (2021). A meta-analysis of ten learning techniques. *Frontiers in Education, 6*, 581216. https://doi.org/10.3389/feduc.2021.581216

Dunlosky, J., Rawson, K. A., Marsh, E. J., Nathan, M. J., & Willingham, D. T. (2013). Improving students' learning with effective learning techniques: Promising directions from cognitive and educational psychology. *Psychological Science in the Public Interest, 14*(1), 4–58. https://doi.org/10.1177/1529100612453266

Geary, D. C., & Berch, D. B. (2016). Evolution and children's cognitive and academic development. In D. C. Geary & D. B. Berch (Eds.), *Evolutionary Perspectives on Child Development and Education* (pp. 217–249). Springer International Publishing. https://doi.org/10.1007/978-3-319-29986-0_9

Harris, K. R., Graham, S., Friedlander, B., & Laud, L. (2013). Bring powerful writing strategies into your classroom! Why and How. *The Reading Teacher, 66*(7), 538–542. https://doi.org/10.1002/TRTR.1156

Henke, K. (2010). A model for memory systems based on processing modes rather than consciousness. *Nature Reviews Neuroscience, 11*(7), 523–532. https://doi.org/10.1038/nrn2850

Lehtinen, E., Hannula-Sormunen, M., McMullen, J., & Gruber, H. (2017). Cultivating mathematical skills: From drill-and-practice to deliberate practice. *ZDM, 49*(4), 625–636. https://doi.org/10.1007/s11858-017-0856-6

Lewalter, D., Diedrich, J., Goldhammer, F., Köller, O., & Reiss, K. (Eds.). (2023). *PISA 2022: Analyse der Bildungsergebnisse in Deutschland.* Waxmann Verlag GmbH. https://doi.org/10.31244/9783830998488

Metcalfe, J. (2017). Learning from Errors. *Annual Review of Psychology, 68*(1), 465–489. https://doi.org/10.1146/annurev-psych-010416-044022

Paechter, M., Luttenberger, S., Macher, D., Berding, F., Papousek, I., Weiss, E. M., & Fink, A. (2015). The effects of nine-Week summer vacation: Losses in mathematics and gains in reading. *EURASIA Journal of Mathematics, Science and Technology Education, 11*(6). https://doi.org/10.12973/eurasia.2015.1397a

Rohrer, D., Dedrick, R. F., Hartwig, M. K., & Cheung, C.-N. (2020). A randomized controlled trial of interleaved mathematics practice. *Journal of Educational Psychology, 112*(1), 40–52. https://doi.org/10.1037/edu0000367

Salvucci, D. D. (2013). Integration and Reuse in Cognitive Skill Acquisition. *Cognitive Science*, *37*(5), 829–860. https://doi.org/10.1111/cogs.12032

Schorn, J. M., & Knowlton, B. J. (2021). Interleaved practice benefits implicit sequence learning and transfer. *Memory & Cognition*, *49*(7), 1436–1452. https://doi.org/10.3758/s13421-021-01168-z

Smith, C. D., & Scarf, D. (2017). Spacing repetitions over long timescales: A review and a reconsolidation explanation. *Frontiers in Psychology*, *8*, 962. https://doi.org/10.3389/fpsyg.2017.00962

Steiner, G. (2001). Lernen und Wissenserwerb. In A. Krapp & B. Weidenmann (Eds.), *Pädagogische Psychologie – Ein Lehrbuch* (pp. 139–205). Beltz.

Sweller, J., Van Merriënboer, J. J. G., & Paas, F. (2019). Cognitive architecture and instructional design: 20 years later. *Educational Psychology Review*, *31*(2), 261–292. https://doi.org/10.1007/s10648-019-09465-5

Van Kesteren, M. T. R., & Meeter, M. (2020). How to optimize knowledge construction in the brain. *Npj Science of Learning*, *5*(1), 5. https://doi.org/10.1038/s41539-020-0064-y

6 Entdeckendes Lernen und direkte Instruktion

Das Video zu diesem Beitrag finden Sie unter folgendem Link:
https://www.utb.de/do/10.36198/9783838563084-m07

Ziele und Überblick: In diesem Kapitel geht es um zwei sehr lernwirksame Unterrichtsmethoden, die immer wieder fälschlicherweise als Gegensätze betrachtet werden. Entdeckendes Lernen wird in vielen didaktischen Veröffentlichungen als wertvolle Unterrichtsmethode angesehen, während direkter, lehrergesteuerter Unterricht kritisiert wird. In der Unterrichtspraxis verhält es sich häufig umgekehrt. Um diesen Widerspruch aufzuklären, werden im Kapitel folgende Themen behandelt:

- Platons Dialog des Sokrates mit dem Sklaven des Menon als didaktischer Mythos für die Unterrichtsmethode des entdeckenden Lernens.
- Ausgewählte empirische Befunde, Definitionen und Anwendungsmöglichkeiten des entdeckenden Lernens.
- Konzepte der direkten Instruktion und empirische Befunde zur Wirksamkeit dieser Unterrichtsmethode.
- Beispiele, die zeigen, dass Unterricht immer aus Anteilen direkter Instruktion und Anteilen entdeckenden Lernens besteht.

Das Kapitel hinterfragt gängige Meinungen zum entdeckenden Lernen sowie zur direkten Instruktion und bietet eine Orientierung, wie Lehrkräfte beide Methoden einfach und effektiv in ihren Unterricht integrieren können.

6.1 Faszination und Fallstricke des entdeckenden Lernens

Zoe und Lorenz kommen in ihrem Lehramtsstudium gut voran und befinden sich derzeit in einem längeren Praxissemester. Wie in pädagogischen Zusammenhängen üblich, werden die beiden auch in dieser Phase ihres Studiums von der Universität betreut. Mit viel Enthusiasmus und einer kleinen Portion Wehmut über seine eigene Zeit als Junglehrer besucht Professor Magnus Schreiber die beiden in ihrer Praktikumsschule. Lorenz empfängt ihn an der Eingangstür und überreicht ihm in aufgeregter Vorfreude auf die bevorstehende Unterrichtsstunde seinen schriftlichen Unterrichtsentwurf. Professor Schreiber ist stolz auf seinen Studenten, der sich sowohl in seine Rolle als Lehrer eingefunden hat als auch in der Lage ist, Unterricht zu planen. Was will man mehr. Beim Thema der Stunde zuckt der Professor allerdings zusammen. Lorenz möchte in der 8c in Mathematik die Formel für die Kreisfläche erarbeiten und setzt sich zum Ziel, diese selbstständig entdecken zu lassen. Magnus Schreiber runzelt die Stirn. Jetzt wird das ganz große didaktische Besteck aufgefahren, denkt er.

„Entdeckendes Lernen", „problemorientierter Unterricht" oder auch „forschender Unterricht" gelten in der Didaktik als eine Königsdisziplin. Studierende in den Praktika oder Lehrpersonen in den ersten Berufsjahren versuchen sich bei Unterrichtsbesuchen oder in Prüfungslehrproben gerne darin. Die didaktische Literatur ist voll mit Beispielen: Versuche zum Konzept der Dichte, Experimente zum Auftrieb, eigene geometrische Konstruktionen von Dreiecken finden. Das entdeckende Lernen ist allerdings nicht auf die mathematisch-naturwissenschaftlichen Fächer beschränkt. Auch in den sprachlichen Fächern können die Schülerinnen und Schüler ebenfalls viel entdecken: Grammatikregeln, kreative Texte schreiben oder im Kunstunterricht Stilmerkmale einer Epoche durch Bildvergleiche erkennen. Von „entdeckendem Lernen" oder „problemlösendem Unterricht" zu sprechen und zu schreiben gilt als Ausdruck didaktischen Anspruchs und signalisiert eine Abgrenzung zu allen Formen des gelenkten und direkt vermittelnden Unterrichts. Sehen wir uns an, was im Unterricht tatsächlich passieren könnte.

Professor Schreiber sitzt im hinteren Teil des Klassenzimmers und wird neugierig von den Jugendlichen in der letzten Reihe beäugt. Diese fühlen sich ziemlich unwohl bei einem weiteren Lehreraugenpaar in ihrem Rücken. Magnus Schreiber ist gespannt, wie Lorenz in seiner Unterrichtsstunde vorgehen wird. Eine Möglichkeit wäre, die Schülerinnen und Schüler einen Kreis aus Karton mit dem Durchmesser von 20 cm ausschneiden zu lassen und sie dann selbst überlegen zu lassen, wie man den Flächeninhalt dieses Kreises ermitteln könnte. Die Schülerinnen und Schüler könnten dabei unterschiedliche Wege einschlagen: Rechts, links, oben und unten am Kreis jeweils ein kleines Stück abschneiden. Es entsteht ungefähr ein Quadrat. Was zum Quadrat fehlt, ist in etwa der Flächeninhalt der abgeschnittenen Teile. Mit der bekannten Flächenformel eines Quadrates könnte man den Flächeninhalt des Kreises näherungsweise angeben. Eine Formel ergibt sich jedoch nicht aus dieser Methode. Eine zweite Möglichkeit wäre, kleine Zentimeterquadrate in den Kreis einzuzeichnen und abzuzählen, inklusive einer Abschätzung der geteilten Quadrate am Rand. Auch hieraus ergibt sich keine Formel, aber eine ganz gute Annäherung an den Flächeninhalt. Zu einer mathematischen Formel gelangen die Lernenden nur dann, wenn sie den Kreis in möglichst kleine Kuchenstücke aufteilen und diese jeweils der Reihe nach, einmal mit der dicken Seite oben, einmal unten aneinanderlegen (Abbildung 11). Wenn die Kuchenstücke recht klein sind, ergibt sich näherungsweise ein Rechteck mit dem Radius als einer Seite und dem halben Umfang als anderer Seite. Die Schülerinnen und Schüler können die Formel nur dann vollständig aus dieser Vorgehensweise ableiten, wenn sie wissen, wie man den Umfang eines Kreises mit dem Radius berechnet.

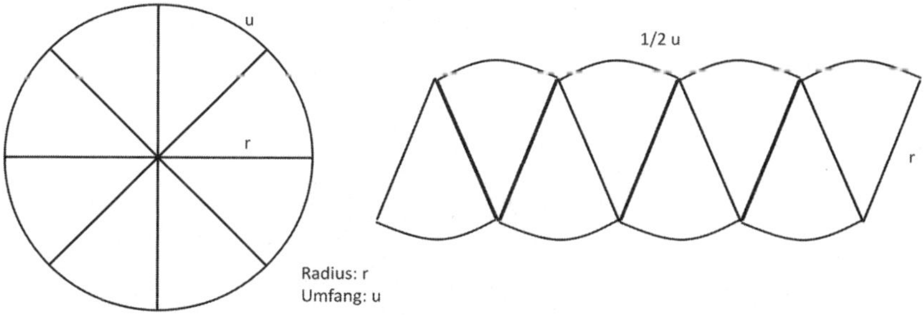

Abb. 11: Herleitung des Flächeninhalts eines Kreises (Quelle: Eigene Darstellung)

Lorenz hat sein Bestes gegeben und die Schülerinnen und Schüler mit verschiedenen Methoden motiviert, sich der Formel für den Flächeninhalt des Kreises zu nähern. Die Ausbeute war allerdings gering. Die Schülerinnen und Schüler in der 8. Klasse waren nicht in der Lage, auch nur einen Weg zur Flächeninhaltsformel annähernd eigenständig nachzuvollziehen. Allenfalls konnten zwei Mädchen einen der beschriebenen Ansätze vollständig durchführen und näherungsweise die Fläche des Papierkreises bestimmen. Damit hatten die beiden aber noch lange nicht verstanden, wie es zu der Formel für den Flächeninhalt kommt. Lorenz fragt sich selbstkritisch in der Nachbesprechung der Unterrichtsstunde, ob entdeckendes Lernen überhaupt sinnvoll ist.

Ja, erwidert Professor Schreiber, aber wir sollten zunächst einmal unsere Ansprüche hinterfragen und jeweils genau analysieren, wer bei welchen Aufgabenstellungen mit welchen Mitteln was „entdecken" könnte. Natürlich müssen wir auch fragen, was „entdeckendes Lernen" genau bedeutet. Ist „ausprobieren" oder *trial and error* bereits entdeckendes Lernen? Wir sollten auch beachten, dass es Aufgabe der Schule ist, kulturelles Wissen zu vermitteln, das Generationen von genialen Persönlichkeiten über Jahrtausende entdeckt, weiterentwickelt und systematisiert haben. Mit

Sicherheit können wir die eine oder andere technische Erfindung oder wissenschaftliche Entdeckung ein klein wenig selbst „nachentdecken". Dabei sollten Lehrkräfte aber bescheiden bleiben.
Bei diesem Stichwort schaltet sich die Mentorin von Lorenz in das Gespräch ein. Wie bei vielen, als anspruchsvoll geltenden didaktischen Prinzipien gerät auch das „entdeckende Lernen" häufig unter die Räder der Theorie-Praxis-Problematik, nimmt sie den Faden auf. Im Studium und im Vorbereitungsdienst gehört diese Methode zum Repertoire der Ausbildung und sobald sich die Lehrpersonen im Hamsterrad der täglichen Unterrichtspraxis befinden, desto weniger wird diese Methode gewählt. Der überwiegende Teil des Unterrichts im Schulalltag besteht dann aus „Frontalunterricht", so die Lehrerin. Die Lehrpersonen haben ein schlechtes Gewissen, weil sie den hohen Ansprüchen der Didaktik nicht gerecht werden können. Aufgrund der Umstände im Schulalltag sehen sie allerdings keine anderen Möglichkeiten. Man kann nicht alle Themen des Bildungsplans von der Klasse entdecken lassen.
Professor Schreiber kann die Argumente der Mentorin gut nachvollziehen. „Frontalunterricht", pflichtet er ihr bei, kann eine lernwirksame Methode sein. Aber der Begriff selbst ist unscharf. Beim sogenannten „Frontalunterricht" steht eine Lehrerin nicht die ganze Zeit vor der Klasse und hält auch nicht eine Stunde lang einen Vortrag. Das wäre eine Vorlesung. Nein, in gutem Frontalunterricht gelingt es der Lehrkraft, durch einen sinnvollen Wechsel von gemeinsamen Erklärungen, Demonstrationen, Erarbeitungen und Übungen, Lernziele effektiv zu erreichen. Die internationale Didaktikliteratur spricht von „direkter Instruktion" (*direct instruction, explicit teaching)*. Magnus Schreiber bedankt sich bei Lorenz und seiner Mentorin für die gut vorbereitete Unterrichtsstunde und das spannende Reflexionsgespräch. In seiner nächsten Vorlesung wird er die Thematik aufgreifen. Welche Methode ist besser? Entdeckendes Lernen oder direkte Instruktion?

6.2 Hintergrundwissen

6.2.1 Entdeckendes Lernen als Hebammenkunst

In der didaktischen Literatur wird gerne der Dialog des Sokrates mit dem Sklaven des Menon (verfasst vom Philosophen Platon im 4. Jh. v. Chr.) als typisches Beispiel für erfolgreiches entdeckendes Lernen zitiert. In diesem Gespräch geht es um die Frage, ob Wissen angeboren ist oder erlernt werden kann. Sokrates versucht zu zeigen, dass Wissen in den Köpfen der Menschen bereits existiert und nur durch gezielte Fragen ans Licht gebracht werden muss. Das geometrische Grundproblem in diesem Dialog ist die Verdopplung des Flächeninhalts eines Quadrats mit der Kantenlänge von zwei Einheiten (Abbildung 12). Welche Kantenlänge hat ein Quadrat mit doppelter Fläche? Sokrates lässt jedoch den Sklaven nicht eigenständig

knobeln. Vielmehr bringt er ihn durch eng geführte Fragen zunächst absichtlich auf eine falsche Fährte. Er zeigt dem Sklaven, dass durch eine Verdopplung der Kantenlänge der Flächeninhalt vervierfacht und nicht verdoppelt wird.
Anschließend beginnt Sokrates, dem Sklaven durch geschickte Fragen zu helfen, die richtige Antwort zu finden. Auch diese Fragen sind eng geführt und entsprechen dem, was man heute eventuell als „mathematischen Beweis" bezeichnen könnte. Der Sklave hat in diesem Dialog nur die Möglichkeit, die Fragen zu bejahen oder kurze Antworten zu geben. Es bleibt fraglich, ob und was er dabei tatsächlich selbst einsieht oder verstanden hat. Der Menon-Dialog ist der Prototyp für ein eng geführtes, um die Gedanken der Lehrperson zentriertes Unterrichtsgespräch und alles andere als ein selbstständiger Entdeckungsprozess. Die Schulrätin würde den didaktischen Klassiker für entdeckendes Lernen in einer Prüfungslehrprobe vermutlich als Frontalunterricht kritisieren. Den Leserinnen und Lesern möchte ich an dieser Stelle empfehlen, den ganzen Dialog des Sokrates mit dem Sklaven des Menon zu lesen (z. B. Winter, 2016). Hierfür finden Sie mit Sicherheit gute Quellen inklusive der geometrischen Abbildungen im Internet.

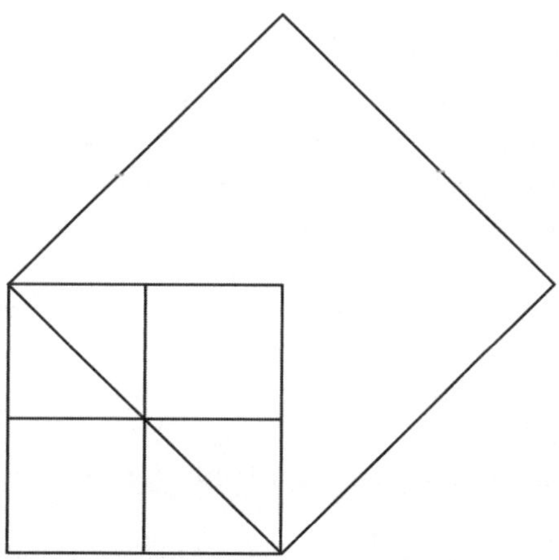

Abb. 12: Die Verdopplung des Flächeninhalts eines Quadrats (Eigene Darstellung)

Obwohl er zuvor keine Kenntnisse in der Geometrie hatte, kann der Sklave durch gezielte Fragen und eigenes Nachdenken zu einer richtigen Lösung gelangen, so die Schlussfolgerung von Sokrates. Menschen tragen latentes Wissen in sich und die richtigen Fragen leiten sie dazu an, es selbst zu entdecken. Diese Methode des Fragens und Lenkens von Gedanken wird als Maieutik (Hebammenkunst) bezeichnet und ist charakteristisch für Sokrates' philosophische Herangehensweise. Begriffswissen stammt nicht nur aus äußeren Quellen und Erfahrungen, sondern ist in uns angelegt und kann aus unserem eigenen Denkprozess hervorgehen. Der Dialog zwischen Sokrates und dem Sklaven von Menon hat tiefe Spuren in der didaktischen Literatur hinterlassen und wird häufig als prototypisches Beispiel für entdeckendes Lernen zitiert.

Es gibt ein paar wenige, kritische Publikationen, die sich die Frage gestellt haben, ob die genetisch-sokratische Gesprächstechnik überhaupt zu einem Lernerfolg führen kann (Markle, 1992; Winter, 2016). Besonders aufschlussreich finde ich eine Studie von Goldin et al. (2011), die den Dialog replizierte. Dabei wurden 58 Personen dieselben Fragen gestellt wie im Originaltext. Es zeigte sich, dass die exakt gleiche Fragetechnik und Fragereihenfolge bei den Versuchspersonen zum gleichen Ergebnis führte wie bei dem antiken Gesprächspartner. Andererseits konnten die meisten Probanden keine Transferaufgabe lösen. Ihnen wurde ein Quadrat mit einer anderen Größe gezeigt und sie sollten noch einmal erklären, wie die Fläche dieses Quadrats verdoppelt wird. Probanden, die dem Dialog eng gefolgt sind und auch die Fehlerschleifen des Sklaven gegangen sind, hatten Schwierigkeiten bei der Transferaufgabe.

6.2.2 Begriffsbestimmungen

Schon die antiken Anfänge der Methode des entdeckenden Lernens sind schillernd. Es macht deshalb Sinn, etwas genauer hinzuschauen, was die heutige Lehr-Lernforschung unter entdeckendem Lernen versteht. Hierfür müssen wir uns zunächst einmal den Begrifflichkeiten zuwenden. In deutschsprachigen Publikationen finden sich die Begriffe entdeckendes Lernen, forschendes Lernen oder problemlösender Unterricht, problemzentrierter Unterricht und noch viele weitere Varianten, je nach Fachkontext. Ich verwende in diesem Kapitel den Begriff entdeckendes Lernen, weil er recht gut zum englischsprachigen Begriff *discovery learning* passt. Auch in der internationalen Literatur finden sich verschiedene Alternativbegriffe, die in etwa alle die gleiche Idee beschreiben: *inquiry-based learning*, *problem-based instruction*, oder *problem solving*.

Eine recht allgemeine und auf das Wesentliche reduzierte Definition von entdeckendem Lernen fand ich bei Alfieri et al. (2011, S. 2): "*... discovery learning occurs whenever the learner is not provided with the target information or conceptual understanding and must find it independently and with only the provided materials.*" Diese Definition beschreibt wesentliche Bestimmungsmerkmale von entdeckendem Lernen. Das zu lernende deklarative Wissen (*conceptual understanding*) steht während des Unterrichts zunächst nicht zur Verfügung, weder in schriftlicher, noch in mündlicher Form. Die Schülerinnen und Schüler erhalten allerdings Materialien, Informationen oder Aufgabenstellungen, mit denen es prinzipiell möglich ist, das Wissen eigenständig zu konstruieren. Damit wird das Idealbild von entdeckendem Lernen definiert. Die Lehrkraft erklärt nicht, was gelernt werden soll. Sie konfrontiert die

Lernenden lediglich mit Fragestellungen und Materialien, die zu einer eigenständigen Auseinandersetzung anregen sollen.
In der Naturwissenschaftsdidaktik ist die Methode des entdeckenden Lernens oder des problemlösenden Unterrichts stark mit dem Begriff des Konzeptwechsels (*conceptual change)* verbunden (Duit & Treagust, 2003; Pintrich et al., 1993; Posner et al., 1982). Konzeptwechsel ist im Grunde genau das, was im Menon-Dialog passiert. Die Lehrperson stellt das als richtig geglaubte „Vorwissen" eines Schülers in Frage. Beispielsweise kommen die Schülerinnen und Schüler mit einer Alltagsvorstellung von „Energie", „Kraft" oder „Evolution" in den Physik- oder Biologieunterricht. Diese Alltagsvorstellung hat jedoch wenig mit der wissenschaftlichen Definition der Begriffe zu tun oder steht dieser sogar im Weg. Wenn sich die Lernenden den Sehvorgang als etwas vorstellen, das vom Auge zu einem Gegenstand ausgeht, verstehen sie die einfachsten optischen Experimente nicht. Im Unterricht findet somit zunächst eine „Dekonstruktion" dieser Alltagsvorstellungen statt. Die Lernenden entdecken, dass der Mensch etwas sehen kann, weil Licht aus einer Lichtquelle auf einen Gegenstand trifft, dieser die Lichtstrahlen reflektiert und ein Teil davon vom Auge eingefangen wird. Erst durch diese Erkenntnis können weitere Phänomene „nachentdeckt" werden, beispielsweise Gesetze der Reflexion oder Linsenphänomene.
Bereits Bruner (1961) ging in einem grundlegenden Aufsatz, der heute als Klassiker der Literatur zum *discovery learning* gilt, der Frage nach, warum entdeckendes Lernen, wenn es denn gelingt, zu vertieftem und nachhaltigem Wissen führen kann. Beim entdeckenden Lernen, so eine Überlegung von Bruner, organisiert eine Person Informationen so, dass diese für die Lösung von Problemen leichter abgerufen werden können: *„Practice in discovering for oneself teaches one to acquire information in a way that makes that information more readily viable in problem solving."* (Bruner, 1961, S. 4). Entscheidend für den dauerhaften Lernerfolg ist somit die aktive Konstruktion von Aufgabenlösungen mit dem bereits im Langzeitgedächtnis vorhandenen Wissen. Dies bedeutet im Umkehrschluss aber auch, dass beim entdeckenden Lernen bereits Wissen im Langzeitgedächtnis der Schülerinnen und Schüler vorhanden sein muss. Ohne Vorwissen können diese auch keine Lösungsversuche konstruieren und prüfen. Lehrkräfte sollten sich deshalb fragen, ob die Schülerinnen und Schüler bereits über das notwendige Vorwissen verfügen, um überhaupt eigenständig Lösungen für ein Problem finden zu können.
Beim entdeckenden Lernen spielt nicht zuletzt auch das Moment der Überraschung eine wichtige Rolle. In der kognitionspsychologischen Literatur wird Überraschung als eine Emotion beschrieben, bei der die kognitive Komponente eine Rolle spielt (Foster & Keane, 2019). Eine Information ist umso überraschender, je schwerer sie zu erklären ist. Je anstrengender es ist, eine Erklärung zu finden, desto höher wird der Überraschungseffekt beim Finden der Erklärung eingeschätzt. In einer Studie konnten Foster und Keane zeigen, dass die Erklärungen für überraschende, zunächst

nicht erklärbare Ereignisse besser behalten werden als bei einfach verständlichen oder vermuteten Ergebnissen.

6.2.3 Studien zum entdeckenden Lernen

Die empirischen Befunde zur Lernwirksamkeit von entdeckendem Lernen sind durchaus widersprüchlich und stehen teilweise im Kontrast zum „Mythos", der in der didaktischen Ratgeberliteratur über diese Unterrichtsmethode gezeichnet wird. Es gibt auf der einen Seite Studien, denen ein empirischer Nachweis der Lernwirksamkeit von entdeckendem Lernen im Vergleich zu einem expliziten, direkt vermittelnden Lernen gelungen ist. Dang und Nguyen (2012) fanden beispielsweise in einer quasi-experimentellen Studie an einer *US-Highschool* höhere Lernzuwächse bei einem induktiv-entdeckenden Lernen im Vergleich zu einer deduktiven, expliziten Vermittlung von Grammatikregeln. In der Versuchsbedingung sollten die Schülerinnen und Schüler anhand von Satzbeispielen grammatikalische Phänomene und Regelmäßigkeiten selbst entdecken. In der Kontrollgruppe wurden die Regeln direkt von der Lehrkraft erläutert und anschließend mit Beispielaufgaben geübt.
Es gibt allerdings auch empirische Befunde, die auf eine Überlegenheit einer expliziten, direkten Vermittlung von Wissen hindeuten. Eisenkopf und Sulser (2016) fanden in einer experimentellen Unterrichtsstudie an Schweizer Gymnasien heraus, dass Lernexperimente im Wirtschaftskundeunterricht zu dem gleichen Lernzuwachs führen wie ein durch die Lehrperson direkt gelenkter Unterricht. Das Unterrichtsthema in dieser Studie war die wirtschaftliche Nutzung gemeinschaftlicher Güter, wie beispielsweise Fischgründe oder Kohlevorkommen. Die beteiligten Klassen wurden zufällig einer Experimentalgruppe, einer Standardgruppe und einer Kontrollgruppe zugewiesen. In der Experimentalgruppe konnten die Schülerinnen und Schüler Zusammenhänge bei der wirtschaftlichen Nutzung gemeinschaftlicher Güter mithilfe eines Computerspiels selbst erkunden. Danach wurden die Erkenntnisse aus dieser experimentellen Phase auf ein reales Problem, beispielsweise die Überfischung der Ozeane übertragen. In der Standardgruppe erläuterte die Lehrkraft die ökonomischen und ökologischen Zusammenhänge in einem direkt vermittelnden, lehrergelenkten Unterricht. Es folgte ebenfalls die Übertragung auf eine reale Problemstellung. In der Kontrollgruppe fand kein Unterricht zu diesem Thema statt.
Beim abschließenden Test zeigten sich sowohl in der Experimentalgruppe als auch in der Standardgruppe substanzielle Lernzuwächse im Vergleich zur Kontrollgruppe. Es fanden sich allerdings keine Unterschiede zwischen der Standardgruppe und der Experimentalgruppe. Dafür profitierten die leistungsstärkeren Klassen in der Experimentalgruppe deutlich mehr als die leistungsschwächeren. In der Standardgruppe gab es diesen Unterschied nicht. Diese Studie gibt somit wichtige Hinweise für die Wirksamkeit von entdeckendem Lernen. Es scheint sich um eine Unter-

richtsmethode zu handeln, bei der überwiegend leistungsstarke und motivierte Schülerinnen und Schüler in besonderem Maße profitieren.

Lehrkräfte sollten zudem verstehen, dass entdeckendes Lernen nicht mit einem handlungsorientierten Unterricht verwechselt werden darf. Entdeckendes Lernen findet im Kopf statt. Das äußerlich sichtbare Verhalten, Medien und Möglichkeiten des Handelns und Tuns können hilfreich sein, müssen aber nicht. Wenn ein Kind die Regel in einer Zahlenreihe herausfinden möchte, finden die wesentlichen Denkschritte im Kopf, mental statt. Das Kind macht sich eventuell Notizen auf einem Blatt und spricht die Zahlenreihe laut vor. Warum ist diese Unterscheidung wichtig? In der Schule wird häufig entdeckendes Lernen mit Aktionismus im Klassenzimmer, kooperativen Lernformen oder handlungsorientierten Unterrichtsformen gleichgesetzt. Auf diese Problematik hat insbesondere Mayer (2004) aufmerksam gemacht. Er kritisierte die extrem konstruktivistische Vorstellung, Unterricht nur noch als selbstgesteuerten, handlungsorientierten Lernprozess zu organisieren. Besonders deutlich hebt er hervor, die mentale Konstruktion von Wissen mit äußerlich sichtbaren Handlungen gleichzusetzen. *"The research in this brief review shows that the formula constructivism = Hands-on activity is a formula for educational disaster"* (Mayer, 2004, S. 17).

Dass man den Prozess des entdeckenden Lernens nicht mit äußerlich sichtbaren Handlungsaktivitäten gleichsetzen darf, zeigt unter anderem eine Studie im naturwissenschaftlichen Unterricht an österreichischen Schulen (Baumann et al., 2013). Der Unterrichtsgegenstand waren Experimente zur Pflanzenphysiologie. Die Schülerinnen und Schüler sollten herausfinden, was Pflanzen für ihr Wachstum benötigen. Die Lernzeit sowie die zur Verfügung gestellten Informationen, Protokollbögen und Experimentieraufträge waren für alle Schülerinnen und Schüler gleich. Lediglich die Art und Weise der Durchführung des biologischen Experiments wurde variiert. In der Simulationsgruppe führten die Lernenden die pflanzenphysiologischen Experimente am Computer mit einer Simulationssoftware durch. Die zweite Gruppe führte die Experimente an realen Pflanzen durch.

Die Schülerinnen und Schüler in der Simulationsgruppe bewerteten den Unterricht insgesamt positiver als die Schülerinnen und Schüler in der realen Experimentiergruppe. In beiden Gruppen gab es deutliche Lernzuwächse im Vergleich zu einem Einstufungstest. Während es bei den Mädchen keinen Unterschied gab, war der Wissenszuwachs bei den Jungen in der Simulationsgruppe deutlich höher und auch nachhaltiger als in der Experimentiergruppe. Diese Studie zeigt, dass Entdeckungsprozesse im Unterricht eine mentale Angelegenheit sind. Entdeckendes Lernen hängt von klugen und aktivierenden Aufgabenstellungen ab. Es ist nicht entscheidend, welche äußeren Aktivitäten und Handlungen stattfinden. Möglicherweise waren die Schülerinnen und Schüler während der Simulation des Experiments am PC wesentlich fokussierter und konnten sich auf die Überprüfung ihrer Hypothesen besser konzentrieren. Bei der realen Experimentiergruppe bestand eventuell die

Gefahr, dass viele Kleinigkeiten bei der Umsetzung des Experiments entweder nicht auf Anhieb funktionierten oder es zu Ablenkungen kam.
Die Unterstützung des entdeckenden Lernens durch die Lehrkraft (*guided discovery learning*) ist ein wichtiger Aspekt der Lernwirksamkeit dieser Methode (Furtak et al., 2012; Lazonder & Harmsen, 2016; Mayer, 2004). Letztendlich ist auch der Dialog zwischen Sokrates und dem Sklaven des Menon ein Beispiel für *guided discovery learning*. Eine zentrale Schwierigkeit des entdeckenden Lernens ist die kognitive Belastung der Schülerinnen und Schüler während der Auseinandersetzung mit der Problemstellung. Gerade bei komplexen Problemstellungen, bei denen die Lernenden nicht wissen, welches Wissen zur Anwendung kommt, sollen sie erst selbst entdecken oder konstruieren. Viele verschiedene Informationen müssen dabei im Arbeitsspeicher (Kurzzeitgedächtnis) präsent sein. Nur wenn im Arbeitsspeicher genug Platz ist für die relevanten, zur Lösung notwendigen Wissenselemente, können diese kreativ kombiniert werden, um eine Lösung zu finden. Das Arbeitsgedächtnis des Menschen ist allerdings stark begrenzt (vgl. Kapitel 2.2). Verschiedene Formen von Unterstützung beim entdeckenden Lernen können die kognitive Belastung (*cognitive load*) reduzieren (Alfieri et al., 2011; Heindl, 2019; Lazonder & Harmsen, 2016):

- *Vorwissen aktivieren oder vermitteln*: Ein Beispiel sind die Befunde einer Metaanalyse zum entdeckenden bzw. forschenden Lernen (*inquiry-based learning*) in den Naturwissenschaften (Heindl, 2019). Am höchsten sind die Lerneffekte, wenn die Lernenden zunächst einen Vorbereitungskurs absolvieren, bevor sie mit dem forschenden Lernen beginnen. Dort lernen sie eine Hypothese zu formulieren, Variablen gezielt zu variieren, ein Experiment zu planen, durchzuführen und auszuwerten.
- *Process constraints*: Wenn die Lehrkraft eine Überforderung wahrnimmt, würde sie die Komplexität der Entdeckeraufgabe reduzieren. Dabei können beispielsweise die Anzahl der Variablen oder Wissenselemente, die die Lernenden kreativ kombinieren müssen, reduziert werden. Wenn beispielsweise ein naturwissenschaftliches Experiment zur Pflanzenphysiologie entwickelt und durchgeführt werden soll, um die Bedingungen des Pflanzenwachstums zu entdecken, könnte die Lehrkraft genau vorgeben, welche Bedingungen variiert werden sollen (Licht, Wasser, Luft).
- *Status overview*: Der Fortschritt bei der Aufgabenlösung wird angezeigt und unterstützt Lernende mit einer geringen Fähigkeit zur Planung und Steuerung ihres Lern- und Arbeitsprozesses. Die Möglichkeit der Lernfortschrittsanzeige ergibt sich vor allem bei digitalen Aufgabenstellungen. Eine andere Möglichkeit wäre, dass die Lehrkraft beispielsweise einer Schülerin rückmeldet, auf dem richtigen Weg zur Lösung zu sein und welche ihrer Schritte bisher zielführend waren.

- *Heuristics*: Heuristiken sind allgemeine Regeln, wie Schülerinnen oder Schüler eine Problemstellung angehen könnten. Eine Möglichkeit wäre, das Problem in Teilprobleme zu untergliedern und dann jeweils Lösungen für diese einzelnen Teile zu suchen. Eine weitere Heuristik ist die Rückwärtssuche. Dabei gehen die Lernenden vom Zielzustand aus und überlegen sich, welche letzten Schritte zu diesem Zielzustand führen. Nicht zuletzt sind auch alle Techniken des kreativen Denkens gute Problemlöseheuristiken. Diese Techniken ermöglichen es, die Problemstellung aus einer ganz anderen Perspektive zu betrachten, um neue, bisher nicht für möglich erachtete Lösungsideen durchzuspielen.
- *Prompts*: Die Lernenden können mit Prompts gezielt instruiert werden, eine bestimmte Handlung auszuführen. Dabei wird weder die komplette Lösung vorgegeben, noch das Ergebnis der Handlung. Die Lehrperson regt lediglich einen Problemlöseschritt.
- *Scaffolds*: Im Vergleich zu einzelnen Prompts handelt es sich bei *scaffolds* um ein enges Gerüst für die Ausführung einzelner Problemlöseschritte. Dies lässt sich in digitalen Lernumgebungen gut umsetzen. Das Programm leitet die Lernenden durch den Lösungsprozess, diese müssen dann jeweils die einzelnen Lösungsschritte durchführen. Ist nicht der Dialog des Sokrates mit dem Sklaven des Menon ein Beispiel für *scaffolding*?
- *Explanations*: Erklärungen können sich auf die Problemstellung, das für die Problemlösung notwendige Vorwissen oder die zur Verfügung gestellten Materialien beziehen. Lehrkräfte könnten beispielsweise nachfragen, ob die Schülerinnen und Schüler das Problem verstanden haben und dieses gegebenenfalls noch einmal erläutern.

Den empirischen Befunden zufolge sind die Lerneffekte bei konkreten Formen der Unterstützung höher. Dazu zählen *scaffolding*, *prompting* und Erklärungen. Aber auch die Reduktion der Aufgabenkomplexität und die Aktivierung von Vorwissen sind effektive Strategien. Weniger wirksam dagegen sind allgemeine Heuristiken und Ratschläge, wie die Lernenden an eine Knobelaufgabe herangehen könnten. Hilfestellungen sollten sich somit gezielt auf einzelne Phasen des Lösungsprozesses beziehen.

6.2.4 Konzepte des direkten Unterrichtens

Dieser Teilabschnitt befasst sich mit dem Gegenstück zum entdeckenden Lernen. In der didaktischen Alltagssprache an Schulen oder der didaktischen Ratgeberliteratur wird dieses Gegenstück häufig als Frontalunterricht bezeichnet. Dieser Begriff existiert so nur im deutschsprachigen Raum und je präziser und wissenschaftlicher die Studien werden, desto weniger wird er genutzt. Auch die Unterscheidung zwischen lehrergelenktem und schülergelenktem Unterricht ist ungenau. Der vorangehende Abschnitt zeigte, dass auch beim entdeckenden Lernen die Lenkung und

Unterstützung durch die Lehrperson eine ganz entscheidende Rolle spielen kann. Und auch die Art von Unterricht, die alltagssprachlich als Frontalunterricht bezeichnet wird, enthält Phasen der schülergesteuerten und selbstständigen Einzelarbeit. Aus einer kognitionspsychologischen Perspektive macht eine Unterscheidung zwischen schüler- und lehrergelenktem Unterricht sowieso keinen Sinn. Lernen ist ein aktiver, von der lernenden Person selbst gesteuerter Vorgang, unabhängig davon wie hoch die Lenkung und Strukturierung der Lernumgebung ist. Um von diesen schlecht definierten Begriffen wegzukommen, möchte ich mit *direct instruction* und *explicit instruction* zwei in der Literatur gut untersuchte und auch gut definierte Unterrichtskonzepte vorstellen.

Direkte Instruktion (direct instruction)

Das Konzept *direct instruction* (DI) geht auf ein Projekt zur Lese- und Schreibförderung an Grundschulen in den USA zurück, welches von Engelmann in den 1960er Jahren entwickelt und evaluiert wurde (Engelmann et al., 1988). Der Unterricht nach diesem Konzept ist durch eine stark strukturierte und kleinschrittige Vorgehensweise geprägt. Die Lehrperson übt mit den Schülerinnen und Schülern eine bestimmte Fertigkeit, wie etwa eine spezifische Rechtschreibregel. Die Lehrperson erläutert diese Regel allen Kindern mit geeigneten Beispielen und prüft sofort mit Nachfragen oder Übungsaufgaben, ob alle die Regel verstanden und anwenden können. Dabei werden ganz bestimmte Sprachspiele angewendet, beispielsweise das gemeinsame, laute Nachsprechen von Wörtern oder Sätzen in der ganzen Klasse. Die Schülerinnen und Schüler arbeiten im weiteren Verlauf des Unterrichts an Aufgaben, um die Fertigkeit zu vertiefen. Die Lehrperson überwacht kontinuierlich den Lernfortschritt und greift sofort ein, wenn einzelne Kinder Verständnisschwierigkeiten haben. Diese Form des direkten, lehrerzentrierten Unterrichtens hat sich an Schulen mit einem hohen Anteil sozial benachteiligter oder leistungsschwacher Kinder bewährt.

Stockard et al. (2018) analysierten die von 1966 bis 2016 publizierten Studien über die Wirksamkeit von *direct instruction* (DI) in verschiedenen Lernbereichen wie Lesen, Mathematik, Sprache oder Rechtschreibung. Bei der Auswahl der Studien beschränkten sich die Autoren auf Arbeiten über die DI im Sinne des ursprünglichen Konzepts nach Engelmann und Becker. Die Ergebnisse der Überblicksstudie lassen sich wie folgt zusammenfassen:

(1) Lernwirksamkeit: *DI* hat eine höhere Lernwirksamkeit im Vergleich zu weniger strukturierten Methoden. Lediglich bei den Auswirkungen von *DI* auf das Selbstwertgefühl oder weitere affektive Zielvariablen (Interesse, Lernmotivation) sind die Befunde weniger eindeutig.

(2) Bereichsübergreifende Wirksamkeit: Die positiven Auswirkungen von *DI* wurden in verschiedenen Lerndomänen wie Lesen, Mathematik, Sprache und Rechtschreibung beobachtet. *DI* ist ein vielseitiger Ansatz, der in verschiedenen Fächern und Lernkontexten effektiv sein kann.

(3) Langfristige Effekte: Die Lerneffekte von *DI* sind nachhaltig und ließen sich auch in Behaltenstests nachweisen. Zudem waren die Effekte größer, wenn die Schülerinnen und Schüler insgesamt mehr Lernzeit in den Programmen hatten, was die Bedeutung der Dauer und Intensität der Exposition in *DI*-Programmen unterstreicht.

(4) Bedeutung der Implementierung: Die Implementierung der *DI*-Methoden wirkt sich auf die Leistungseffekte aus. Die Fortbildung und das Engagement der Lehrkräfte, die genaue Umsetzung der *DI*-Programme und die Anpassung an die spezifischen Bedürfnisse der Lernenden sind wichtige Aspekte einer *DI*-Implementierung.

(5) Reduktion sozialer Benachteiligung: *DI* kann einen Beitrag zur Reduktion von Bildungsungleichheit leisten. Die Effektgrößen, die in den Studien beobachtet wurden, sind vergleichbar mit denen, die Leistungsunterschiede zwischen privilegierteren und weniger privilegierten Lernenden darstellen. Dies deutet darauf hin, dass *DI* das Potenzial hat, Bildungsungleichheiten zu verringern.

Das spezifische und ursprünglich von Engelmann und Kollegen für den Lese- und Schreibunterricht an Grundschulen entwickelte Konzept *direct instruction* (DI) wurde im Laufe der Zeit erweitert. Rosenshine (1978) nutzte *direct instruction (di)* als Sammelbegriff für einen stark von der Lehrperson gelenkten und strukturierten Unterricht. In der Literatur wird dieses erweiterte Verständnis von *direct instruction* häufig mit den Kleinbuchstaben *„di"* bezeichnet. Diese Elemente eines lehrergelenkten Unterrichts lassen sich auf den Unterricht in anderen Fächern und anderen Bildungsabschnitten übertragen (Rosenshine, 2012, S. 12):

- *„Begin a lesson with a short review of previous learning.*
- *Present new material in small steps with student practice after each step.*
- *Ask a large number of questions and check the responses of all students.*
- *Provide models.*
- *Guide student practice.*
- *Check for student understanding.*
- *Obtain a high success rate.*
- *Provide scaffolds for difficult tasks.*
- *Require and monitor independent practice.*
- *Engage students in weekly and monthly review."*

Die Lehrperson gibt genau vor, was zu lernen ist. Sie demonstriert selbst eine Fertigkeit und erklärt Sachverhalte einfach und verständlich. Vorwissen aus vorherigen Unterrichtsstunden wird wiederholt. Die Schülerinnen und Schüler erhalten sofort die Möglichkeit, das Gehörte und Gesehene anzuwenden. Die Übungsphase beginnt mit einfachen Aufgaben. Niemand ist überfordert und die Lehrperson kann sofort erkennen, welche Schülerinnen und Schüler Unterstützung benötigen.

Die Übungsaufgaben ermöglichen eine hohe Erfolgsquote. Die Schülerinnen und Schüler bekommen oft positives Feedback im Unterricht, was nach der Lerntheorie des instrumentellen Lernens zur Festigung des Wissens führt. Die Fertigkeiten werden im weiteren Verlauf des Unterrichts aufgegriffen und wiederholt. Damit ist *direct instruction* auch ein Modell, das die in Kapitel 5 besprochenen Übungsgesetze aufgreift.

Explizite Wissensvermittlung (explicit instruction, explicit teaching)

In vielen Publikationen wird nicht genau zwischen den Begriffen *direct instruction* und *explicit instruction* unterschieden. *Explicit instruction (explicit teaching)* ist ein Konzept von strukturiertem klarem, systematischem und unterstützendem Unterricht, das eng verwandt ist mit *direct instruction (DI)*. Das Konzept wurde jedoch von einer anderen Forschergruppe entwickelt und hat seinen Ursprung im sonderpädagogischen Bereich (Hughes et al., 2017). Diese Unterrichtsmethode wurde für Schülerinnen und Schüler entwickelt, die aufgrund ihrer Lernvoraussetzungen nicht in der Lage sind, sich Wissen selbstständig zu erschließen. In einer Review-Studie haben Hughes et al. (2017) diese instruktionalen Komponenten von *explicit instruction* identifiziert:

- Komplexe Fertigkeiten untergliedern (*segment complex skills*): Eine komplexe Fertigkeit wird in separat erlernbare Teilfertigkeiten untergliedert. Diese werden nacheinander erlernt und automatisiert. Erst am Ende werden die Teilfertigkeiten mit anspruchsvollen oder authentischen Aufgaben gefestigt. Damit wird die kognitive Belastung der Lernenden deutlich reduziert.
- Klären, ob die Schülerinnen und Schüler über das notwendige Vorwissen verfügen.
- Klare Lernzielvorgaben mit einem Erwartungshorizont: Welches Wissen und welche Fertigkeiten müssen erlernt werden? Wie gut und wie genau müssen die Lernenden eine Fertigkeit beherrschen?
- Die Lehrperson modelliert und demonstriert die zu erlernende Fertigkeit und lenkt die Aufmerksamkeit der Schülerinnen und Schüler auf die wichtigen Merkmale oder Handgriffe. Durch Methoden wie „lautes Denken" oder „direktes Zeigen" verdeutlicht die Lehrkraft, worauf es ankommt, welche Handgriffe, welche Strategien, welche Aspekte besonders wichtig sind, auf was die Lernenden achten müssen und was sie genau üben sollen. Dabei verwendet die Lehrperson dieselben Schlüsselbegriffe.
- Die Fertigkeiten werden anhand vieler unterschiedlicher Beispiele verdeutlicht und geübt. Es werden auch Gegenbeispiele aufgezeigt. Wofür eignet sich diese Fertigkeit nicht? Welche Beispiele lassen sich nicht diesem Begriff zuordnen?
- Die Schülerinnen und Schüler erhalten die Möglichkeit, die Fertigkeit erstmalig zu erproben und werden dabei von der Lehrperson genau beobachtet und eng-

maschig unterstützt. Die Hilfestellungen und Hinweise können nach und nach zurückgenommen werden, wenn die Lernenden die Fertigkeit immer besser beherrschen. Erst danach können die Schülerinnen und Schüler weitgehend selbstständig in Einzelarbeit üben.

- Die Lehrperson beobachtet die Schülerinnen und Schüler und gibt bestätigendes oder korrigierendes Feedback. Die Übungsaufgaben und Lerngelegenheiten werden so gewählt, dass die Lehrperson die Ausführung einer Fertigkeit auch gut beobachten kann.
- In der Phase der unabhängigen Übungen (*independent practice*) wenden die Lernenden die Fertigkeit in komplexeren Aufgabenkontexten an.

Explicit instruction hat sich in verschiedenen Bildungsabschnitten und Lerndomänen (z. B. Lese- und Schreibunterricht, Bruchrechnen, Algebra) als eine effektive, lernwirksame und auch recht praktikable Unterrichtsmethode erwiesen. Die Methode ist sowohl für Schülerinnen und Schüler mit als auch ohne Lernschwierigkeiten geeignet. Es gibt zwei entscheidende Gründe, warum Unterrichtsmethoden wie *direct instruction* oder *explicit instruction* lernwirksam sind, vor allem für Kinder und Jugendliche mit ungünstigen Lernvoraussetzungen, wenig Vorwissen oder sprachlichen Defiziten:

(1) Durch die hohe Strukturierung des Unterrichts und die klaren Arbeitsanweisungen wird die kognitive Belastung im Arbeitsgedächtnis auf ein Minimum reduziert (*cognitive load theory*). Die Schülerinnen und Schüler müssen sich nicht mit Fragen der Organisation beschäftigen, sondern können sich auf die zu übenden Fertigkeiten konzentrieren. Sie erhalten von der Lehrperson genaue und unmissverständliche Lern- und Arbeitsanweisungen.

(2) Beide Methoden nutzen das Prinzip des instrumentellen Lernens. Wissen wird dann nachhaltig und stabil aufgebaut, wenn Schülerinnen und Schüler dieses Wissen in konkreten Aufgabensituationen anwenden und dafür positiv verstärkt werden. In der Anfangsphase des Lernens sind häufige Verstärkungen wichtig. Nach und nach können diese Verstärker reduziert werden.

6.3 Orientierung für den Grad der Lenkung im Unterricht

Professor Schreiber versucht in der auf die Vorlesung folgenden Diskussion praktische Konsequenzen mit den Studierenden zu erörtern. Lohnt der Vorbereitungs- und Durchführungsaufwand, wenn die Lernergebnisse beim entdeckenden Lernen stark von Zufällen und dem Vorwissen der Schülerinnen und Schüler abhängig sind? Eine Gruppe im Seminar ist weiterhin überzeugt von der Methode des entdeckenden Lernens bzw. des problemorientierten Unterrichts und sieht die Lehrkräfte in der Pflicht, spannende Fragestellungen in den Unterricht einzubringen, damit die Lernenden wirklich motiviert sind, eigenständig Lösungen zu suchen und dabei mehr zu lernen als im üblichen Frontalunterricht. Die andere Gruppe bringt eigene Erfahrungen ins Spiel und wünscht sich einen von der Lehrkraft gelenkten Unterricht, bei dem genau erarbeitet und erklärt wird, was zu lernen ist. Wenn Schülerinnen und Schüler eine Stunde lang im „Nebel laufen“ und nicht wissen, wie eine Aufgabe zu lösen ist oder um was es überhaupt geht, dann ist das nur frustrierend, so der Tenor dieser Gruppe im Seminar.

Professor Schreiber hört sich die Positionen aufmerksam an, kann es dann aber doch nicht lassen, am Ende der Seminarsitzung seinen eigenen Standpunkt zu präsentieren. Entdeckendes Lernen ist dann eine wirksame und „starke“ Unterrichtsmethode, wenn sie klar und einfach umgesetzt wird. Zu komplizierte Experimente im Chemieunterricht, unlösbare Problemstellungen im Mathematikunterricht und aufwendige Projekte im Wirtschaftsunterricht führen allenfalls zu viel Aktionismus und schnell bei den meisten Schülerinnen und Schülern zu Frust, weil sie weder etwas entdecken noch verstehen, worum es eigentlich geht. Wenn es einer Lehrperson allerdings gelingt, innerhalb eines gut strukturierten Unterrichts kleine Entdeckungen machen zu lassen, dann ist diese Methode einfach stark.

Auch Schülerinnen und Schüler mit geringeren Lernvoraussetzungen können beispielsweise die Formel für die Kreisfläche oder das Prinzip des Auftriebs ein kleines Stück nachentdecken, wenn die Unterrichtsstunde gut vorbereitet ist. Die Lehrkraft sollte jedoch genau überlegen, wie sie das Problem formuliert. Alle Lernenden sollten verstehen, um was es eigentlich geht. Es muss klar sein, welche Materialien und Hilfestellungen angeboten werden, während die Schülerinnen und Schüler experimentieren und ausprobieren. Abschließend sollte genug Zeit sein für die Phase der gemeinsamen Besprechung von verschiedenen Lösungen. Gerade für das nachhaltige Verständnis von komplexen Konzepten ist es wichtig, auch falsche Lösungswege, Missverständnisse oder halbrichtige Ansätze zu besprechen. Nur dann können alle Schülerinnen und Schüler auch die korrekten und zum Ziel führenden Lösungsansätze verstehen.

Wenn auf diese Art und Weise kleine Entdeckungsphasen in einen gut strukturierten Unterricht eingebaut werden, ist der größte Lernerfolg zu erwarten. Die Schülerinnen und Schüler gehen nicht in unstrukturierten Unterrichtsstunden verloren. Gleichzeitig werden lernwillige Schülerinnen und Schüler mit viel Vorwissen und einem hohen Interesse am Fach ausreichend gefordert. Sowohl kognitionspsychologisch als auch motivationspsychologisch ist es am besten, wenn Lernende kleine Überraschungen erleben. Entdeckungen sind kleine, unvorhergesehene Momente der Erkenntnis und des Verstehens. Es gibt viele Möglichkeiten, wie Sie als Lehrkraft im täglichen Unterricht solche kleinen Überraschungsmomente einbauen können. In ansonsten monotonen Übungs- und Wiederholungsaufgaben können Sie Knobelaufgaben verstecken. Naturwissenschaftliche Experimente müssen nicht unbedingt von den Schülerinnen und Schülern selbst durchgeführt werden. Es ist häufig besser, wenn Sie als Lehrperson diese durchführen oder als Video präsentieren und anschließend ausführlich mit der Klasse mögliche Hypothesen über den Ausgang des Experiments vor- und nachbesprechen. Letztendlich gibt es viele Aufgabenformate, bei denen die Schülerinnen und Schüler kleine Entdeckungen machen können. Beispielsweise eine Fehlerkorrektur in einem Text, Orte auf einer Landkarte mithilfe von Koordinaten suchen, Tiere in einem Bild entdecken, Funktionen und Graphen zuordnen und vieles mehr.

Der Menon-Dialog ist ein gutes Beispiel dafür, wie Lehrkräfte die Stärke des entdeckenden Lernens auf einfache Art und Weise in ihren Unterricht einbauen können. Der Ausgangspunkt ist ein für alle Beteiligten klar verständliches Problem, für das die Lernenden noch keine Lösung haben. Sie haben jedoch Lösungsideen oder Vermutungen. Genau daran knüpft die Lehrperson an und stellt einfache, klare „Warum-Fragen" oder „Wie-Fragen", um irreführende Lösungsansätze ins Wanken zu bringen. Bereits diese Dekonstruktion von Wissen durch kritische Rückfragen sorgt für Aufmerksamkeit, signalisiert dem Gehirn, dass bisherige Wissensnetzwerke als „zur Überarbeitung" emotional markiert werden. Je nach Schwierigkeit des Problems und Vorwissen der Lernenden bietet die Lehrperson kleine Lösungsschritte an, fragt die Lernenden, wohin diese Lösungsschritte führen können, lässt sie ein klein wenig den langen Weg zur Lösung „nachentdecken". Diese gelenkte Vorgehensweise kann zu vielen kleinen Überraschungen, Einsichten und Entdeckungen führen. Und wenn nicht, führt sie zumindest nicht in die Irre. Lehrkräfte unterrichten dann einfach stark, wenn sie verstanden haben, dass sich entdeckendes Lernen und lehrergelenkter Unterricht nicht ausschließen, sondern zwei Seiten einer Medaille sind.

Weiterführende Literatur

Mayer, R. E. (2004). Should there be a three-strikes rule against pure discovery learning? American Psychologist, 59(1), 14–19. https://doi.org/10.1037/0003-066X.59.1.14

Rosenshine, B. V. (2012). Principles of instruction: Research-based strategies that all teachers should know. American Educator, 36(1), 12–19.

Winter, H. W. (2016). Entdeckendes Lernen im Mathematikunterricht: Einblicke in die Ideengeschichte und ihre Bedeutung für die Pädagogik. Springer Fachmedien Wiesbaden. https://doi.org/10.1007/978-3-658-10605-8

Übungsaufgaben

Die Testfragen zu diesem Beitrag finden Sie unter folgendem Link:
https://www.utb.de/do/10.36198/9783838563084-e06/disclaimer

Aufgabe 1: Was wollte Platon mit dem Dialog zwischen Sokrates und dem Sklaven des Menon zeigen?

a. Menschen lernen durch gut strukturierte Gespräche, bei denen die Lehrperson ihr Wissen weitergibt.
b. Jeder Mensch trägt bereits Wissen in sich und eine Lehrperson kann dieses durch geschicktes Fragen zum Vorschein bringen.
c. Menschen sind unbeschriebene Blätter und lernen nur durch Erfahrung und äußere Sinneseindrücke.
d. Jeder Mensch kann durch gezielte Unterweisung einen mathematischen Beweis verstehen.

Aufgabe 2: Erläutern Sie anhand eines beispielhaften Lernziels aus Ihren studierten Unterrichtsfächern, wie die Methode des entdeckenden Lernens angewendet werden könnte.

Aufgabe 3: Reflektieren Sie über die Vor- und Nachteile des entdeckenden Lernens im Vergleich zur direkten Instruktion. Berücksichtigen Sie dabei die kognitive Belastung der Schülerinnen und Schüler sowie die Rolle der Lehrkraft.

Aufgabe 4: Diskutieren Sie, in welchen Lernsituationen direkte Instruktion effektiver sein könnte als entdeckendes Lernen. Berücksichtigen Sie dabei verschiedene Fächer, Lerninhalte und Altersgruppen.

Aufgabe 5: Betrachten Sie die Unterrichtsplanung von Lorenz, der seine Schülerinnen und Schüler die Flächenformel eines Kreises entdecken lassen möchte. Beurteilen Sie, wie er den Unterricht strukturieren könnte, um eine erfolgreiche Entdeckung zu gewährleisten, und welche Unterstützungsmaßnahmen er anbieten sollte.

Literatur

Alfieri, L., Brooks, P. J., Aldrich, N. J., & Tenenbaum, H. R. (2011). Does discovery-based instruction enhance learning? *Journal of Educational Psychology*, *103*(1), 1–18. https://doi.org/10.1037/a0021017

Baumann, M., Simon, U., Wonisch, A., & Guttenberger, H. (2013). Computersimulation versus Experiment. *Mathematisch-naturwissenschaftlicher Unterricht*, *66*(5), 305–310.

Bruner, J. S. (1961). The act of discovery. *Harvard Educational Review*, *31*, 21–32.

Duit, R., & Treagust, D. F. (2003). Conceptual change: A powerful framework for improving science teaching and learning. *International Journal of Science Education*, *25*(6), 671–688. https://doi.org/10.1080/09500690305016

Eisenkopf, G., & Sulser, P. A. (2016). Randomized controlled trial of teaching methods: Do classroom experiments improve economic education in high schools? *The Journal of Economic Education*, *47*(3), 211–225. https://doi.org/10.1080/00220485.2016.1179143

Engelmann, S., Becker, W. C., Carnine, D., & Gersten, R. M. (1988). The direct instruction follow through model: Design and outcomes. *Education and Treatment of Children*, *11*(4), 303–317.

Foster, M. I., & Keane, M. T. (2019). The role of surprise in learning: Different surprising outcomes affect memorability differentially. *Topics in Cognitive Science*, *11*(1), 75–87. https://doi.org/10.1111/tops.12392

Furtak, E. M., Seidel, T., Iverson, H., & Briggs, D. C. (2012). Experimental and quasi-experimental studies of inquiry-based science teaching: A Meta-Analysis. *Review of Educational Research*, *82*(3), 300–329. https://doi.org/10.3102/0034654312457206

Goldin, A. P., Pezzatti, L., Battro, A. M., & Sigman, M. (2011). From ancient greece to modern education: Universality and lack of generalization of the socratic dialogue. *Mind, Brain, and Education*, *5*(4), 180–185. https://doi.org/10.1111/j.1751-228X.2011.01126.x

Heindl, M. (2019). Inquiry-based learning and the pre-requisite for its use in science at school: A meta-analysis. *Journal of Pedagogical Research*, *3*(2), 52–61. https://doi.org/10.33902/JPR.2019254160

Hughes, C. A., Morris, J. R., Therrien, W. J., & Benson, S. K. (2017). Explicit instruction: Historical and contemporary contexts. *Learning Disabilities Research & Practice*, *32*(3), 140–148. https://doi.org/10.1111/ldrp.12142

Lazonder, A. W., & Harmsen, R. (2016). Meta-analysis of inquiry-based learning: effects of guidance. *Review of Educational Research*, *86*(3), 681–718.

Markle, S. M. (1992). Unchaining the slaves: Discovery learning is not being told. *British Journal of Educational Technology*, *23*(3), 222–227. https://doi.org/10.1111/j.1467-8535.1992.tb00332.x

Mayer, R. E. (2004). Should there be a three-strikes rule against pure discovery learning? *American Psychologist*, *59*(1), 14–19. https://doi.org/10.1037/0003-066X.59.1.14

Pintrich, P. R., Marx, R. W., & Boyle, R. A. (1993). Beyond cold conceptual change: The role of motivational beliefs and classroom contextual factors in the process of conceptual change. *Review of Educational Research*, *63*(2), 167. https://doi.org/10.2307/1170472

Posner, G. J., Strike, K. A., Hewson, P. W., & Gertzog, W. A. (1982). Accommodation of a scientific conception: Toward a theory of conceptual change. *Science Education*, *66*(2), 211–227. https://doi.org/10.1002/sce.3730660207

Rosenshine, B. V. (1978). Academic engaged time, content covered, and direct instruction. *Journal of Education*, *160*(3), 38–66. https://doi.org/10.1177/002205747816000304

Rosenshine, B. V. (2012). Principles of instruction: Research-based strategies that all teachers should know. *American Educator*, *36*(1), 12–19.

Stockard, J., Wood, T. W., Coughlin, C., & Rasplica Khoury, C. (2018). The effectiveness of direct instruction curricula: A meta-analysis of a half century of research. *Review of Educational Research*, *88*(4), 479–507. https://doi.org/10.3102/0034654317751919

Thi Doan Dang, T., & Thu Nguyen, H. (2012). Direct versus indirect explicit methods of enhancing EFL students' English grammatical competence: A concept checking-based consciousness-raising tasks model. *English Language Teaching*, *6*(1), p112. https://doi.org/10.5539/elt.v6n1p112

Winter, H. W. (2016). *Entdeckendes Lernen im Mathematikunterricht: Einblicke in die Ideengeschichte und ihre Bedeutung für die Pädagogik*. Springer Fachmedien Wiesbaden. https://doi.org/10.1007/978-3-658-10605-8

7 Mit Vielfalt im Klassenzimmer intelligent umgehen

Das Video zu diesem Beitrag finden Sie unter folgendem Link:
https://www.utb.de/do/10.36198/9783838563084-m08

Ziele und Überblick: Lehrkräfte sind im Klassenzimmer mit einer enormen Vielfalt an unterschiedlichen Lernvoraussetzungen konfrontiert. Die didaktische Theorie antwortet auf diese Herausforderung mit Konzepten der Individualisierung und Differenzierung. Diese Konzepte stoßen im Schulalltag jedoch an ihre Grenzen. Um diese Problematik besser zu verstehen, werden im Kapitel diese Themen und Konzepte erörtert:

- Der Text beginnt mit Definitionen der sich stark überlappenden Begriffe Individualisierung, Differenzierung, Personalisierung und adaptiver Unterricht.
- Ein Modell des adaptiven Unterrichtens hilft Lehrkräften, Konzepte der Individualisierung und Differenzierung kritisch zu betrachten.
- Empirische Studien geben Hinweise darauf, welche Formen des individualisierten Unterrichts weniger erfolgreich sind.
- Das Kapitel diskutiert einen pragmatischen Ansatz, der darauf abzielt, im Rahmen bestehender Strukturen durch angepasste Aufgabenstellungen und den Einsatz digitaler Technologien auf heterogene Lernvoraussetzungen einzugehen.

Das Kapitel gibt Lehrkräften eine Orientierung, wie sie mit der Heterogenität im Klassenzimmer umgehen können. Diese sollten die Vielfalt im Klassenzimmer wahrnehmen und akzeptieren, aber den Unterricht nur dann differenzieren, wenn der Aufwand auch zu höheren Lernerfolgen für alle Lernenden führt.

7.1 Überforderung durch die Vielfalt im Klassenzimmer

Zoe ist in ihrem Praktikum mit der Vielfalt in ihrer Klasse 7b konfrontiert. Sie kommt mit den Schülerinnen und Schülern gut zurecht und diese haben sie auch als „ihre" Lehrerin akzeptiert. Aber es ist schon eine bunte Gruppe. Die Leistungsunterschiede sind in allen Fächern hoch. Einige Schülerinnen und Schüler können selbstständig ihre Übungsaufgaben bearbeiten, während ein großer Teil der Klasse auch in Phasen der Einzelarbeit unterstützt und motiviert werden muss. Im Klassenzimmer sind fünf andere Muttersprachen als Deutsch vertreten, was im Vergleich zu manchen anderen Schulen noch überschaubar ist. Zwei Kinder stammen aus Flüchtlingsfamilien und können noch kein Deutsch. Ein Kind hat einen sonderpädagogischen Förderbedarf und bei drei weiteren sind die Eltern in psychologischer Beratung, so die vage Auskunft der Mentorin.

Es gibt unzählige Situationen im Unterricht, in denen sich Zoe entscheiden muss, ob sie sich erst um eine einzelne Schülerin kümmern soll oder ob ihre Aufmerksamkeit der Klasse gilt. Bei einem schriftlichen Arbeitsauftrag sind die ersten Kinder nach 5 Minuten fertig, andere benötigen die ganze Unterrichtsstunde. Bei der gemeinsamen Besprechung von Aufgabenlösungen erkennt sie, welche Verständnisschwierigkeiten eine Rolle spielen können. Die einen haben den Aufgabentext nicht richtig gelesen und verstanden, die anderen haben den Text verstanden, aber keine Motivation, um sich mit dem Problem zu beschäftigen und der dritten Gruppe fehlt das notwendige Vorwissen, um die Aufgabe bearbeiten zu können. Insbesondere nach Lernstandsüberprüfungen wird das ganze Ausmaß der Leistungsheterogenität im Klassenzimmer deutlich. Ein Teil der Klasse benötigt im Grunde genommen viel mehr Zeit und Zuwendung, um zu üben und Verständnisschwierigkeiten zu klären.

Zoe fragt sich, wie sie den individuellen Lernvoraussetzungen in ihrem Unterricht gerecht werden kann. In der Schule wird noch traditionell in Klassen unterrichtet. Lediglich ab Klasse 8 werden die Lernenden, je nach angestrebtem Schulabschluss, in Niveaugruppen aufgeteilt. Die Mentorin gab Zoe den Rat, in jeder Unterrichtsstunde zunächst etwas Grundlegendes für alle in der Klasse einzuführen und in der zweiten Stundenhälfte unterschiedlich schwierige Übungsaufgaben anzubieten. Aber da genügen, laut Mentorin, Aufgaben für Schnellere und Normale. Zoe findet das praktisch und realistisch, sieht aber eine große Diskrepanz zu dem, was an der Universität zu den Themen Individualisierung, Heterogenität und Vielfalt gelehrt wird. Na, das wäre doch ein Thema für das Seminar mit Professor Schreiber, denkt sich Zoe.

Professor Magnus Schreiber lauscht im Begleitseminar zum Praktikum aufmerksam und interessiert den Schilderungen von Zoe. Die anderen Studierenden sind gespannt, welche praktischen Ratschläge der Professor wohl hat, um mit der Vielfalt im Unterricht umgehen zu können. Nun, wer den akademischen Betrieb kennt, wird es schnell erahnen. Auch der Professor hat nichts zu bieten, was konkret in der nächsten Unterrichtswoche weiterhelfen könnte, um wirklich passende Lernszenarien für 20 unterschiedliche Individuen in der Klasse 7 anzubieten. Aber er ist wenigstens so ehrlich und gibt das zu. Die folgenden Ausführungen gehen dann in eine Richtung, wie wir sie von ihm schon aus anderen Kapiteln kennen. Es ist zunächst einmal wichtig, das Problem der Heterogenität im Klassenzimmer zu verstehen, dann die akademischen Luftschlösser zu entlarven und abschließend überlegen, was wirklich effizient ist.

Um mit der großen Vielfalt oder Heterogenität im Klassenzimmer adäquat umgehen zu können, doziert Professor Schreiber, sollten Sie als Lehrperson sich vergegenwärtigen, dass die „Institution“ Schule in unseren modernen Gesellschaften für große Lerngruppen konstruiert wurde. Außerhalb der staatlichen Pflichtschule finden wir dagegen eine Reihe von Unterrichtskonstellationen mit individueller Betreuung: Fahrschule, Musikunterricht oder Nachhilfe. Und auch historisch gesehen entstanden die großen pädagogischen Werke, wie beispielsweise der „Emile“ von Jean-Jacques Rousseau, in einer Zeit, als der Privatlehrer ins Haus von wohlhabenden Familien kam, um dort den männlichen Nachwuchs im Einzelunterricht zu bilden und zu erziehen. Um jedoch in arbeitsteiligen Gesellschaften der gesamten nachwachsenden Generation das kulturelle Basiswissen weitergeben zu können, bleibt nichts anderes übrig, als öffentliche Schulen so zu organisieren, wie sie heute sind. Wenige Lehrpersonen unterrichten viele Schülerinnen und Schüler. Das Spannungsverhältnis zwischen Klasse und Individuum ist somit nicht ihr privates Problem als Lehrperson. Es ist eine historisch und gesellschaftlich bedingte Herausforderung für Schulen.

Viele Lehrerinnen und Lehrer möchten jedoch den ihnen anvertrauten Kindern und Jugendlichen in besonderem Maße gerecht werden. Dies ist nur zu einem gewissen Grad möglich. Die heutige Gesellschaft huldigt dem Individualismus und Eltern übertragen ihre Erwartungen an die Einzigartigkeit ihrer Kinder gerne auf die Lehrpersonen. Die Politik proklamiert Vielfalt in der Gesellschaft und fordert einen bestmöglichen Umgang mit Heterogenität im Unterricht. Die Schule sollte mit entsprechenden Konzepten reagieren und die vielfältigen Lebensumstände und Lernerfordernisse ernst nehmen. In der Lehramtsausbildung werden diese Erwartungen gerne potenziert. Themen wie Heterogenität, Vielfalt oder Inklusion nehmen einen großen Raum ein und bauen enorme Erwartungen auf. Engagierte Lehrkräfte versuchen, diesen Erwartungen gerecht zu werden und investieren viel Zeit und Arbeit in die Anpassung des Unterrichts an einzelne Gruppen oder einzelne Lernende. Schulen entwickeln Konzepte des individualisierten Lernens mit einem hohen Aufwand. Doch lohnt sich dieser Aufwand? Oder kann man letztendlich das grundlegende Spannungsverhältnis zwischen Lerngruppe und Individuum nur ein wenig abmildern?

Auch aus einer ganz anderen Richtung werden hohe Erwartungen und nicht immer zielführende Löschungsvorschläge für die Individualisierung und Differenzierung von Unterricht aufgebaut. Die Digitalbranche hat mittlerweile das Konzept fest im Blick. Schulbuchverlage werben mit umfangreichen digitalen Tools für die individuelle Förderung. Die Bildungspolitik erwartet von digitalen Technologien einen enormen Lernzuwachs. Sind digitale Technologien nicht die Lösung für das Spannungsverhältnis zwischen Klasse und Individuum? Ein Computerprogramm kann so viel schneller als eine Lehrkraft auf die Lernbedürfnisse der einzelnen Schülerinnen und Schüler reagieren. Es kann große Mengen an Daten sofort auswerten und passgenaue Übungen oder Erklärungen zuweisen. In der schönen, neuen Welt der digitalen Bildungstechnologien übernimmt die künstliche Intelligenz die individuellen Lernprozesse und die Lehrkraft hat plötzlich viel mehr Zeit für besonders herausfordernde Lernschwierigkeiten von einzelnen Schülerinnen und Schülern. Doch wie sieht die Realität aus?

7.2 Hintergrundwissen zum differenzierten Unterrichten

Die deutschsprachige, aber erst recht die internationale, wissenschaftliche Literatur rund um die Themen Individualisierung von Unterricht, Differenzierung, Umgang mit Heterogenität oder adaptives Unterrichten ist selbst von Expertinnen und Experten kaum noch zu überblicken. Aus diesem Grund kann ich für dieses schulpraktisch so wichtige und bedeutsame Thema nur einen subjektiven Einblick in die mir sinnvoll und logisch erscheinenden Forschungsarbeiten und Theorien bieten. Ich möchte in einem ersten Teilabschnitt zunächst die zentralen Begriffe in diesem Themenfeld skizzieren. Daran anschließend gehe ich auf Modelle und Studien zum digitalen, personalisierten Lernen ein.

7.2.1 Begriffsbestimmungen

Ich verzichte auf eine genaue Definition der Begriffe Heterogenität und Vielfalt. Es gibt zu diesen Begriffen viel Literatur mit noch mehr Definitionsvorschlägen. Im Grunde genommen geht es darum, dass Menschen und somit auch Kinder und Jugendliche verschieden sind. Wesentlich wichtiger ist die genaue Definition der didaktischen Konzepte, mit denen Schulen und Lehrkräfte auf die Vielfalt im Klassenzimmer reagieren sollten. Bei meinen Literaturrecherchen bin ich auf die Begriffe Differenzierung, Individualisierung, adaptiver Unterricht und Personalisierung gestoßen. Diese Konzepte sind nicht exakt definiert und haben einen gemeinsamen Bedeutungskern.

Differenzierung

Der Begriff der Differenzierung wird bereits seit Jahrzehnten genutzt, um Organisationsformen zu beschreiben, die eine Gruppierung von Schülerinnen und Schülern nach Lernvoraussetzungen ermöglichen. Dabei wird häufig etwas ungenau zwischen „äußerer" und „innerer" Differenzierung unterschieden. Wir müssen den Begriff deshalb präzise definieren:

- Eine äußere Differenzierung auf Ebene des Schulsystems beschreibt beispielsweise die vertikale Gliederung nach unterschiedlich anspruchsvollen Schularten: Gymnasien, Realschulen, Gemeinschaftsschulen. Es gibt allerdings auch eine Differenzierung von Schulen nach Themenschwerpunkten, wie beispielsweise Sport, Musik oder Alte Sprachen. Die Schülerinnen und Schüler werden zu Beginn eines Bildungsabschnitts, beispielsweise beim Übergang in die Sekundarstufe, nach „Leistungsniveau" kategorisiert und dann einer bestimmten Schulart, die zu einem bestimmten Schulabschluss führt, fest zugeordnet.
- Mit einer äußeren Differenzierung wird häufig die Bildung von leistungshomogenen Lerngruppen innerhalb einer Schule bezeichnet. Aus Gründen der Klarheit halte ich es für sinnvoll, an dieser Stelle auf die englischsprachigen Begriffe *ability grouping* und *acceleration* zurückzugreifen (Steenbergen-Hu et al., 2016). Lernende werden nach Leistungsniveau, Vorwissen oder Fertigkeiten unterschiedlichen Klassen oder Kleingruppen innerhalb der Schule zugeordnet. Das Ziel von *ability grouping* ist es, möglichst homogene Lerngruppen zu bilden, um den Unterricht besser an den Lernvoraussetzungen der Schülerinnen und Schüler ausrichten zu können. Die Lernenden können zudem vom Austausch mit anderen Lernenden in der Gruppe profitieren. Diese Zuteilungen beschränken sich auf einen bestimmten Zeitraum innerhalb eines Schuljahres oder der Schulzeit und führen nicht zu Restriktionen beim angestrebten Schulabschluss. Die englischsprachige Literatur spricht von *acceleration* (Beschleunigung), wenn beispielsweise eine in vielen Fächern besonders leistungsstarke und motivierte Schülerin eine oder sogar mehrere Klassenstufen überspringt.
- Bei Formen der inneren Differenzierung oder der Binnendifferenzierung werden bestehende Klassen oder Lerngruppen nicht aufgelöst. Lehrkräfte bieten dafür in einzelnen Unterrichtsstunden differenziertes Lernmaterial je nach Lernvoraussetzungen, Kenntnisstand oder Interesse an. Entweder wählen die Schülerinnen und Schüler diese Angebote selbst aus und müssen hierfür ihren Lernstand oder ihre Interessen selbst einschätzen. Oder die Lehrperson bildet je nach Thema situationsspezifische Untergruppen in der Klasse, die gesonderte Aufgaben oder Lernmaterialien erhalten.

Individualisierung

Ansätze und Studien rund um die Begriffsgruppe Individualisierung, individualisierter Unterricht, individuelle Förderung (*individualization, individualized in-*

struction) gehen einen Schritt weiter und stellen die Lernvoraussetzungen und die Förderbedarfe einzelner Schülerinnen und Schüler in den Mittelpunkt (Dumont, 2019). Wischer und Trautmann (2014) sehen den Ursprung des Konzepts der Individualisierung bereits in der Reformpädagogik zu Beginn des 20. Jahrhunderts. In den 1970er Jahren forderte der Deutsche Bildungsrat die individuelle Förderung an Schulen und seit der ersten Veröffentlichung der PISA-Studie im Jahr 2001 wurde diese Forderung von Menschen in bildungspolitisch verantwortlichen Positionen regelmäßig wiederholt. Die individuelle Förderung an Schulen soll einerseits Benachteiligungen abbauen und andererseits dazu beitragen, Begabungen und Talente an den Schulen aufzufinden und zu fördern.

Adaptiver Unterricht

Wesentlich spezifischer und fokussierter sind Studien, Ansätze sowie Programme rund um die Begriffe Adaptivität, adaptiver Unterricht oder adaptives Lernen *(adaptive instruction, adaptive learning).* Die Begriffsdefinitionen unterscheiden sich jedoch häufig kaum von denen für den individualisierten Unterricht. Lee und Park (2018, S. 470) schreiben im „Handbook of research on educational communications and technology": *„Adaptive instruction embodies all instructional forms that accommodate the needs and abilities of different learners*". Die Forschungsarbeiten zu adaptivem Unterricht oder adaptiven Lernumgebungen beschäftigen sich überwiegend mit digitalen Lernumgebungen oder digitalen Tools, die bestimmte Merkmale (Vorwissen, Interessen, Lernstrategien) einzelner Schülerinnen und Schüler genau erfassen und dann Materialien oder Instruktionen vorschlagen, die möglichst passgenau für diese Schülerinnen und Schüler sind.

Personalisierung

Noch mehr mit Erwartungen aufgeladen sind die Begriffe Personalisierung oder personalisiertes Lernen (*personalization, personalized learning, personalized instruction, personalized education, tailored instruction, customized instruction*). Auch diese Begriffe rund um das Wort „Personalisierung" werden im Zusammenhang mit digitalen Lernumgebungen genannt, stehen aber für einen generellen Trend in der Gesellschaft und im Bildungssystem die einzelne und einzigartige Person in den Mittelpunkt aller Betrachtungen zu rücken und alle Arten von Angeboten (Produkte, Service) auf die individuellen Bedürfnisse hin auszurichten. Digitale Technologien, Daten über Kundenwünsche und im Bildungsbereich Daten von Lernsystemen, die mit künstlicher Intelligenz ausgewertet werden, ermöglichen diese Personalisierung. Für den Bereich der Bildung beispielsweise definieren Tetzlaff et al. (2021, S. 865) personalisierte Erziehung "*as the data-based adjustment of any aspect of instructional practice to relevant characteristics of a specific learner. Relevant learner characteristics are defined as all variables that explain (or are assumed to explain) variance in learning outcomes.*" Die in digitalen Lernumgebungen generierten Daten über Lernende und Lernprozesse sollen genutzt werden, um im weiteren Verlauf der Arbeit mit dem digitalen Lernmaterial sinnvolle Anpassungen durchzuführen. Querverbindungen gibt es zu den Forschungsbereichen *learning analytics* und *educational data mining*.

Die grundlegende Idee hinter diesen vier „Container"-Begriffen kann so zusammengefasst werden: Das Unterrichten großer Gruppen wird als problematisch beschrieben. Die anglo-amerikanische Literatur verwendet häufig die Analogie mit Kleidergrößen. Wenn Lehrkräfte eine Art von Unterricht für die ganze Klasse vorbereiten und durchführen, wird dies als *one-size-fits-all approach* bezeichnet. Eine Kleidergröße für unterschiedlich große Menschen kann doch nicht gutgehen! Um dieses Problem zu lösen, sollen für einzelne Personen oder zumindest Untergruppen maßgeschneiderte Kleider angefertigt und zur Verfügung gestellt werden, um im Bild zu bleiben. Bezogen auf Unterricht beschreiben die hochwertigen und pädagogisch innovativen Begriffe Individualisierung, Differenzierung, personalisierter Unterricht oder adaptiver Unterricht die Überzeugung, dass es gut sein könnte, wenn Lehrkräfte den Unterricht nicht an der Klasse, sondern an den Individuen ausrichten. Aber wie soll das gehen? Und ist es wirklich gut?

7.2.2 Ein Modell der Adaption von Unterricht

Es gibt unzählige Formen, Möglichkeiten und Ideen, um auf heterogene Lernvoraussetzungen in Schulklassen zu reagieren. Es gab Zeiten, in denen der „offene Unterricht" als das Reformkonzept schlechthin galt, mit dem Lehrkräfte und Schulen auf die Leistungsunterschiede reagieren konnten. Der herkömmliche Frontalunterricht wurde durch ein System des selbstständigen Lernens ersetzt. Die Schülerinnen und Schüler wählten selbst wann und wo sie wie viele Aufgaben bearbeiten. Sie orientierten sich dabei an Wochen- oder Monatsplänen, wählten Zeiten und Arbeitsplätze für die Erledigung der Aufgaben selbst aus. Diese Grundidee des offenen Unterrichts prägt heute noch zahlreiche Reformschulkonzepte. In die gleiche Richtung gehen unzählige Online-Lernangebote, wie beispielsweise Online-Kurse oder digitale, adaptive Lernsysteme, die ein komplett individualisiertes Lernen in Fächern wie Fremdsprachen, Mathematik oder Naturwissenschaften ermöglichen sollen. Um Konzepte für die Individualisierung von Unterricht kritisch beurteilen zu können, eignen sich drei grundlegende Fragen (Van Schoors et al., 2021):

1. Aufgrund welcher Information wird die Anpassung durchgeführt (adaptive source)?

Adaptiver Unterricht sollte die Merkmale der Lernenden berücksichtigen, die relevant für den Lernprozess sind. Wenn Mädchen ein Thema anders verstehen und bearbeiten als Jungs, muss der Unterricht den Mädchen ein anderes Lernprogramm bieten als den Jungs. Wenn jedoch das Vorwissen bei einem Thema eine entscheidende Rolle spielt, wie beispielsweise in systematisch aufgebauten Fächern wie Mathematik oder Naturwissenschaften, dann sollte der individualisierte Unterricht genau dieses Vorwissen erfassen und jedem Lernenden, abhängig vom Vorwissensstand, ein bestimmtes Lernszenario anbieten. Um den Unterricht individuell anzupassen, zu differenzieren, zu personalisieren oder wie auch immer man es nennen möchte, benötigen Lehrkräfte zunächst individualdiagnostisches Wissen, welches für die Lernprozesse im Fach relevant ist. Die Fachliteratur nennt dieses Wissen adaptive Quelle (Aleven et al., 2016; Van Schoors et al., 2021).

2. Was wird angepasst (adaptive target)?
Wenn klar ist aufgrund welcher Information die Anpassung erfolgt, muss als nächstes entschieden werden, welche Elemente des Unterrichts angepasst werden. Laut der Literatur zu adaptiven Lernsystemen ist dies das Ziel der Adaption, das *adaptive target* (Van Schoors et al., 2021). Wenn die Lehrkräfte an einer Schule beispielsweise denken, den Sportunterricht nach Geschlecht (*adaptive source*) adaptiv gestalten zu müssen und die Mädchen andere Sportarten trainieren sollen als die Jungs, dann wären die Sportarten das *adaptive target*, das Ziel der Adaption. Ob diese Form der Adaption von Unterricht sinnvoll und zielführend ist, müssten die Lehrkräfte begründen können. Um sich zumindest einer guten Begründung zu nähern, haben Tetzlaff et al. (2021) ein Rahmenmodell entwickelt. Dieser *dynamic framework of personalized education* unterscheidet Möglichkeiten und Effekte der Personalisierung auf drei Ebenen der Unterrichtsplanung. Auf jeder Ebene spielen andere *adaptive sources* und *adaptive targets* eine Rolle:

Adaptionen auf der Makroebene beziehen sich auf Monate oder ganze Schuljahre und orientieren sich an statischen oder nur langsam sich ändernden Merkmalen von Schülerinnen und Schülern. Beispiele für diese Merkmale sind die kognitive Entwicklung, Lernstrategien, kognitive Fähigkeiten oder Sprachkompetenzen. Gemessen werden diese Merkmale (*adaptive sources*) mittels standardisierten Diagnoseverfahren wie beispielsweise Lesekompetenztests, Fremdsprachtests oder Tests zu generellen, kognitiven Fähigkeiten (Intelligenztests). Abhängig von der Ausprägung eines Merkmals (z. B. Sprachniveau) werden die Schülerinnen und Schüler einem bestimmten Kurs, einer Lerneinheit oder einer Lerngruppe zugeteilt (*adaptive targets*).

Adaptionen auf einer Mesoebene finden innerhalb einzelner Unterrichtseinheiten statt und regulieren, wie schnell die Lernenden voranschreiten, welche Teilfertigkeiten noch einmal wiederholt werden müssen oder wie ihre aktuelle Motivation ist. Ein adaptiver Unterricht auf dieser Mesoebene ist nur möglich, wenn die Lehrkraft den Lernzuwachs (ad*aptive sources*) in regelmäßigen Abständen innerhalb einer Unterrichtseinheit mit formativen Assessments erfasst. Den einzelnen Schülerinnen und Schülern werden danach passgenau zu ihrem Kenntnisstand innerhalb der Unterrichtseinheit Übungs-, Wiederholungs- oder anspruchsvollere Transferaufgaben angeboten (*adaptive targets*).

Adaptionen auf der Mikroebene finden innerhalb einzelner Unterrichtsphasen statt und sind Teil der feinkörnigen Interaktionsprozesse zwischen Lehrperson und Lernenden. Zum Beispiel beobachtet die Lehrerin eine Schülerin bei der Bearbeitung von Grammatikaufgaben im Englischunterricht und erkennt, dass diese die falsche Zeitform anwendet, weil sie den Aufgabentext nicht aufmerksam genug gelesen hat (*adaptive source*). Die Lehrerin gibt ihr den Hinweis, noch einmal genau die Aufgabe zu lesen und dann über die verwendete Zeitform nachzudenken (*adaptive target*). Mikroadaptionen finden somit in der täglichen Unterrichtskommunikation ständig und häufig statt. Die Voraussetzung für einen effektiven, adaptiven Unterricht auf dieser Mikroebene ist die aufmerksame Beobachtung des Lernverhaltens in der Klasse und die Fähigkeit der Lehrperson, vom beobachteten Verhalten auf die Denkprozesse und die Emotionen der Lernenden zu schließen.

3. Wer führt die Anpassung durch (adaptive control)?
In einem dritten Schritt müssen wir uns fragen, wer die Anpassung vornimmt (Van Schoors et al., 2021)? Welche Instanz weist aufgrund der adaptiven Quelle ein adaptives Ziel zu? Werden die Schülerinnen und Schüler von einem Lernprogramm automatisch entsprechend ihrer Lernvoraussetzungen oder ihrer Lernfortschritte einem bestimmten Lernweg zugeordnet, spricht man von *program-controlled adaption*. Sind es dagegen die Lehrkräfte, die beispielsweise in einem nicht-digitalen Unterricht den Lernenden je nach Lerngeschwindigkeit unterschiedliche Wochenpläne zuteilen, liegt eine *teacher-controlled adaption* vor. Es gibt allerdings noch eine dritte Variante. Sowohl bei einer nicht-digitalen Form der Individualisierung als auch in adaptiven, digitalen Lernumgebungen können auch die Schülerinnen und Schüler selbst entscheiden, welche Aufgaben sie bearbeiten oder mit welchen Themen sie sich beschäftigen möchten *(student-controlled adaption)*.

Mithilfe dieser drei Fragen können sämtliche digitalen und nicht-digitalen Formen und Beispiele der Differenzierung oder Individualisierung von Unterricht analysiert und beurteilt werden. Nehmen wir einmal an, dass ein Biologielehrer der gesamten Klasse anhand einer Abbildung den doppelten Blutkreislauf erklärt. Anschließend sollen alle Schülerinnen und Schüler denselben Textabschnitt aus dem Biologiebuch lesen und die gleichen Fragen beantworten. Nach gängigen Konzepten wäre dieser Unterricht weder differenziert noch individualisiert. Es handelt sich um den typischen Frontalunterricht, bei dem der Lehrer nicht auf die Lernbedürfnisse der Individuen eingeht. Es wird Schülerinnen oder Schüler geben, die aufgrund fehlender Motivation nicht aufgepasst haben und nur teilweise den Erklärungen folgen konnten. Andere haben zugehört und mitgedacht, jedoch einzelne Fachwörter nicht verstanden und somit die weiteren Erklärungen verpasst. Wiederum andere Kinder hätten gerne den Lehrer etwas gefragt, weil sie das Thema interessant finden und durch Gespräche und Diskussionen begeistert werden können. Nur dem

Lehrer zuzuhören und später einen Text zu lesen, finden sie langweilig, obwohl das Thema an sich spannend ist.

Der Biologielehrer möchte weg von einer Instruktion für alle und hin zu einem differenzierten Unterricht, der an die Lernvoraussetzungen der einzelnen Schülerinnen und Schüler angepasst ist. Er muss zunächst etwas über die Lernvoraussetzungen in Erfahrung bringen (*adaptive sources*). Selbst wenn er sich auf relevante Lernvoraussetzungen beschränkt, hat er es mit einer Vielzahl von Variablen zu tun: Sprachkompetenz, familiäre Situation, kultureller Hintergrund, Geschlecht, Interesse am Fach, fachliches Fähigkeitsselbstkonzept, Intelligenz, kognitive Entwicklungsstufe oder Vorwissen. Diese „Variablen" beschreiben sowohl langfristige Eigenschaften einer Person (Intelligenz, Selbstwert) als auch kurzfristige, tagesaktuelle Zustände (Müdigkeit, aktueller Wissensstand).

In der Literatur gibt es viele, gut gemeinte Ideen, welche *adaptive sources* oder welche Heterogenitätsdimensionen Lehrkräfte unbedingt beachten sollten, um den Unterricht zu individualisieren. Diese Vorschläge sind allerdings häufig weder praktikabel noch begründbar. Wenig praktikabel ist beispielsweise eine Anpassung an das „Interesse" der Lernenden. Interesse ist zwar eine wichtige motivationale Variable und steuert die Aufmerksamkeit im Unterricht wesentlich. Es wäre durchaus kognitionspsychologisch begründbar, nach dem Interesse am Thema Blutkreislauf zu fragen. Doch ist das auch praktikabel? Das Thema ist über den Bildungsplan vorgegeben. Der doppelte Blutkreislauf ist ein zentrales Konzept, ohne dessen Verständnis die Schülerinnen und Schüler die meisten weiteren Themen aus der Humanbiologie nicht oder nicht vollständig verstehen würden. Sie als Lehrperson können es nicht den Schülerinnen und Schülern überlassen, mit welchen Themen sie sich im Unterricht beschäftigen möchten.

Andere Vorschläge aus der didaktischen Ratgeberliteratur sind nicht begründbar, beispielsweise die Orientierung des Unterrichts an Lernstilen. Es wird argumentiert, Lernstile seien überdauernde Persönlichkeitsmerkmale einer Person und wirksamer Unterricht müsse sich diesen anpassen. Das Konzept der Lernstile als lernrelevantes Persönlichkeitsmerkmal ist einer der gängigsten pädagogischen Mythen (Brown, 2023; Newton et al., 2021; Tardif et al., 2015). Bisher konnten keine Lernstile nachgewiesen werden und es gibt auch keine Beweise für die höhere Wirksamkeit eines Unterrichts, der an Lernstile angepasst ist. In unserem Beispiel ließe sich diese Form der Differenzierung zwar leicht umsetzen, würde aber zu einer absurden Situation führen. Der Biologielehrer müsste die Jugendlichen vor dem Unterricht fragen, ob sie ein visueller oder ein auditiver Lerntyp sind. Danach würde er dem visuellen Lerntyp nur das Bild mit dem doppelten Blutkreislauf geben. Dem auditiven Lerntyp würde er den Blutkreislauf ohne Bild erläutern. Dieser nach Lerntypen differenzierte Unterricht wäre garantiert nicht erfolgreich.

Was sind aber jetzt die für den Wissenserwerb relevanten Merkmale von Schülerinnen und Schülern, an denen sich eine Differenzierung oder Individualisierung des Unterrichts orientieren sollte? Die Antwort ist einfach und banal und eventuell auch ein wenig langweilig für alle, die das Lehrbuch von Anfang an gelesen haben: Konzeptuelles Vorwissen, Arbeitsgedächtnisleistung, Intelligenz, Leseflüssigkeit und Leseverständnis. Diese Merkmale bestimmen ganz wesentlich, wie zum Beispiel eine Schülerin den Erklärungen des Biologielehrers folgen kann und wie das konstruierte Wissen am Ende des Unterrichts aussieht.

Diese *adaptive sources* sind wichtig, allerdings schwer messbar. Für Intelligenz, Leseflüssigkeit, Leseverständnis oder die Arbeitsgedächtnisleistung gibt es ausgefeilte psychologische Diagnoseverfahren. Dafür ist kaum Zeit im Unterricht, allenfalls könnte der Lehrer über Beobachtungen abschätzen, welche Schülerinnen und Schüler Schwierigkeiten mit der „kognitiven Verarbeitung" der Erklärungen haben. Die relevanteste Lernvoraussetzung ist das domänenspezifische, konzeptuelle Vorwissen zum Thema. Hierfür gibt es in der Regel keine psychologischen, standardisierten Diagnoseverfahren. Der Biologielehrer im Beispiel könnte aber durch gezielte Fragen das Vorwissen der Klasse erkunden. Auch dies ist mit Zeitaufwand verbunden, wäre aber über ein kleines Quiz mit einem digitalen Tool machbar.

Wenn der Lehrer das konzeptuelle Vorwissen zum Thema doppelter Blutkreislauf erfasst hat, ist der Unterricht aber noch lange nicht differenziert. Es liegt lediglich die Information vor, dass ein Teil der Klasse bereits über Vorkenntnisse verfügt und wenige Lernende elementare Grundbegriffe nicht kennen und wiederum einige wenige bereits die Funktionsweise des doppelten Blutkreislaufs korrekt erklären können (*adaptive source*). Es würde sich lohnen, den folgenden Unterricht entlang dieser Lernvoraussetzungen zu differenzieren oder im Extremfall zu individualisieren. Dies würde bedeuten, jedem Schüler und jeder Schülerin eine eigene, am individuellen Vorwissen orientierte Instruktion zur Verfügung zu stellen (*adaptive target*). Doch was genau an der Instruktion soll wie variiert werden? Der Unterricht besteht aus einer Vielzahl von miteinander verschränkten Elementen auf unterschiedlichen Ebenen. Damit ergeben sich viele Möglichkeiten, was genau im Unterricht an die Lernvoraussetzungen angepasst werden soll:

- Lernen braucht Zeit und Lehr-Lernprozesse sind zeitlich begrenzt. Ein für Lehrkräfte einfaches Element der Differenzierung ist somit das Lerntempo. Der Lehrer könnte den Schülerinnen und Schülern die Zeit, die sie zur Konstruktion des Wissens benötigen, zur Verfügung stellen. Wer für das Lesen des Textes und die Bearbeitung der Fragen länger benötigt, erhält mehr Zeit. Und wie eine einzelne Schülerin dann beispielsweise diese Zeit für sich nutzt, wäre ihr überlassen (*student-controlled adaption*).

- Die Lehrperson könnte aber auch das kognitive Anforderungsniveau der Aufgaben im Unterricht anpassen (*teacher-controlled adaption*). Es könnten auch zwei oder drei verschiedene Erklärvideos mit unterschiedlichen Anforderungen genutzt werden.

Diese beiden Möglichkeiten der Differenzierung nach Lerntempo und Anforderungsniveau lassen sich im Unterricht relativ einfach realisieren. Sie erfordern keine aufwändigen Diagnoseverfahren und vor allem muss man dafür nicht den kompletten Unterricht auf den Kopf stellen. Doch was sagen empirische Studien zu dieser stark reduzierten Version von Individualisierung?

7.2.3 Empirische Befunde zur Differenzierung

Eine sowohl in der Öffentlichkeit als auch in der Forschung intensiv diskutierte Form der Adaption von Unterricht ist die äußere Differenzierung (*ability grouping*). Der Grund hierfür ist die hohe äußere Sichtbarkeit für die Schülerinnen und Schüler und ihre Eltern. Wenn Schülerinnen und Schüler innerhalb einer Schule bestimmten Leistungsgruppen oder Niveaustufen zugeteilt werden, hat dies eine starke Signalwirkung für alle Beteiligten und kann sich auf die Motivation und das Fähigkeitsselbstbild auswirken, sowohl positiv als auch negativ. Aus diesem Grund gibt es viele Studien zu Formen der äußeren Differenzierung aus dem anglo-amerikanischen Bildungssystem. Dort sind die Sekundarschulen traditionell nicht vertikal gegliedert, sodass Lehrkräfte leistungshomogene Gruppen innerhalb der Schule bilden müssen. In einer Metaanalyse fassen Steenbergen-Hu et al. (2016) die lange Forschungstradition zum *ability grouping* zusammen. Sie unterscheiden dabei die gängigsten Untergruppen:

- Beim *between-class ability grouping* werden Schülerinnen und Schüler entsprechend ihrem Leistungsstand innerhalb der Schule unterschiedlichen Klassen zugeordnet. Diese Zuordnung kann jederzeit geändert werden und hat sich in der Forschung als nicht lernwirksam erwiesen.
- Das *within-class ability grouping* ist gekennzeichnet durch die an der Leistung orientierte Zuteilung von Schülerinnen und Schülern zu bestimmten Untergruppen innerhalb eines Faches. Im Vergleich zu einem Unterricht in einer heterogenen, nicht gruppierten Klasse führt es laut der Metaanalyse zu Lernzuwächsen.
- Wenn die Schülerinnen und Schüler aus verschiedenen Jahrgangsstufen mit gleichen Lernvoraussetzungen zeitweise zusammen unterrichtet werden, liegt ein *cross-grade subject grouping* vor. Das Ziel ist es, bestimmte Kompetenzen zu stärken, beispielsweise indem Lernende unterschiedliche Lesetrainings erhalten. Studien zeigen eine hohe Lernwirksamkeit dieser Form der äußeren Differenzierung innerhalb einer Schule.
- Ebenfalls effektiv ist es, wenn spezielle Kurse für besonders begabte oder leistungsstarke Schülerinnen und Schüler angeboten werden (*special grouping for talented students*).
- Eine weitere, lernwirksame Form der äußeren Differenzierung innerhalb einer Schule ist die *acceleration*. Dabei kann beispielsweise ein Schüler, der in allen

Lernbereichen herausragende Leistungen zeigt und besonders motiviert ist, eine oder mehrere Klassen überspringen und den Schulabschluss früher ablegen. Studien zeigen, dass diese Schülerinnen und Schüler nach dem Überspringen von Klassen einen deutlichen Leistungsvorsprung gegenüber Gleichaltrigen haben, die zwar ebenfalls talentiert sind, jedoch nicht die Möglichkeit hatten, eine Klasse zu überspringen.

Die Forschung zeichnet ein recht eindeutiges und auch mit bisherigen Erfahrungen konsistentes Bild. Das *ability grouping* ist insgesamt eine effektive und auch organisatorisch praktikable Form der äußeren Differenzierung innerhalb von Schulen. Lernwirksam ist das *ability grouping* dann, wenn damit bestimmte Kompetenzen gefördert oder bestimmte Wissenslücken geschlossen werden können. Der Vorteil ist zudem, dass die Lehrkräfte an den Schulen weitgehend selbst entscheiden können, wie sie die Schülerinnen und Schüler in leistungshomogene Gruppen einteilen können und welche Art der Organisation des *ability grouping* am besten zur Schule passt. Ebenso sind die Auswirkungen einer Stigmatisierung von leistungsschwachen Schülerinnen und Schülern geringer als bei der äußeren Differenzierung durch ein vertikal gegliedertes Schulsystem, bei dem die Schulart an sich das Leistungsniveau kennzeichnet.

Gehen wir weiter zu Studien, die sich mit Formen der Individualisierung und inneren Differenzierung befassen. Da es viele, mal mehr und mal weniger gut evaluierte Konzepte der inneren Differenzierung und Individualisierung gibt, ist an dieser Stelle ein kompletter Forschungsüberblick nicht möglich. Ich möchte lediglich einen kleinen Einblick in Studien zum offenen Unterricht geben. Dieses Konzept galt jahrzehntelang als der Inbegriff für Individualisierung und als Goldstandard für den Umgang mit Heterogenität in Schulen. Die Ergebnisse sind ernüchternd (Bangert et al., 1983; Giaconia & Hedges, 1982; Hess & Lipowsky, 2017; Lipowsky & Lotz, 2015). In Studien zeigten sich tendenziell negative Effekte von offenem Unterricht auf die Leistungsmotivation, weil vielen leistungsorientierten Schülerinnen und Schülern der soziale Vergleichsmaßstab fehlte. Dafür fanden sich in Studien positive Effekte auf Interesse, Lernfreude und Kreativität aufgrund der Freiräume für eigene Aktivitäten.

Offener Unterricht ist nicht geeignet, um die Schere zwischen leistungsschwachen und leistungsstarken Schülerinnen und Schülern zu verringern. Insbesondere für Lernende mit geringem Vorwissen ist eine strukturierte Lernumgebung besser geeignet. Schülerinnen und Schüler mit hohem Vorwissen lernen hingegen sowohl in offenen als auch in lehrergelenkten Lernumgebungen gut. Das größte Problem beim offenen Unterricht liegt jedoch in der Mikroadaption. Wenn die Schülerinnen und Schüler zu lange mit Aufgaben alleine gelassen werden und die Lehrkraft den Überblick verliert, wer bei welchen Aufgabenstellungen welche Probleme hat, wirkt sich offener Unterricht negativ sowohl auf die Lernmotivation als auch auf die Leistung aus.

Ein weiteres Problem des offenen Unterrichts sind die vielen Freiheitsgrade. Was zunächst pädagogisch innovativ klingt, kann sich schnell ins Gegenteil verkehren. Individualisierung ist dann effektiv, wenn das Niveau des Unterrichts oder konkreter der Schwierigkeitsgrad von Aufgabenstellungen an die Fähigkeiten einzelner Schülerinnen und Schüler optimal angepasst wird. Lern- und motivationspsychologisch sollte der Schwierigkeitsgrad einer Aufgabe leicht über dem Fähigkeitsniveau der Person liegen. Wenn eine Schülerin mit einem geringen Fähigkeitsselbstbild selbst die zu bearbeitenden Aufgaben auswählen darf, ist die Wahrscheinlichkeit hoch, dass sie die allereinfachsten Aufgaben auswählt. Damit wäre sie jedoch möglicherweise unterfordert, da Aufgaben auf einem höheren Niveau für ihre Lernentwicklung besser wären. Eine effektive Individualisierung des Unterrichts gelingt nur dann, wenn das aktuelle Leistungsniveau genau erfasst wird, sei es durch standardisierte Verfahren, formative Assessments oder genaue Beobachtung.

7.2.4 Chancen digitaler Technologien für die Differenzierung

Digitale Lerntechnologien bieten Chancen für eine relativ einfach zu realisierende und dennoch lernwirksame Individualisierung und Differenzierung von Unterricht (Van Schoors et al., 2021). Schulen werden weiterhin so organisiert sein, dass Lehrkräfte große Gruppen von Lernenden unterrichten müssen und dies auch für viele Lernziele die beste Organisationsform ist (Gesprächskompetenz, Diskussion von politischen Themen, soziale Kompetenzen, Lehrperson erklärt oder demonstriert etwas). An vielen Stellen des Unterrichts wird es jedoch nötig sein, nach Leistungsniveau und Kenntnisstand zu differenzieren. Digitale Lerntechnologien sind in diesem Zusammenhang die effizienteste und am Ende auch einfachste Möglichkeit. Es kommt allerdings darauf an, die richtigen Lernsysteme auszuwählen und diese auch sinnvoll einzusetzen (Maier, 2022).

Digitale Lernsysteme ermöglichen eine schnelle und recht gute Erfassung von Lernständen und eine automatisierte Zuweisung von Lernmaterialien auf der Makro-, Meso- und Mikroebene des Unterrichts. Auf Makroebene könnten Lehrkräfte den Schülerinnen und Schülern in Selbstlernzeiten oder als Hausaufgaben beispielsweise verschiedene Übungs- oder Wiederholungskurse anbieten. Auf Mesoebene ermöglichen digitale Lernsysteme das Arbeiten im eigenen Lerntempo, das Wiederholen von Aufgaben oder das erneute Anschauen von Lernvideos. Auf der Mikroebene von einzelnen Aufgabenstellungen sind gute digitale Lernsysteme in der Lage, den Lernenden Hinweise und Hilfestellungen bei einzelnen Aufgabenschritten zu geben. Oder sie verfügen über Funktionen des personalisierten Feedbacks, beispielsweise indem nach einer Aufgabe erläutert wird, was richtig ist und was nicht und warum etwas nicht richtig gemacht wurde.

Doch gibt es auch empirische Belege für dieses „utopisch“ klingende Potenzial von digitalen Lernsystemen? Intelligente tutorielle Systeme sind bereits seit Jahrzehnten auf dem Markt und auch die Forschung hierzu ist umfangreich (Aleven et al., 2016;

Hillmayr et al., 2020; Steenbergen-Hu & Cooper, 2013; Van Schoors et al., 2021). Allerdings waren die bisher entwickelten Technologien sehr speziell, wurden fast ausschließlich in den USA entwickelt und dort zur Marktreife gebracht. Deutschland war bis weit in die 20er Jahre des 21. Jahrhunderts ein „Entwicklungsland“ in Bezug auf die Nutzung digitaler Technologien für die Individualisierung und Differenzierung von Unterricht. Gerick et al. (2017) beispielsweise berichten deskriptive Ergebnisse einer im Rahmen von IGLU 2011 durchgeführten Lehrerbefragung zum Einsatz neuer Technologien im Deutschunterricht in Klasse 4. Der Anteil von Lehrpersonen, die digitale Medien zur Individualisierung und Leistungsdifferenzierung regelmäßig nutzen, liegt in dieser Studie lediglich bei 5%. Bezogen auf den Rechtschreibunterricht geben etwas mehr als 10% der Lehrkräfte an, jeden Tag oder zumindest ein bis zweimal pro Woche die Schülerinnen und Schüler an Computerprogrammen selbstständig arbeiten zu lassen. Die Gründe hierfür sind vielfältig und reichen von der mangelnden Digitalausstattung, über die eingeschränkte Auswahl adaptiver Lern-Apps bis hin zu den häufig berechtigten Vorbehalten vieler Lehrkräfte gegenüber digitalen Medien.

Einen recht guten Überblick zu digitalen, adaptiven Lernsystemen geben Zheng et al. (2022) in einer Metaanalyse. Die Innovationen beim digitalen, personalisierten Lernen werden laut dieser Studie im tertiären Bildungssystem vorangetrieben. Die Effektstärke digitaler, adaptiver Lernsysteme auf die Lernzuwächse ist relativ hoch. Zudem zeigte sich ein kleiner, jedoch signifikanter Effekt digitaler, personalisierter Lerntechnologien auf die Wahrnehmung und Bewertung des Unterrichts durch die Schülerinnen und Schüler. Besonders hoch waren die Effekte, wenn es den Lehrkräften gelang, die digitale Lerntechnologie sinnvoll mit weiteren, nicht digitalen Phasen und Methoden des Unterrichts zu verknüpfen. Es kommt darauf an, ein digitales Lernsystem für die Differenzierung gut in einen lehrergelenkten Unterricht zu integrieren. Vor allem personalisierte „Prompts“ als Feedback waren laut dieser Metaanalyse lernwirksam. Dies passt zu den in den vorangehenden Teilkapiteln dargestellten Befunden. Adaptivität und Personalisierung müssen auf der Mikroebene des Unterrichtens, auf der Ebene einzelner Aufgabenstellungen stattfinden.

Auch im Bereich des Fremdsprachenlernens gibt es mittlerweile eine große Bandbreite an digitalen Lernsystemen, die Lehrkräfte für die Differenzierung und Individualisierung ihres Unterrichts nutzen können. Hao et al. (2021) fassen die Ergebnisse von 45 Studien zum digitalen Vokabelnlernen in einer Metaanalyse zusammen. Es wurden nur Studien einbezogen, bei denen in der Kontrollgruppe ein Englischunterricht ohne digitale Vokabeltools durchgeführt wurde. Auch diese Metaanalyse fand eine hohe, über alle Studien gemittelte Effektstärke digitaler Vokabelprogramme auf den Lernzuwachs. Dabei sind Lernprogramme, die auf mobilen Endgeräten laufen, besonders lernwirksam. Zudem lenken nicht-spielerische Vokabel-Apps die Schülerinnen und Schüler weniger ab. Digitale Lernsysteme bieten zudem viele unterschiedliche und motivierende Aufgabenformate an. Die Metaanalyse zeigt, dass beim Lernen von Vokabeln Programme mit einem produktiven Aufgabenformat, bei dem die Schülerinnen und Schüler die Vokabeln schreiben oder sogar aussprechen müssen, besser sind als Programme mit einem ausschließlich rezeptiven Aufgabenformat, bei dem lediglich auf eine Auswahl von Wörtern geklickt wird.

Als konkretes Beispiel möchte ich in diesem Teilkapitel eine Evaluationsstudie zum *Cognitive Tutor Algebra I (CTAI)* vorstellen. Der CTAI ist ein typisches Beispiel für ein intelligentes tutorielles System, das in den USA entwickelt wurde und bereits Jahrzehnte lang kommerziell und großflächig an Sekundarschulen, mittlerweile unter anderem Namen und im Besitz einer großen Lerntechnologiefirma, im Einsatz ist. Sowohl die Entwicklung dieses digitalen Lernsystems als auch der großflächige Einsatz wurden durch zahlreiche Studien evaluiert. Der CTAI orientiert sich am Prinzip des *mastery learning* und unterteilt Algebra-Themen in Unterrichtseinheiten und diese wiederum in Sektionen (Sales & Pane, 2019). In jeder Sektion sind die zu lernenden Problemlösekomponenten genau definiert. Die Schülerinnen und Schüler bearbeiten mathematische Probleme schrittweise und das Programm entscheidet, ob es Hilfestellung leisten muss. Erst wenn alle einzelnen Teilkomponenten aus Sicht des Programms beherrscht werden, wird beispielsweise eine Schülerin zur nächsten Sektion weitergeleitet. Das Programm oder auch die Lehrkraft selbst können die Schülerinnen und Schüler weiterleiten, falls nicht alle Aufgaben in einer Sektion korrekt bearbeitet wurden. Damit wird verhindert, dass beim Einsatz des tutoriellen Systems im Unterricht die Leistungsdifferenz zwischen Schülerinnen und Schülern mit mehr und weniger Vorwissen noch weiter auseinandergeht. Der CTAI ist somit ein gutes Beispiel dafür, wie Lehrkräfte mit digitalen Lerntechnologien individuell fördern können, dabei aber den Lernfortschritt der gesamten Klasse im Blick behalten.

In einer experimentellen Feldstudie in den USA wurden die Lerneffekte des CTAI großflächig evaluiert (Pane et al., 2014). An der zweijährigen Studie nahmen insgesamt etwa 150 Sekundarschulen teil. Das intelligente tutorielle System wurde in diesen Schulen in den Jahrgangsstufen 8 und 9 über einen Zeitraum von zwei Jahren eingesetzt, um den Mathematiklehrkräften eine digitale Möglichkeit zur Individualisierung ihres traditionellen, lehrergeführten Unterrichts zu bieten. Die beteiligten Lehrkräfte erhielten ein Schulungsangebot, in dem aufgezeigt wurde, wie das System genutzt werden kann, um den eigenen Unterricht sinnvoll zu ergänzen. Die Lehrkräfte sollten verstehen, dass sie mit dem digitalen Lernsystem nicht ihren bisherigen Unterricht komplett ändern oder umstellen müssen. Sie sollten sich genau überlegen, in welchen Phasen des Lernens eine digital organisierte Individualisierung sinnvoll ist. In der Studie gab es zudem eine Kontrollgruppe mit Schulen, in denen keinerlei digitale Lernsysteme im Mathematikunterricht genutzt wurden. Die Effekte des tutoriellen Systems ergaben sich durch einen Vergleich der Lernzuwächse über zwei Schuljahre zwischen Kontroll- und Experimentalgruppe.

Nach einem Schuljahr zeigte sich noch kein signifikanter Unterschied zwischen den beiden Versuchsgruppen. Erst nach Abschluss des zweiten Schuljahres hatten die Schülerinnen und Schüler in Schulen mit dem digitalen Lernsystem einen Leistungsvorsprung. Genauere Analysen haben gezeigt, dass ältere Schülerinnen und Schüler vom digitalen Lernangebot profitieren und die Lernzuwächse besonders hoch sind, wenn den Lehrerinnen und Lehrern eine gute Integration des digitalen Systems in den eigenen Unterricht gelingt.

7.3 Orientierung für einen differenzierten Unterricht

Zoe sitzt nach diesem theorie- und forschungslastigen Begleitseminar zu Hause am Schreibtisch und denkt über die nächsten beiden Schultage nach. Sie muss noch eine Übungsstunde in Mathematik bei der 8b und eine Biologiestunde zum Thema Säugetiere, der Hund in der 5a vorbereiten. Die Ausführungen von Professor Schreiber zum Thema Differenzierung und Individualisierung waren interessant und es ist beeindruckend, was kluge Bildungsforscherinnen und Bildungsforscher so alles über die Lernwirksamkeit verschiedener Formen des adaptiven Unterrichtens herausgefunden haben. Doch hilft ihr das bei ihren beiden nächsten Unterrichtsstunden?

Zunächst einmal versteht Zoe jetzt besser, dass Lehrkräfte immer mit heterogenen Lernvoraussetzungen konfrontiert sein werden und es kein Patentrezept gibt, dieses Problem zu lösen. Es gibt wirksame Formen der äußeren Differenzierung, aber die müssen innerhalb der Schule oder im Schulsystem organisiert und umgesetzt werden. Sie als Lehrerin kann und darf zunächst die Form der äußeren Differenzierung akzeptieren, die an ihrer Schule Realität ist. Aber auch Konzepte der Binnendifferenzierung wie beispielsweise der offene Unterricht sind keineswegs so sinnvoll, wie dies in vielen Seminaren an der Universität oder in didaktischen Foren im Internet behauptet wird. Effizient, einfach durchführbar und lernwirksam ist dagegen ein situationsbezogenes *ability grouping* innerhalb einer Klasse. Und genau diesen Ratschlag hat sie von ihrer Mentorin erhalten. Die empirische Forschung bestätigt wieder einmal das, was erfahrene Lehrkräfte auch ohne Daten und Statistiken erzählen könnten.

Zoe hat jetzt aber auch einen neuen Blick auf digitale Lerntechnologien. Eigentlich sind diese besonders gut geeignet, um innerhalb einzelner Unterrichtseinheiten gut und einfach zu differenzieren. An ihrer Praktikumsschule gibt es natürlich ein Digitalkonzept, alle Klassenzimmer haben Internetanschluss und die Schülerinnen und Schüler ab Klasse 7 erhalten ihr eigenes Tablet. Aber was machen die Kolleginnen und Kollegen damit? Wird die Digitalausstattung an dieser Schule wirklich genutzt, um den Unterricht adaptiver zu gestalten? Welche digitalen, adaptiven Lernsysteme verwenden die Lehrkräfte? Die Schülerinnen und Schüler der 8b üben gelegentlich mit einer Mathe-App und haben einmal eine dynamische Geometriesoftware ausprobiert. Sie nimmt sich vor, diese beiden Lernsysteme etwas genauer unter die

Lupe zu nehmen. Dabei fällt ihr auf, dass die Schülerinnen und Schüler mehr mit diesen Apps spielen und die Lehrerin wenig darüber erfährt, welche Schülerin welche Wissenslücke hat und welchen Lernfortschritt machen konnte. An dieser Schule haben die Lehrkräfte das Potenzial digitaler Lerntechnologien für die individuelle Förderung noch bei weitem nicht ausgeschöpft.

Obwohl die Seminare von Professor Schreiber keine direkte Hilfe für die Unterrichtspraxis sind, verdankt sie ihm doch einen zunehmend kritischen Blick auf die Vorgänge an Schulen. Mit diesem kritischen Blick gewinnt sie Distanz zu überzogenen Erwartungen an Lehrkräfte in puncto Differenzierung und Individualisierung. Gut zu unterrichten ist einfacher als gedacht. Die Schülerinnen und Schüler gut zu beobachten, in Übungsstunden nach zwei oder drei Niveaus zu differenzieren und für Grundfertigkeiten eine digitale, adaptive Lern-App einzuführen – das wäre doch machbar und ist zudem lernwirksam.

Weiterführende Literatur

Maier, U. (2022). Individuelle Förderung mit digitalen Lernmaterialien. Sind adaptive Lernprogramme die Lösung im Umgang mit Heterogenität? Schulmagazin 5-10, 90(7/8), 26–30.

Tetzlaff, L., Schmiedek, F., & Brod, G. (2021). Developing personalized education: A dynamic framework. Educational Psychology Review, 33(3), 863–882. https://doi.org/10.1007/s10648-020-09570-w

Van Schoors, R., Elen, J., Raes, A., & Depaepe, F. (2021). An overview of 25 years of research on digital personalised learning in primary and secondary education: A systematic review of conceptual and methodological trends. British Journal of Educational Technology, 52(5), 1798–1822. https://doi.org/10.1111/bjet.13148

Übungsaufgaben

Die Testfragen zu diesem Beitrag finden Sie unter folgendem Link:
https://www.utb.de/do/10.36198/9783838563084-e07/disclaimer

Aufgabe 1: Was bedeutet „äußere Differenzierung"?

a. Die Anpassung des Unterrichtsthemas an die Interessen der Schüler.
b. Die Gruppierung von Schülern innerhalb einer Klasse basierend auf ihren Leistungen.
c. Die vertikale Gliederung von Schularten nach unterschiedlichen Lernvoraussetzungen.
d. Die Verwendung digitaler Medien zur Individualisierung des Lernens.

Aufgabe 2: Diskutieren Sie, welche Forschungsergebnisse berücksichtigt werden sollten, wenn Lehrkräfte über die Gruppierung ihrer Schülerinnen und Schüler nach Leistungsniveaus entscheiden.

Aufgabe 3: Reflektieren Sie über eine Situation in Ihrem Schulalltag oder Praktikum, in der die Vielfalt der Lernvoraussetzungen in einer Klasse offensichtlich war. Wie wurde damit umgegangen und welche Strategien könnten basierend auf dem gelesenen Kapitel verbessert oder implementiert werden?

Aufgabe 4: Wie kann die Lehrkraft in Zoes Praktikum aus dem Kapitel verschiedene Differenzierungsstrategien nutzen, um allen Schülerinnen und Schülern gerecht zu werden, ohne sich übermäßig zu belasten?

Aufgabe 5: Auf einer Skala von 1 (nicht vorbereitet) bis 5 (sehr gut vorbereitet), wie bewerten Sie Ihre Fähigkeit, mit der Vielfalt in einem Klassenzimmer umzugehen? Begründen Sie Ihre Bewertung basierend auf den im Kapitel diskutierten Konzepten und Strategien.

Literatur

Aleven, V., McLaughlin, E. A., Glenn, R. A., & Koedinger, K. R. (2016). Instruction based on adaptive learning technologies. In R. E. Mayer & P. A. Alexander (Eds.), *Handbook of Research on Learning and Instruction* (0 ed.). Routledge. https://doi.org/10.4324/9781315736419

Bangert, R. L., Kulik, J. A., & Kulik, C.-L. C. (1983). Individualized systems of instruction in secondary schools. *Review of Educational Research, 53*(2), 143. https://doi.org/10.2307/1170382

Brown, S. B. R. E. (2023). The persistence of matching teaching and learning styles: A review of the ubiquity of this neuromyth, predictors of its endorsement, and recommendations to end it. *Frontiers in Education, 8*, 1147498. https://doi.org/10.3389/feduc.2023.1147498

Dumont, H. (2019). Neuer Schlauch für alten Wein? Eine konzeptuelle Betrachtung von individueller Förderung im Unterricht. *Zeitschrift für Erziehungswissenschaft, 22*(2), 249–277. https://doi.org/10.1007/s11618-018-0840-0

Gerick, J., Eickelmann, B., & Bos, W. (2017). Zum Stellenwert neuer Technologien für die individuelle Förderung im Deutschunterricht in der Grundschule. In F. Heinzel & K. Koch (Eds.), *Individualisierung im Grundschulunterricht* (pp. 131–136). Springer Fachmedien Wiesbaden. https://doi.org/10.1007/978-3-658-15565-0_21

Giaconia, R. M., & Hedges, L. V. (1982). Identifying features of effective open education. *Review of Educational Research, 52*(4), 579. https://doi.org/10.2307/1170267

Hess, M., & Lipowsky, F. (2017). Lernen individualisieren und Unterrichtsqualität verbessern. In F. Heinzel & K. Koch (Eds.), *Individualisierung im Grundschulunterricht* (pp. 23–31). Springer Fachmedien Wiesbaden. https://doi.org/10.1007/978-3-658-15565-0_3

Hillmayr, D., Ziernwald, L., Reinhold, F., Hofer, S. I., & Reiss, K. M. (2020). The potential of digital tools to enhance mathematics and science learning in secondary schools: A context-specific meta-analysis. *Computers & Education, 153*, 103897. https://doi.org/10.1016/j.compedu.2020.103897

Lee, J., & Park, O.-C. (2018). Adaptive instructional systems. In D. Jonassen, J. M. Spector, M. Driscoll, D. Merrill, & J. van Merrienboer (Eds.), *Handbook of research on educational communications and technology* (pp. 651–684). Routledge.

Lipowsky, F., & Lotz, M. (2015). Ist Individualisierung der Königsweg zum erfolgreichen Lernen? Eine Auseinandersetzung mit Theorien, Konzepten und empirischen Befunden. In G. Mehlhorn, K. Schöppe, & F. Schulz (Eds.), *Begabungen entwickeln & Kreativität fördern* (pp. 155–219). kopaed.

Maier, U. (2022). Individuelle Förderung mit digitalen Lernmaterialien. Sind adaptive Lernprogramme die Lösung im Umgang mit Heterogenität? *Schulmagazin 5-10, 90*(7/8), 26–30.

Newton, P. M., Najabat-Lattif, H. F., Santiago, G., & Salvi, A. (2021). The learning styles neuromyth is still thriving in medical education. *Frontiers in Human Neuroscience, 15*, 708540. https://doi.org/10.3389/fnhum.2021.708540

Pane, J. F., Griffin, B. A., McCaffrey, D. F., & Karam, R. (2014). Effectiveness of Cognitive Tutor Algebra I at scale. *Educational Evaluation and Policy Analysis, 36*(2), 127–144. https://doi.org/10.3102/0162373713507480

Sales, A. C., & Pane, J. F. (2019). The role of mastery learning in an intelligent tutoring system: Principal stratification on a latent variable. *The Annals of Applied Statistics, 13*(1). https://doi.org/10.1214/18-AOAS1196

Steenbergen-Hu, S., & Cooper, H. (2013). A meta-analysis of the effectiveness of intelligent tutoring systems on K–12 students' mathematical learning. *Journal of Educational Psychology, 105*(4), 970–987. https://doi.org/10.1037/a0032447

Steenbergen-Hu, S., Makel, M. C., & Olszewski-Kubilius, P. (2016). What one hundred years of research says about the effects of ability grouping and acceleration on K–12 students' academic achievement: Findings of two second-order meta-analyses. *Review of Educational Research, 86*(4), 849–899.

Tardif, E., Doudin, P., & Meylan, N. (2015). Neuromyths among teachers and student teachers. *Mind, Brain, and Education, 9*(1), 50–59. https://doi.org/10.1111/mbe.12070

Tetzlaff, L., Schmiedek, F., & Brod, G. (2021). Developing personalized education: A dynamic framework. *Educational Psychology Review, 33*(3), 863–882. https://doi.org/10.1007/s10648-020-09570-w

Van Schoors, R., Elen, J., Raes, A., & Depaepe, F. (2021). An overview of 25 years of research on digital personalised learning in primary and secondary education: A systematic review of conceptual and methodological trends. *British Journal of Educational Technology, 52*(5), 1798–1822. https://doi.org/10.1111/bjet.13148

Wischer, B., & Trautmann, M. (2014). *„Individuelle Förderung" als bildungspolitische Reformvorgabe und wissenschaftliche Herausforderung.* https://doi.org/10.25656/01:25849

Zheng, L., Long, M., Zhong, L., & Gyasi, J. F. (2022). The effectiveness of technology-facilitated personalized learning on learning achievements and learning perceptions: A meta-analysis. *Education and Information Technologies, 27*(8), 11807–11830. https://doi.org/10.1007/s10639-022-11092-7

8 Medien richtig dosiert einsetzen

Das Video zu diesem Beitrag finden Sie unter folgendem Link:
https://www.utb.de/do/10.36198/9783838563084-m09

Ziele und Überblick: Unterricht ist ohne Medien nicht möglich. Sprache, Bilder, Zeichnungen oder Gegenstände transportieren Informationen, die Kinder und Jugendliche zum Lernen benötigen. Lehrkräfte müssen deshalb für jede einzelne Unterrichtsstunde entscheiden, welche Medien sie auf welche Weise einsetzen. Das Überangebot an digitalen Medien für alle Unterrichtsfächer ist eine Verlockung, die Unterricht häufig verschlechtert. Um diese Problematik besser zu verstehen, werden folgende Themen beleuchtet:

- Das Kapitel kritisiert die einseitige Fokussierung der öffentlichen Debatte auf digitale Geräte für den Unterricht und hinterfragt den Mythos des „Lernens mit allen Sinnen“.
- Der *cone of experience* ist eine einfache Systematik, um Medien nach Abstraktheit zu ordnen.
- Für die kritische Analyse von (digitalen) Medien werden Begriffe wie sensorische Modalität, Repräsentationsmodus oder Präsentationsmedium eingeführt.
- Theorien des multimedialen Lernens zeigen, dass ein Zuviel an Medien kontraproduktiv ist.

Das Kapitel bietet Lehrkräften eine Orientierung für den kritisch-konstruktiven Umgang mit (digitalen) Medien und zeigt theoriegeleitet auf, nach welchen einfachen Prinzipien Medien ausgewählt oder gestaltet werden können.

8.1 Die Gefahr der Reizüberflutung durch Medien

Lorenz ist zwar kein Nerd, hat allerdings eine hohe Affinität zu digitalen Medien. Er ist in sozialen Netzwerken unterwegs, schaut sich gerne Serien und Kurzvideos auf dem Tablet an, kennt sich mit den neuesten Smartphones aus und zahlt bargeldlos. Als Lehrer möchte er die digitalen Medien sinnvoll in den Unterricht integrieren. Aus diesem Grund hat er das Zusatzfach Informatik gewählt und in seinem Hauptfach Englisch sieht er ohnehin ein großes Potenzial für den Einsatz von Lern-Apps. Er selbst hat mit der kostenfreien Version eines digitalen Lernsystems Spanisch gelernt und Vokabellernprogramme kennt er aus seiner eigenen Schulzeit. Ebenso sind das Internet und soziale Netzwerke eine Goldgrube an Kommunikationsmöglichkeiten. Sowohl Serien als auch all die lustigen Kurzvideos hört sich Lorenz auf Englisch an, was seine Hörverstehen enorm erweitert hat. All das möchte er einmal in seinen Englischunterricht einbauen.
Die Praktikumserfahrungen führten bei Lorenz allerdings zu einer gewissen Ernüchterung. Die Schule hatte, dank der immensen Förderprogramme des Staates, eine stabile Internetverbindung und die Schülerinnen und Schüler sind ab Klasse 5 mit einem eigenen Tablet ausgestattet. Die Kreidetafeln in den Klassenzimmern wurden schon seit längerer Zeit durch Smartboards, Beamer und Dokumentenkameras ersetzt. Die Schule ist im digitalen Zeitalter angekommen. Allerdings, so sein Eindruck, machte die neue Technik allen Beteiligten mehr Kummer als Freude. Die Lehrkräfte waren an allen Ecken und Enden mit Fortbildungen zur Digitalkompetenz, mit Strategiepapieren zum digitalen Unterrichten oder mit den vielen kleinen, technischen Pannen beschäftigt. Die Schulleitung musste den drei Lehrern, die sich um die Technik im Hintergrund kümmern, das Unterrichtsdeputat reduzieren. Die Eltern, so der Tenor bei einem Elternabend, bei dem Lorenz hospitieren durfte, verzweifeln häufig an den vielen unterschiedlichen Systemen, Passwörtern, Datenschutzerklärungen und digital versendeten Nachrichten. In den eigens eingerichteten Klassenchats finden jeden Nachmittag unstrukturierte Diskussionen über die zu erledigenden Hausaufgaben statt. Die Kinder nutzen die Tablets zuhause mehr zum Spielen als zum Lernen. Viele Eltern beklagen das hohe Ablenkungspotenzial der digitalen Geräte.
Lorenz belegt in diesem Semester ein Seminar von Professor Magnus Schreiber zum Thema „Digitales Lernen und künstliche Intelligenz in der Schule". Er erhofft sich davon gute Impulse, wie digitale Medien wirklich zielführend, lernwirksam und einfach im Unterricht eingesetzt werden können. Aber zunächst einmal geht es dem Professor um die bisherigen Erfahrungen der Studierenden und Lorenz lässt sich nicht zweimal bitten, von seiner Praktikumsschule zu berichten. Wie könnte es auch anders sein, Professor Schreiber freut sich über diese Steilvorlage und beginnt mit einem Vortrag, der erst beendet ist, als die ersten Studierenden unruhig auf den Stühlen hin- und herrutschen, um das Ende der Seminarsitzung anzudeuten.

Die oberflächliche Perspektive auf Geräte und Technik

Die Bildungspolitik, so Professor Magnus Schreiber, fordert von Schulen und Lehrkräften bereits seit Jahrzehnten in regelmäßigem Abstand den Einsatz von neuen Medien, digitalen Medien oder künstlicher Intelligenz. Bei den meisten Förderprogrammen stehen jedoch die digitalen Endgeräte oder die digitale Infrastruktur im Mittelpunkt. Wenn überhaupt, dann wird erst in einem zweiten Schritt gefragt, was die Lehrkräfte mit diesen Geräten im Unterricht eigentlich machen sollen. Welche Lerninhalte sollen damit über welche Medien verfügbar sein? Einem didaktischen Laien fällt es leicht, sich ein Klassenzimmer mit Whiteboard, Beamer und Tablets oder Computer, an denen fleißig arbeitende Kinder sitzen, vorzustellen. Was aber auf der Ebene der Lernprozesse tatsächlich passiert, wenn Lernende mit diesen Geräten interagieren, kann sich ein didaktischer Laie nicht so recht vorstellen. Der oberflächliche Blick in ein mit digitalen Endgeräten ausgestattetes Klassenzimmer kann täuschend sein.

Wir können dieses Problem auflösen, indem wir zwischen Geräten und Lernmedium unterscheiden. Um den Schülerinnen und Schülern den Zusammenhang zwischen einer quadratischen Funktionsgleichung und der Parabel als Graph der Funktion verdeutlichen zu können, benötigt die Mathematiklehrerin eine Visualisierung der Parabel und der Funktionsgleichung. Als weiteres Medium benötigt sie die Sprache in mündlicher Form, um die Zusammenhänge erläutern zu können. Die Medien in dieser Unterrichtsphase sind somit Bilder, symbolische Darstellungen und mündliche Sprache. Die Qualität des Unterrichts hängt davon ab, ob es der Lehrerin gelingt, den Zusammenhang zwischen der Funktionsgleichung und dem Graphen möglichst anschaulich zu erläutern. Dabei wird sie eventuell einzelne Funktionswerte berechnen und den Graphen somit nach und nach entstehen lassen. Die Lehrerin wird dabei im Idealfall auch ihre Körpersprache (Handbewegungen, Zeigen mit dem Finger) als Medium einsetzen. Für die Schülerinnen und Schüler ist es wichtig, die mit diesen Medien transportierten Informationen mit den Sinnen wahrnehmen zu können. Sie sollten die bildlichen Medien gut sehen können und sie sollten die Stimme der Lehrerin gut hören können.

Die Träger dieser Medien sind nicht unwichtig, aber zweitrangig. Geräte müssen den Medien dienen. Ist es wirklich besser, wenn der Funktionsgraph der quadratischen Gleichung in einem Computerprogramm entsteht und das Bild über einen Beamer an die Wand geworfen wird? Oder reicht eine Tafel mit Kreide aus? Ist es wirklich besser, wenn die Erklärung der Lehrerin in Form eines Videos vorliegt, das die Schülerinnen und Schüler beispielsweise auch nachmittags noch einmal ansehen können? Oder ist es vorteilhafter, wenn die Lehrerin in Präsenz vor der Klasse steht und bei ihrer Erklärung direkt mit der Gruppe interagieren kann? Diese Fragen können nur beantwortet werden, wenn Sie sich als Lehrperson gut überlegen, welchen Sinn und Zweck ein Medium in Ihrem Unterricht erfüllen sollte. Erst dann können Lehrpersonen mit großer Sicherheit sagen, welches Arrangement an digitalen Endgeräten zum Unterricht passt oder nicht passt.

Lernen mit allen Sinnen?
Auch im Bereich des Medieneinsatzes gibt es didaktische Mythen, die in allen Lehrergenerationen auf fruchtbaren Boden fallen. Ein Beispiel hierfür ist das Lernen mit allen Sinnen. Ein Mythos ist eine Erzählung, die ein Urbedürfnis anspricht und plausibel klingt, aber einer wissenschaftlichen Überprüfung nicht standhält. Nach dieser Erzählung würden Schülerinnen und Schüler dann besonders viel lernen, wenn im Unterricht möglichst alle Sinne angesprochen werden. Die menschlichen Sinne sind das Sehen, das Hören, das Riechen und Schmecken, das Fühlen mit den Händen, das Wahrnehmen von Berührungen und Kälte-Wärme-Reizen. Der Unterricht sei dann gut, dem Mythos nach, wenn es der Lehrperson gelingt, einen Unterrichtsgegenstand mit möglichst vielen dieser Sinneswahrnehmungen erfahrbar zu machen. Um möglichst viele Sinne ansprechen zu können, benötigen Lehrkräfte für eine Unterrichtsstunde jedoch unterschiedliche Medien. Die Schülerinnen und Schüler sehen Bilder, können Gegenstände ertasten, hören eine Audioaufnahme oder eine Musik zum Thema. Diese Denkweise führt in den ersten beiden Phasen der Lehramtsausbildung häufig zu Schaustunden mit einem Feuerwerk an (digitalen) Medien.
Der Mythos vom Lernen mit allen Sinnen hat eine lange Tradition und ist eine Art Gegenreaktion zu einem Unterricht, der von einem einseitigen und damit auch nicht gut zum Lernprozess passenden Medieneinsatz geprägt ist. Bereits in der Reformpädagogik, Anfang des 20. Jahrhunderts, wurde das damalige Schulsystem als Buchschule kritisiert, weil die Kinder angeblich viele unverständliche Texte lesen und auswendig lernen mussten. Pädagogische Vordenker der damaligen Zeit forderten deshalb eine an den individuellen Bedürfnissen von Kindern orientierte Didaktik. Die Lehrkräfte sollten beispielsweise mit den Schülerinnen und Schülern das Klassenzimmer verlassen, in der Natur lernen, werken und arbeiten. Diese reformpädagogische Kritik an der geringen Sinnlichkeit von Lernen trifft auch heute noch auf viele Unterrichtsstunden zu. In vielen Klassenzimmern dominieren die abstrakten Symbolsysteme wie Sprache oder mathematische Zeichensysteme. Konkrete Veranschaulichungen über Modelle, Bilder oder Simulationen sind selten. Doch wo liegt das genaue Maß?
Der Mythos vom Lernen mit allen Sinnen wird an vielen Stellen mit dem *cone of experience* pseudowissenschaftlich begründet (Abbildung 13). Dale (1946) hat in einem Buch über audio-visuelle Unterrichtsmethoden den *cone of experience* eingeführt, um verschiedene Darstellungsformate von mathematischen Operationen und die dazu passenden Medien zu beschreiben. Die Systematik lässt sich allerdings gut auf Medien in allen Unterrichtsfächern anwenden. Ganz unten an der Basis des Kegels befinden sich die enaktiven Medien. Beispiele hierfür sind Rollenspiele zu mathematischen Operationen, selbst durchgeführte, physikalische Experimente,

ein Standbild im Religionsunterricht oder die Vorführung einer bestimmten Maltechnik im Kunstunterricht. In der Mitte des Kegels sind die ikonischen Medien angeordnet, zum Beispiel Bilder, Filme oder Gegenstände in einer Ausstellung, die lediglich betrachtet werden können. An der Spitze des Kegels befinden sich die abstrakten Medien mit visuellen (Piktogramme, Verkehrszeichen, Emojis) oder abstrakten Symbolen (Wörter, mathematische Symbole, Programmiercodes).

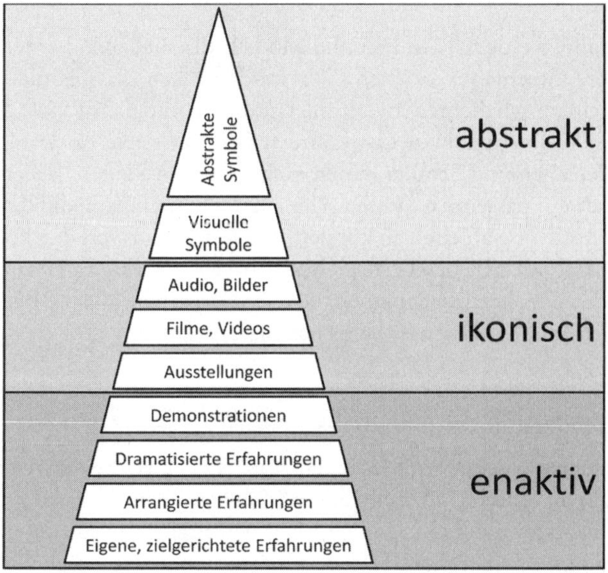

Abb. 13: Der *cone of experience* (Eigene Darstellung unter Verwendung von Dale, 1946)

Dieser Kegel der Sinneserfahrungen ist durchaus hilfreich, um Medien bezüglich des Abstraktionsniveaus zu sortieren. Je weiter oben ein Medium im Kegel angeordnet ist, desto weniger Sinneserfahrungen sind damit möglich und desto abstrakter und symbolhafter sind die mit dem Medium transportierten Informationen. Die ursprüngliche Intention von Dale war, dass Lehrkräfte das Abstraktionsniveau ihrer Medien beurteilen können und auf eine geschickte Kombination von enaktiven, ikonischen und symbolischen Darstellungsformaten achten. Kinder lernen mathematische Operationen beispielsweise erst durch eigenes Handeln in Rollenspielen (enaktiv). Im nächsten Schritt werden Operationen wie Addition oder Subtraktion bildlich dargestellt (ikonisch). Abschließend erfolgt die Darstellung der Operationen durch mathematische Zeichen (symbolisch).

Der *cone of experience* wurde allerdings im Laufe der Zeit missverständlich interpretiert. Problematisch ist die wissenschaftlich nicht begründbare Aussage, die

Lernwirksamkeit von Medien nehme ab, je mehr die Abstraktion des Mediums zunimmt. Menschen würden 90% von dem behalten, was sie tun, sagen und selbst ausprobieren und nur 10% von dem, was sie lediglich lesen. Aber kann man wirklich von einem vielfältigen und sinnlichen Medieneinsatz auf guten Unterricht und effektives Lernen schließen? Müssen Texte aus dem Unterricht verbannt werden, weil davon nur 10% im Langzeitgedächtnis hängen bleibt? Wie lernen Kinder lesen, schreiben oder rechnen, wenn sie sich nicht mit abstrakten Medien beschäftigen müssen?

In diesem Kapitel werde ich Studien und Modelle des medialen Lernens vorstellen, die eine andere Geschichte erzählen. Wir werden sehen, dass es nicht darauf ankommt, mit einem Medienfeuerwerk im Unterricht möglichst viele Sinneskanäle anzusprechen. Vielmehr sollten Lehrkräfte auf die geeignete Auswahl der Medien achten. Schülerinnen und Schüler lernen nicht mit allen Sinnen, sie lernen mit den zum Lerninhalt gut passenden Sinnen. Um einfach umsetzbare, didaktische Regeln für die Mediennutzung ableiten zu können, müssen wir uns mit den kognitionspsychologischen Grundlagen des Lernens beschäftigen. Lehrkräfte können nur dann einen passenden Medieneinsatz planen, wenn sie verstehen, welche Bedeutung Sinnesreize im Prozess des Wissenserwerbs haben.

8.2 Hintergrundwissen zum Lernen mit Medien

Es mangelt nicht gerade an Publikationen zum Thema Medien im Unterricht und schon gar nicht an Studien, Meinungen und Büchern zum Thema digitale Medien. In diesem Teilkapitel möchte ich mich nicht verbiegen und so tun, als würde ich dieses Forschungsfeld überblicken oder verstehen. Ich werde lediglich über Studien und Theorien berichten, die mir bekannt sind und die ich angehenden Lehrkräfte empfehlen möchte, um den Einsatz von Medien im Unterricht kritisch reflektieren und gut planen zu können. Lehrkräfte müssen in der Lage sein, für ganz bestimmte Lerninhalte und Lernziele die richtige Auswahl an Medien zu treffen und im Unterricht diese so einzusetzen, dass die Abläufe nicht kompliziert werden. Hierfür ist es zunächst einmal wichtig, den Begriff Medien genauer zu definieren. Anschließend möchte ich fragen, welche Rolle Medien im Prozess des menschlichen Lernens spielen. Um die Auswahl von Medien gut begründen zu können, ist für mich die kognitive Theorie des multimedialen Lernens unverzichtbar, weil sie in konkrete Prinzipien zur Gestaltung und Bewertung von Medien mündet.

8.2.1 Begriffsbestimmungen

Wer im Zusammenhang mit Schule und Unterricht über Medien reden oder schreiben möchte, sollte verschiedene Verwendungen dieses Begriffs gut auseinanderhalten können. Als Medien werden im alltäglichen Sprachgebrauch Schulbücher, Tablets, Computer, Kreidetafeln, Bilder, Grafiken, Erklärvideos, Monitore,

Fernsehsender, Serien, Smartphones, Lernplattformen oder Computerspiele bezeichnet. Der Begriff gehört damit zu den in der Pädagogik häufig anzutreffenden Omnibusbegriffen, mit denen vieles, aber am Ende doch nichts bezeichnet wird. Um die Dinge besser auseinanderhalten zu können, werden in der wissenschaftlichen Literatur drei Perspektiven auf analoge oder digitale Medien unterschieden (Steiner, 2001; Klauer & Leutner, 2007; Opfermann et al., 2020):

(1) **Sensorische Modalität**: Menschen nehmen die äußere Umwelt und damit auch all das, was sie in der Schule erfahren, über die Sinneskanäle wahr. Wir sehen, hören, riechen, schmecken, tasten, fühlen Kälte oder Wärme. Die Informationen aus einem Lernvideo nehmen wir mit unseren Augen und Ohren wahr. Spielt die Schülerin auf der Gitarre einen Akkord, nimmt sie diesen sowohl visuell, akustisch als auch haptisch wahr. Sie sieht das Griffbild des Gitarrenakkords im Lehrbuch, hört den Zusammenklang der Töne und spürt die Positionen der Finger auf den Saiten. Die von den Sinnesorganen wahr genommenen Reize werden im Gehirn in sensorischen Modulen für wenige Sekunden bis Minuten zwischengespeichert und stehen für die Verarbeitung im Kurzzeitgedächtnis zur Verfügung.

(2) **Repräsentationsmodus**: Es ist wichtig, die Sinneswahrnehmungen von den in einem Lernmedium repräsentierten Informationen zu unterscheiden. Sowohl Texte als auch Bilder erzeugen visuelle Sinneswahrnehmungen. Es handelt sich aber um unterschiedliche Modi der Repräsentation von Wissen. In vielen Medien werden verschiedene Repräsentationsmodi kombiniert. In einem Erklärvideo beispielsweise werden die Informationen in Form von Ton, Musik, bewegten Bildern und geschriebener Sprache repräsentiert. Ein Erklärvideo erzeugt dabei visuelle und akustische Sinnesreize. Ein Buch stellt Informationen in Form von geschriebener Sprache, Grafiken oder Bildern zur Verfügung und erzeugt lediglich visuelle Sinnesreize. Diese Unterscheidung zwischen Repräsentationsmodus und Sinneswahrnehmung ist wichtig, weil in einem Medium unterschiedliche Repräsentationsmodi auf einen Sinneskanal treffen können und diesen eventuell überlasten. Beispielsweise muss das visuelle System im sensorischen Gedächtnis sowohl die bewegten Bilder als auch den geschriebenen Text in einem Lernvideo verarbeiten. Die Repräsentationsmodi von Medien können zudem von abstrakt (Sprache, mathematische Symbole) bis konkret (Modelle, Gegenstände, Handlungen) auf einem Kontinuum angeordnet werden. Hierfür ist der Dale'sche *cône of experience* ein nützliches Modell (Abbildung 13).

(3) **Präsentationsmedium**: Die im Medium repräsentierten Informationen (geschriebene Wörter, Bilder, Audioaufnahme, mathematische Symbole) erreichen unsere Sinnesorgane nur dann, wenn es ein materielles Trägermedium gibt, das entsprechende Signale aussenden kann. Schallwellen oder Lichtsignale müssen von einem Gegenstand ausgehen oder von einem technischen Gerät erzeugt wer-

den. Ein Bild (Repräsentationsmodus) kann dabei mit vielen unterschiedlichen Techniken präsentiert werden (Papier, PC-Monitor, Tablet, Buch, Whiteboard). Ein Erklärvideo kann am PC, mit einem Smartphone oder über einen Beamer abgespielt werden. Auch die Stimme und der Körper der Lehrkraft sind selbstverständlich Präsentationsmedien, vielleicht die wichtigsten im Unterricht.

Erst bei der Klassifikation von Präsentationsmedien macht die Unterscheidung zwischen digitalen und analogen Medien Sinn. Alle von einem Computerprozessor abhängigen Präsentationstechniken können als digital bezeichnet werden: Bildschirme und Audioausgabemöglichkeiten von Computern, Tablets, Smartphones, Beamer oder Whiteboards. Alles andere wären danach die „analogen" Medien, wie beispielsweise eine Tafel mit Kreide, das Schulbuch im Papierformat, die Körpersprache der Lehrperson, Modelle oder Gegenstände.

Mithilfe dieser drei Perspektiven können wir bereits viele Ratschläge und Debatten rund um den Einsatz von (digitalen) Medien im Unterricht kritisch beleuchten. Die bildungspolitischen Forderungen nach einem modernen Unterricht und mehr digitalen Medien zielen auf die Technik und die Geräte. Die Frage, ob ein digitaler Tafelanschrieb am Whiteboard oder ein Kreidetafelanschrieb zu besseren Lernergebnissen führt, wird nicht gestellt. Wir sollten deshalb auf der Ebene des Repräsentationsmodus fragen, was die Vorteile einer digitalen Tafel sein sollen. Werden die für die Lernprozesse relevanten Informationen wirklich besser repräsentiert? Und daran anschließend wäre zu fragen, wie die digital repräsentierten Informationen vom sensorischen System des Gehirns verarbeitet werden können. Mehr dazu erfahren Sie in den nächsten Abschnitten.

Weitere Aspekte zur genaueren Beschreibung von Medien sind die Begriffe „Multimodalität" und „Interaktivität". Diese Begriffe werden häufig genutzt, um die Überlegenheit von digitalen gegenüber analogen Medien zu begründen. Doch so einfach ist es nicht. Was bedeuten Multimodalität und Interaktivität?

Multimedialität: Ein Präsentationsmedium bietet verschiedene Repräsentationsmodi an und erzeugt damit gleichzeitig unterschiedliche Sinnesreize. Ein Lernvideo ist multimedial, weil es bewegte Bilder, Text und mündliche Sprache umfasst.

Interaktivität: Die Lernenden können mit dem Präsentationsmedium interagieren. Die Schülerinnen und Schüler können das Lernvideo anhalten, ein Bild auf dem PC vergrößern, eine Audiodatei noch einmal abspielen oder einen Antworttext eingeben.

Beide Qualitätsmerkmale treffen auch auf analoge Medien zu. Die Lehrkraft kann mit einer Tafel ebenso multimedial und interaktiv umgehen, beispielsweise Wörter schreiben und dazu Bilder mit Magneten aufhängen, Kärtchen an der Tafel sortieren und verschieben oder mit Lernenden gemeinsam einen Tafelanschrieb anfertigen.

Letztendlich müssen wir auch noch das einzelne Lernmedium (Buch, Video, Grafik, Text) von Mediensammlungen oder digitalen Unterrichtstechnologien abgrenzen. Ein einzelnes Medium ist die symbolische Repräsentation von Wissen in Form eines Textes, einer mündlichen Erklärung oder einer Grafik. Diese einzelnen Medien können Teil einer Sammlung sein. Opfermann et al. (2020) sprechen in diesem Zusammenhang von Informationsmedien und meinen damit beispielsweise Schulbücher, das Internet oder Lernmanagementsysteme. Letztendlich gehören auch generative KI-Systeme wie ChatGPT zu den Informationsmedien.

Ein Mehrwert der digitalen Entwicklungen für Unterricht und Schule liegt im Bereich der adaptiven, digitalen Lernsysteme. Diese digitalen Unterrichtstechnologien (*educational technologies*) oder Lehrmedien (Opfermann et al., 2020) sollten wir allerdings klar von einzelnen Medien oder Mediensammlungen abgrenzen. Digitale Unterrichtstechnologien sind komplexe, digitale Systeme, die nicht nur Medien enthalten, sondern den Lernprozess der Schülerinnen und Schüler teilweise oder ganz steuern. Beispiele hierfür sind Lernspiele, Lern-Apps, Lernmanagementsysteme, intelligente tutorielle Systeme oder Online-Kurse (Gao et al., 2020). Ein relevantes Einsatzfeld dieser adaptiven digitalen Lernsysteme ist die Differenzierung von Unterricht (Kapitel 7.2.4) sowie das Üben von Grundfertigkeiten (Kapitel 5).

8.2.2 Medien, Denken und Lernen

Medien sind nicht nur ein Anhängsel von Unterricht oder etwas, womit Lehrkräfte versuchen, die Schülerinnen und Schüler zu motivieren. Ohne Medien wäre Unterrichten nicht möglich und ohne Medien könnten Menschen nicht lernen, nicht kommunizieren und nicht einmal denken. Unsere Gedanken haben über weite Teile die Form von mündlicher Sprache. Wir denken aber auch in Bildern und Symbolen. Symbolische Repräsentationen wie Sprache, Bilder oder Zeichensysteme sind die Grundlage für unser Wissen, Denken und Bewusstsein. Damit ist auch die Art der symbolischen Repräsentation von Wissen, das Schülerinnen und Schüler lernen sollten, entscheidend für dessen langfristige Speicherung (Goswami, 2020; Sridhar et al., 2023; Steiner, 2001). Dies gilt insbesondere auch für unser Wissen über Emotionen, Gerüche, Temperaturempfindungen oder haptische Wahrnehmungen. Wir können diese Sinneserfahrungen nur dann langfristig abspeichern und auf sie zugreifen, wenn wir ihnen Symbole (in der Regel Worte, Begriffe) zuordnen können.

In diesem Zusammenhang ist es wichtig, zu klären, was „Symbole" sind. Symbole erfassen den Kern von komplexen und vielfältigen realen Ereignissen oder komplexen wissenschaftlichen Zusammenhängen. Sie verdichten und abstrahieren etwas Größeres, Umfassenderes. Beispielsweise verdichtet die Zeichnung eines Atommodells eine komplexe Theorie. Der Begriff „Angst" abstrahiert ein komplexes, emotionales Geschehen im Körper und in den Gedanken. Zahlen stehen für Mengen von Gegenständen und Wörter für Sinnzusammenhänge und Bedeutungen. Symbole reduzieren etwas Komplexes auf einfache, abstrakte Zeichen. Durch diese radikale

Reduktion von Komplexität auf einfache Symbole sind wir Menschen überhaupt erst in der Lage zu denken und miteinander zu kommunizieren.
Wissen kann dabei auf unterschiedliche Art und Weise symbolisch repräsentiert sein. Die entwicklungspsychologische Urform des Symbols ist das Zeigen auf einen Gegenstand. In der Schule spielen die für unser kulturelles Wissen relevanten Symbole eine wichtige Rolle: Wörter, Sätze, Zahlen, Formeln, Bilder, Zeichnungen oder Modelle. Aber auch Kunstwerke wie Skulpturen oder Theaterstücke können Themen wie Freundschaft oder Ungerechtigkeit repräsentieren. Formeln oder Zeichnungen sind verdichtete Repräsentationen für komplexe mathematische Konzepte. Das wichtigste Symbolsystem für unser Denken ist die Sprache. Wir denken aber auch bildhaft (räumliche Vorstellung) und akustisch (Melodien und Töne vorstellen). Das Denken wird dann tief und produktiv, wenn wir über viele symbolische Repräsentationen zu einem Wissensgebiet verfügen und diese im Denkprozess miteinander kombinieren können.
Sowohl die Speicherung (*encoding*) als auch der Abruf von Wissen (*retrieval*) läuft über symbolische Repräsentationsmodi. Dabei können unterschiedliche Sinneswahrnehmungen zu einer Erfahrung miteinander verknüpft und abgespeichert werden. Im Neokortex lassen sich bestimmte Areale (sensorische Register) lokalisieren, die an der Speicherung von Wissen beteiligt sind. Das Wissen über eine Dur-Tonleiter beispielsweise besteht aus Vernetzungen zwischen den Klangbeispielen im auditiven Speicher, der symbolischen Darstellung der Tonleiter im visuellen Speicher, dem Wort Dur-Tonleiter und der damit verknüpften Bedeutung im semantischen Speicher sowie weiteren haptischen Erfahrungen beim Spielen einer Dur-Tonleiter auf dem Klavier. Entscheidend ist im Unterricht somit nicht, möglichst viele Sinneserfahrungen zu machen, sondern die für den Lerninhalt relevanten Repräsentationsmodi in Medien anzubieten und für eine Verknüpfung der Sinneswahrnehmungen zu sorgen.
Dabei hat die symbolische Repräsentation des Wissens die oberste Priorität. Kinder müssen den Höreindruck einer Dur-Tonleiter mit dem Wort „Dur-Tonleiter" (semantische Repräsentation) oder einer Notation (Symbolik für Musik) in Verbindung bringen können. Nur über die symbolische Repräsentation von Wissen in unserem Langzeitgedächtnis haben wir einen Zugriff auf unsere vielfältigen Sinneswahrnehmungen und Lebenserfahrungen. Wir können diese benennen, mit ihnen denken und sie zum Ausdruck bringen. Letztendlich läuft auch die Erinnerung an Wissen über die symbolische Repräsentation. Wir können sagen, dieser Duft kommt uns bekannt vor, diese Emotion habe ich schon einmal erfahren oder diese Musik habe ich schon einmal gehört. Wenn wir aber den sensorischen Gedächtnisspuren keine Bedeutungen über Symbole wie Sprache oder andere Zeichen zuordnen können, steht dieses Wissen nicht zur Verfügung.
Mit dieser kognitionspsychologischen Perspektive können wir auch den Mythos des „Lernens mit allen Sinnen" kritisch betrachten. Es ist falsch zu denken, Menschen

lernen nur durch Handeln oder möglichst vielfältige Sinneseindrücke zugleich. Die abstrakten symbolischen Repräsentationsformen von Wissen, wie Sprache, Symbole oder Modelle, spielen eine entscheidende Rolle. Und zwar muss es im Unterricht gelingen, die richtigen Repräsentationsformen für einen Unterrichtsinhalt sinnvoll miteinander zu verknüpfen. Die Sprache darf dabei allerdings nie fehlen. Sprache ist der Repräsentationsmodus, mit dem wir all unser Wissen organisieren, verknüpfen und auch kommunizieren können. Medien mit Sprache und anderen symbolischen Repräsentationen führen nicht zum geringsten Lernerfolg, wie es in Ratgebern zum „Lernen mit allen Sinnen" gerne behauptet wird, sondern sind erst die Voraussetzung, um überhaupt Wissen langfristig speichern und nutzen können. Wenn wir Lerninhalte nur bildlich, handelnd oder haptisch im Unterricht darstellen, die Kinder und Jugendlichen aber nicht benennen können, was sie sehen, hören oder erleben, entsteht kein nachhaltiges Wissen.

8.2.3 Kognitive Theorie des multimedialen Lernens

Die kognitive Theorie des multimedialen Lernens ist geeignet, um den Einfluss der in einem Medium transportieren Repräsentationsmodi genauer zu verstehen. Diese Theorie wurde über Jahrzehnte entwickelt und konnte mit einer Vielzahl von experimentellen Befunden gestützt werden (Clark & Paivio, 1991; Mayer, 2019). Im Vordergrund steht die Frage, wie Informationen von audio-visuellen Medien – die Art von (digitalen) Medien, die in der Schule üblich sind – dauerhaft im Langzeitgedächtnis abgespeichert werden können. Damit greift die Theorie zunächst auf das in der Kognitionspsychologie etablierte Drei-Speicher-Modell des Gedächtnisses zurück (Abbildung 2). Die Information von (digitalen) Medien muss über das sensorische Gedächtnis und das Arbeitsgedächtnis ins Langzeitgedächtnis gelangen. Das Problem ist, dass es auf dem Weg dorthin eine Reihe von Hürden gibt, die überwunden werden müssen.

Es ist nicht damit getan, den Schülerinnen und Schülern multimediale Informationen wie beispielsweise ein Lernvideo zu zeigen und zu hoffen, dass die vom Auge und von den Ohren aufgenommenen Sinnesreize auch 1:1 im Langzeitgedächtnis ankommen und dort dauerhaft verbleiben. Vielmehr wird das Gehirn stark filtern und aussortieren, weil nur kleine Informationsportionen nacheinander verarbeitet werden können. Dies ist auch gut und effektiv. Wenn das Gehirn nicht filtern würde, wären wir nicht in der Lage, die Welt gezielt wahrzunehmen und geplant zu handeln. Wir würden in einem Meer aus relevanten und irrelevanten Informationen „ertrinken". Zudem ist unser Gehirn ein absolut effizientes Organ. Es ist darauf programmiert, nur die für uns relevanten Informationen auch wirklich dauerhaft zu speichern. Und genau diese „Filter" müssen Lehrkräfte verstehen.

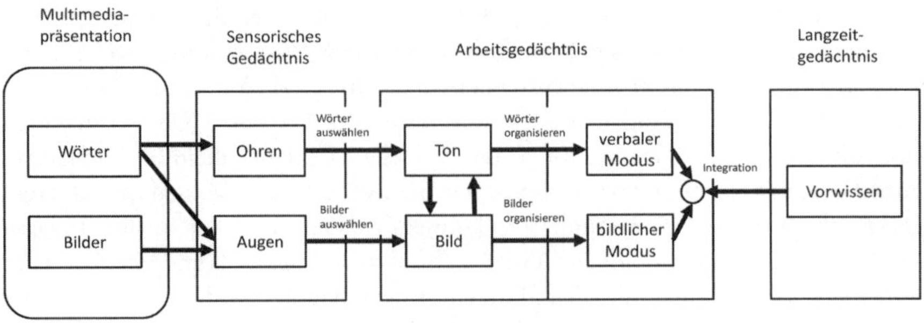

Abb 14: Dual coding-Modell aus der Theorie des multimedialen Lernens (Quelle: Eigene Darstellung und Übersetzung adaptiert nach Mayer (2019, S. 154))

Die kognitive Theorie des multimedialen Lernens beschreibt drei zentrale Filter für Informationen auf ihrem Weg vom digitalen Medium bis hin zur langfristigen Speicherung im Gedächtnis (Abbildung 14):

(1) Der Mensch verarbeitet auditive und visuelle Informationen über zwei unterschiedliche „Kanäle". Diese beiden Informationskanäle können sich entweder ergänzen oder behindern. Ein viel zu häufig anzutreffendes Beispiel für die gegenseitige Behinderung sind Präsentationsfolien mit zu viel Text, der zudem von der präsentierenden Person vorgelesen wird. Besser wäre es, eine Zeichnung (visuell) mit gesprochener Sprache zu erläutern (auditiv). In diesem Fall werden beide Kanäle gleichermaßen genutzt und die Informationen ergänzen sich sinnvoll.

(2) Der Platz für auditive und visuelle Informationen im Arbeitsgedächtnis ist begrenzt. Das Arbeitsgedächtnis ist das „Nadelöhr" des menschlichen Lernens. Sowohl davor als auch danach gibt es viel Platz für Informationen. Ein Medium sendet riesige Mengen an Informationseinheiten aus (Licht, Schallwellen). Unsere Sinnesorgane nehmen zwar nur einen Teil davon wahr, dennoch ist die Informationsmenge, die von unseren Ohren oder Augen an die entsprechenden sensorischen Bereiche im Gehirn geleitet wird, immer noch hoch. Die sensorischen Speicher sind in der Lage, diese Informationsmenge, beispielsweise die Repräsentation eines Bildes oder eines gesprochenen Satzes wenige Sekunden zu speichern. Dieses kurze Zeitfenster steht unserer willentlichen Steuerung zur Verfügung, um einer bestimmten Information Aufmerksamkeit zu schenken und sie somit im Arbeitsgedächtnis zu repräsentieren. Aber der Platz dort reicht nur für wenige Informationseinheiten. Es ist somit entscheidend, worauf Schülerinnen und Schüler ihre Aufmerksamkeit lenken können.

(3) Informationen, die bis ins Arbeitsgedächtnis vorgedrungen sind, werden im Langzeitgedächtnis nur dann abgespeichert, wenn es zu einer bedeutungsvollen Verarbeitung kommt. Die eingehenden Informationen müssen von den

Schülerinnen und Schülern mit dem bereits im Langzeitgedächtnis vorhandenen Wissen (Schemata, Konzepte) erschlossen werden (vgl. Kapitel 4.2.3). Im Arbeitsgedächtnis benötigen Menschen somit noch einen weiteren Platz für das aktivierte Vorwissen zu einem Thema. Erst wenn diesem Vorwissen im Arbeitsgedächtnis Aufmerksamkeit geschenkt wird, kann es mit dem neuen Wissen, das ebenfalls im Arbeitsgedächtnis vorhanden ist, verknüpft werden. Die lernende Person hat aktiv neues Wissen „konstruiert". Nun ist der Weg frei für weitere Schritte der langfristigen Speicherung dieses neuen Wissens (vgl. Kapitel 4.2.2 und 5.2.3).

Mit diesem *dual coding*-Modell können verschiedene Prozesse der Informationsverarbeitung beim Lernen mit Medien beschrieben werden. Die Theorie des multimedialen Lernens unterscheidet dabei grundlegend drei Prozesse, die relevant sind, um eingehende Informationen so verarbeiten zu können, dass eine langfristige Speicherung im Gedächtnis wahrscheinlich ist:
Essential processing: Bestimmte gedankliche Aktivitäten sind notwendig, um einen Lerninhalt überhaupt erst verstehen zu können. Beispielsweise müssen Sie sich als Leserin oder Leser dieses Kapitels bewusst anstrengen, um die einzelnen Elemente und Prozesse des *dual coding models* zu verstehen. Die Komplexität des *essential processing* hängt von der Komplexität des Lerninhalts ab. Ihre mentalen Aktivitäten sind mit Sicherheit gerade hoch, weil dieses Modell aus vielen Teilelementen und Teilprozessen besteht, deren Zusammenhänge Sie sich hoffentlich beim Lesen dieses Textes erschließen können. Dabei verarbeiten Sie sowohl die Informationen aus dem Text als auch die bildliche Darstellung des Modells.
Generative processing: Parallel zu dieser mentalen Beschäftigung mit dem eigentlichen Lerninhalt müssen Sie jedoch Strategien aktivieren, um das verstandene Wissen langfristig behalten zu können. Effektiv wäre, wenn Sie ihr Vorwissen zum Drei-Speicher-Modell aktivieren und es gezielt mit dem *dual coding* Modell vergleichen. Ebenso effektiv wäre eine Elaboration des Modells mit eigenen Beispielen. Sie würden sich beim Lesen dieses Textes Stichworte notieren, welche eigenen Lernsituationen mit diesem Modell gut erklärt werden können.
Extraneous processing: Sie müssen parallel zum Verstehen des Textes (*essential processing*) und aktiven Abspeichern des Wissens (*generative processing*) in der Lage sein, irrelevante Informationen bewusst auszublenden, Ablenkungen zu widerstehen und Störungen zu vermeiden. Eventuell lesen Sie diesen Text an einem digitalen Endgerät und sind mit der Navigation durch das Dokument beschäftigt. Sie möchten die Abbildung zum *dual coding*-Modell mit der weiter vorne abgedruckten Abbildung zum Drei-Speicher-Modell vergleichen und müssen diese erst aufsuchen, was zu einer Verzögerung mit weiteren Ablenkungen führen kann. Es erfordert mit Sicherheit nicht viel Phantasie, sich die zahlreichen Ablenkungen vorzustellen, denen Schülerinnen und Schüler beim Einsatz digitaler Endgeräte ausgesetzt sind.

8.2.4 Prinzipien für die Gestaltung von Medien

Das *dual coding*-Modell mündet in eine Reihe von Prinzipien für die Gestaltung von (digitalen) Medien, die in vielen Studien überprüft und als lernwirksam identifiziert wurden (Mayer, 2019; Mayer et al., 2020). Lehrkräfte können die Prinzipien auch für die Gestaltung eigener digitaler und analoger Lernmaterialien anwenden. Bei der Auswahl digitaler Lernmaterialien ist es zudem wichtig zu verstehen, welche Aspekte eines Lernmediums die Schülerinnen und Schüler überfordern können. Für besonders relevant halte ich die folgenden Gestaltungsprinzipien:

(1) Multi-modale Enkodierungen sind lernwirksam. Lehrkräfte sollten einen Lerninhalt mit unterschiedlichen Medien und damit unterschiedlichen symbolischen Repräsentationsmodi erläutern und veranschaulichen. Menschen sind in der Lage, bildliche und sprachliche Inputs parallel zu verarbeiten und miteinander zu verknüpfen. Es ist sinnvoll, den Aufbau eines Elektromotors anhand einer Zeichnung (bildlicher Repräsentationsmodus) sprachlich zu erläutern (symbolischer Repräsentationsmodus). Vokabeln werden leichter behalten, wenn nicht nur das Wort (verbale Kodierung), sondern das Wort zusammen mit einem Bild (visuell) oder einem gesprochenen Satz (akustisch) gespeichert wird (Hao et al., 2021).

(2) Wenn Lehrkräfte Medien mit mehreren Repräsentationsmodi einsetzen, sollten sich diese Informationskanäle nicht gegenseitig im Wege stehen. Die verschiedenen Repräsentationsmodi eines Sachverhalts sollten sich vielmehr zu einem Gesamtbild ergänzen (*modality principle*). Der Lernzuwachs ist beispielsweise dann höher, wenn die visuelle Animation eines biologischen Prozesses (z. B. Zellteilung) von einem gesprochenen Text begleitet wird (Scheiter et al., 2014). Bei einem geschriebenen Text müssen die Lernenden ihre visuelle Aufmerksamkeit ständig zwischen Film und Text aufteilen. Bei einer mündlichen Erklärung werden zwei separate Sinneskanäle angesprochen. Lehrkräfte sollten beispielsweise auch auf die Beschriftung von Grafiken oder Abbildungen verzichten, wenn sie die Grafik mündlich erklären (*redundancy principle*). Wenn die Grafik bereits beschriftet ist, sollte die mündliche Erklärung genau zu den geschriebenen Wörtern passen.

    Gegen dieses Prinzip wird besonders häufig beim Einsatz von Präsentationsfolien verstoßen. Wecker (2012) beobachtete beispielsweise eine Reduktion oder Verzerrung der gesprochenen Sprache bei Vorträgen mit Präsentationsfolien. Wenn diese zu viel Text enthalten, orientiert sich die präsentierende Person in ihrem mündlichen Vortrag stark an den Textbausteinen auf den Folien und verliert damit das Momentum im eigenen Vortrag. Dies kann sich negativ auf die Aufmerksamkeit und die Behaltensleistung auswirken (Worthington & Levasseur, 2015). Besser wäre es deshalb, wenn Lehrkräfte auf Präsentationsfolien nur kurze Stichworte notieren oder ganz auf Stichwortlisten (*bullet points*) verzichten und lediglich Grafiken oder Modelle zeigen, die sie im Vortrag mündlich erklären.

(3) Mit einer geschickten Gestaltung von Medien können Lehrkräfte das *essential processing* bei den Lernenden unterstützen. Beispielsweise sollen Instruktionsvideos umfangreiche Informationen in überschaubaren Einheiten nacheinander präsentieren und diese Schritte sollten im Video mit Überschriften klar voneinander abgegrenzt sein (*segmenting principle*). Oder die Lehrperson erläutert vor dem Instruktionsvideo wichtige Begriffe und notiert diese an der Tafel (*pretraining principle*).

(4) Beim Einsatz von Medien dürfen Lehrkräfte nie vergessen, auch das *generative processing* bei den Schülerinnen und Schülern zu unterstützen oder überhaupt erst zu ermöglichen. Die Lernenden sind nicht nur damit beschäftigt, die neuen Informationen aufzunehmen und zu ordnen. Sie müssen gleichzeitig mit dem bereits vorhandenen Wissen einen „Sinn konstruieren". Dies erfordert weitere Kapazität im Arbeitsgedächtnis. Wenn eine Biologielehrerin beispielsweise mit einer grafischen Darstellung die komplexen Zusammenhänge im Ökosystem Wald erklärt, könnte sie kurze Rückfragen einbauen und fragen, was die Schülerinnen und Schüler zu einzelnen Tierarten bereits wissen. Effektiv sind auch *prompts* (Hinweise, Aufforderungen) in Erklärvideos, mit denen die Lernenden aufgefordert werden, das Video anzuhalten und das bisher Gehörte selbst zusammenzufassen, sich Notizen zu machen oder sich selbst noch einmal zu erklären (Mayer et al., 2020).

(5) (Digitale) Medien sollten so gestaltet sein, dass das *extraneous processing* möglichst gering ist. Lernwirksame Medien enthalten kaum oder keine unnötigen Informationen, um die Schülerinnen und Schüler nicht vom *essential processing* und *generative processing* abzulenken (*coherence principle*). Dagegen erkennen die Lernenden klar und deutlich, worauf es ankommt, welche Informationen in einem Text, einem Bild oder einem Film relevant sind (*signaling principle)*. Ein ganz einfaches Gestaltungsprinzip ist die räumliche Nähe von Informationen in Medien (*spatial contiguity principle*). Beispielsweise ist es von Vorteil, schriftliche Erklärungen zu einer Grafik nicht in eine Legende, sondern direkt in die Grafik zu integrieren. Auch die zeitliche Abfolge der Präsentation von Medien (Bildfolgen, Erklärvideo) ist relevant (*temporal contiguity principle*). Beispielsweise sollten Lehrpersonen korrespondierende Bilder und mündliche Erklärungen gleichzeitig präsentieren. Oder die Lehrperson zeichnet eine Grafik, während sie einen Sachverhalt erklärt.

(6) Sie sollten sich selbst als Lehrperson bei der Gestaltung oder Auswahl von (digitalen) Medien mitdenken. Sie selbst sind ein Medium, das durch Sprache, Mimik und Gestik Wissen darstellen und repräsentieren kann. Zudem bilden Sie als Lehrperson mit den von ihnen eingesetzten Medien ein Gesamtarrangement.

Eine Zeichnung oder ein Modell ist nur dann lernwirksam, wenn die Lehrperson es versteht, dieses Modell auch in die eigene Erklärung zu integrieren. Studien zu Erklärvideos machen deutlich, dass die Lehrperson als Medium eine ganz wesentliche Rolle spielt (Mayer et al., 2020). Schülerinnen und Schüler lernen besser, wenn in einem Instruktionsvideo die erklärende Person abwechselnd zu den Lernenden (in die Kamera) und zur Visualisierung auf einer Tafel oder dem Whiteboard blickt. Besonders effektiv ist es, wenn in einem Lernvideo eine Fertigkeit aus der Perspektive der Person, die diese Fertigkeit ausführt, gezeigt wird. Zudem steigert der Einsatz von natürlichen, nicht übertriebenen Gesten sowie einer warmen, freundlichen und nicht zu akademisch klingenden Sprache in Instruktionsvideos ebenfalls den Lernerfolg.

8.3 Orientierung für einen wohldosierten Medieneinsatz

Lorenz ist beeindruckt von der kognitiven Theorie des multimedialen Lernens. Er möchte sich in seiner Bachelorarbeit damit beschäftigen. Die Theorie hilft ihm jetzt schon, den Einsatz von digitalen Medien, wie er ihn in der Praktikumsschule beobachten konnte, kritisch zu reflektieren. Die Einführung von Tablets mit den damit verbundenen Lernmanagementsystemen führt erst einmal zu einer starken Zunahme von *extraneous processing*. Passwörter eingeben, vergessene Passwörter suchen, auf „Cookies akzeptieren" klicken, Datenschutzerklärungen nach unten scrollen, Signale von eingehenden Nachrichten oder geöffnete Tabs mit Werbung sind nicht nur eine Ablenkung, sondern reduzieren gerade bei Schülerinnen und Schülern mit einer geringen Aufmerksamkeitsspanne die im Arbeitsgedächtnis für die eigentlichen Lernvorgänge zur Verfügung stehende Kapazität. Lorenz wird sich im nächsten Praktikum genau überlegen, wann und zu welchem Zweck er digitale Medien einsetzen wird.
Für seine geplante Bachelorarbeit zu diesem Thema formuliert er drei Thesen für einen effektiven und dennoch einfachen Einsatz von Medien:

These 1: Lehrkräfte sollten den Medieneinsatz auf ein Minimum reduzieren und genau überlegen, welche Repräsentationsmodi für das zu vermittelnde Wissen wirklich wichtig sind. Sie sollten sowohl das große Angebot an Medien als auch den Mythos vom „Lernens mit allen Sinnen" kritisch hinterfragen. Medien sind kein Selbstzweck, sondern dienen dem Wissenserwerb. Wenn eine Mathematiklehrerin beispielsweise zeigen möchte, wie die Gleichung einer quadratischen Funktion mit dem Funktionsgraphen zusammenhängt, genügen Tafel und Kreide. Sie notiert die Funktionsgleichung an die Tafel, erstellt zusammen mit den Schülerinnen und Schülern eine Wertetabelle und zeichnet parallel dazu einzelne Punkte in ein Koordinatensystem ein. Die Lehrerin könnte natürlich auch ein Whiteboard mit einer entsprechenden Software nutzen. Es wäre auch denkbar, ein Instruktionsvideo zu zeigen. Alles wäre in Ordnung, solange die Lernenden die einzelnen Schritte gut sehen und die Erklärungen gut nachvollziehen können. Die Darstellung des Wissens (Parabel: bildliche Repräsentation; Funktionsgleichung: mathematisch-symbolische Repräsentation; Erläuterung der Lehrperson: semantische Repräsentation) muss dem Lern- und Verstehensprozess dienen. Die Ablenkung sollte so gering wie möglich sein.

These 2: Das wichtigste Medium im Unterricht ist die Lehrperson selbst. Wenn beispielsweise eine Lehrerin selbstbewusst und überzeugend auftritt, repräsentiert sie selbst als Person ihr Fach und dessen Lerninhalte. Allein ihre Anwesenheit im Klassenzimmer als Geografielehrerin, Musiklehrerin oder Sportlehrerin vermittelt den Schülerinnen und Schülern die Wichtigkeit und Bedeutung eines Faches oder einer Wissensdomäne. Sie ist bereits ein Medium, das zwischen den Schülerinnen und Schülern und einer Domäne kulturellen Wissens vermittelt. Entscheidend dabei ist nicht die sachliche Korrektheit ihrer Erläuterungen, auf diese kommt es natürlich auch an, aber erst in zweiter Linie. Entscheidend sind ihre Emotionen, die sie mit einem Fach oder einem Lerninhalt verbindet und mit ihrer Sprache und ihrem ganzen Körper zum Ausdruck bringen kann.
Was folgt daraus für den Medieneinsatz? Lehrkräfte sollten sich nicht hinter Medien verstecken, sondern zunächst einmal sich selbst als das Hauptmedium im Unterricht verstehen. Wie trete ich auf? Wie spreche ich über meine Lerninhalte? Welches Bild von meinem Fach vermittle ich als Person meinen Schülerinnen und Schülern? Erst wenn Lehrerinnen und Lehrer diese Fragen für sich geklärt haben, können sie überlegen, welche analogen oder digitalen Medien zusätzlich notwendig sind, um das Wissen in einem Fach darzustellen. Sie sollten auf Medien verzichten, hinter denen „sie nicht stehen“, die den Blick auf die Lehrperson als Medium verdecken. Lorenz denkt an seine ersten Unterrichtsversuche im Praktikum zurück. Er hat sich aus Unsicherheit gerne hinter seinen Medien versteckt, beispielsweise ein Instruktionsvideo eingesetzt, obwohl er den Sachverhalt selbst hätte genauso gut erklären können.

These 3: Sowohl Medien mit konkreten als auch Medien mit abstrakt-symbolischen Repräsentationsformen des Wissens sind wichtig. Bei dieser These denkt Lorenz an das Modell zum Erwerb von deklarativem Wissen, das Professor Schreiber in seiner Vorlesung vorgestellt hatte (Kapitel 4.2.2). Menschen speichern zunächst konkrete Erfahrungen als episodisches Wissen mit vielen Details über den Lernkontext. Dieses wird im Laufe der Zeit semantisiert und abstrahiert. Es entsteht deklaratives Begriffswissen. Den Prozess können wir mit der geeigneten Auswahl von Medien unterstützen. Wenn die Schülerinnen und Schüler erstmalig mit einem Lerninhalt in Berührung kommen, sollten sie möglichst vielfältige Sinneserfahrungen machen. Es müssten zunächst Medien mit konkreten Repräsentationsformen (Modelle, Realbegegnungen, Handlungen, bewegte Bilder). Zum Einsatz kommen. Für die langfristige Speicherung von Wissen und den Aufbau von mentalen Schemata ist es jedoch wichtig, dass diese konkreten Erfahrungen und Sinneseindrücke versprachlicht werden.

Beim Thema evolutionäre Anpassung beispielsweise beschäftigen sich die Lernenden zunächst einmal ausführlich mit der Anpassung des Spechts an seine Umwelt. Hierfür sind Medien geeignet, die passende sinnliche Erfahrungen ermöglichen. Die Lehrperson erläutert anhand eines präparierten Spechts dessen Schnabelform. Die Schülerinnen und Schüler nehmen aufgesägte Vogelknochen in die Hand und fühlen die Gitterstruktur, die für dessen Leichtigkeit verantwortlich ist. Es werden Medien eingesetzt, die passende und vielfältige Sinneserfahrungen zum Thema ermöglichen. Dabei darf Unterricht aber nicht stehen bleiben. Medien mit symbolischen Repräsentationsmodi sind unverzichtbar, um die konkreten Erfahrungen zu abstrahieren und langfristig in semantische Schemata integrieren zu können. Die Lehrperson erklärt sprachlich den Zusammenhang zwischen dem Körperbau des Spechts und seiner Lebensweise im Wald. Die Schülerinnen und Schüler erhalten einen Text, in dem diese Zusammenhänge noch einmal zusammengefasst werden. Oder sie beschriften die Zeichnung eines Spechts. Wissen muss am Ende in einer semantisch-abstrakten Form in Medien repräsentiert sein. Nur dann können die Schülerinnen und Schüler auch mit dem erlernten Wissen denken, kommunizieren und handeln. Diesen Weg vom Konkreten zum Abstrakten können Lehrkräfte mit der Auswahl der Medien gut unterstützen.

Lorenz ist mit seinen drei Thesen zufrieden. Er kann sie theoretisch begründen und sie sind unterrichtspraktisch relevant. Mal sehen, wie das der Professor sieht. Vermutlich möchte er wissen, denkt er sich, auf welche Literatur ich mich bezogen habe und welche konkrete Fragestellung ich mit meiner Bachelorarbeit beantworten möchte. Eventuell analysiere ich Erklärvideos aus dem Internet im Hinblick auf ihre Kompatibilität mit der kognitiven Theorie des multimedialen Lernens. Vermutlich korrelieren meine Einschätzungen mit den Klickzahlen dieser Videos. Digitale Medien können, wenn gut gemacht und richtig eingesetzt, einfach stark sein.

Weiterführende Literatur

Gao, P., Nagel, A., & Biedermann, H. (2020). Categorization of educational technologies as related to pedagogical practices. In K. Tirri & A. Toom (Eds.), Pedagogy in Basic and Higher Education – Current Developments and Challenges. IntechOpen. https://doi.org/10.5772/intechopen.88629

Mayer, R. E., Fiorella, L., & Stull, A. (2020). Five ways to increase the effectiveness of instructional video. Educational Technology Research and Development, 68(3), 837–852. https://doi.org/10.1007/s11423-020-09749-6

Opfermann, M., Höffler, T. N., & Schmeck, A. (2020). Lernen mit Medien: Ein Überblick. In H. Niegemann & A. Weinberger (Eds.), Handbuch Bildungstechnologie (pp. 17–30). Springer Berlin Heidelberg. https://doi.org/10.1007/978-3-662-54368-9_2

Übungsaufgaben

Die Testfragen zu diesem Beitrag finden Sie unter folgendem Link:
https://www.utb.de/do/10.36198/9783838563084-e08/disclaimer

Aufgabe 1: Was beschreibt *extraneous processing* im Kontext der Theorie des multimedialen Lernens am besten?

a. Die gedanklichen Aktivitäten, die notwendig sind, um einen Lerninhalt zu verstehen.
b. Die Strategien, die Lernende aktivieren, um Wissen langfristig zu speichern.
c. Die kognitive Belastung, die durch irrelevante Informationen oder Ablenkungen im Lernprozess entsteht.
d. Die Verarbeitung von Informationen über unterschiedliche sensorische Kanäle.

Aufgabe 2: Erläutern Sie anhand eines Lerninhalts, wie Lehrkräfte das Prinzip der räumlichen Nähe (*spatial contiguity principle*) nutzen können, um die Lernwirksamkeit von Bildern und Texten im Unterricht zu erhöhen?

Aufgabe 3: Nennen Sie drei Kriterien für gute Erklärvideos und bewerten Sie ein Erklärvideo aus dem Internet anhand dieser Kriterien. Entspricht Ihre Bewertung den Klickzahlen des Videos?

Aufgabe 4: Warum ist es wichtig, dass sich Lehrkräfte selbst auch als „Medium“ betrachten und wie beeinflusst diese Erkenntnis ihren Umgang mit digitalen Medien im Unterricht?

Aufgabe 5: Wählen Sie einen beliebigen Lerninhalt aus Ihren studierten Unterrichtsfächern. Entwerfen Sie für diesen Lerninhalt eine abstrakt-symbolische, eine bildhaft und eine enaktive Repräsentation.

Literatur

Clark, J. M., & Paivio, A. (1991). Dual coding theory and education. *Educational Psychology Review, 3*(3), 149–210. https://doi.org/10.1007/BF01320076

Dale, E. (1946). *Audio-visual methods in teaching*. Dryden Press.

Gao, P., Nagel, A., & Biedermann, H. (2020). Categorization of educational technologies as related to pedagogical practices. In K. Tirri & A. Toom (Eds.), *Pedagogy in Basic and Higher Education – Current Developments and Challenges*. IntechOpen. https://doi.org/10.5772/intechopen.88629

Goswami, U. (2020). *Cognitive development and cognitive neuroscience: The learning brain* (Second edition). Routledge,Taylor & Francis Group.

Hao, T., Wang, Z., & Ardasheva, Y. (2021). Technology-assisted vocabulary learning for EFL learners: A meta-analysis. *Journal of Research on Educational Effectiveness, 14*(3), 645–667. https://doi.org/10.1080/19345747.2021.1917028

Klauer, K. J., & Leutner, D. (2007). *Lehren und Lernen: Einführung in die Instruktionspsychologie* (1. Aufl). Beltz.

Mayer, R. E. (2019). Thirty years of research on online learning. *Applied Cognitive Psychology, 33*(2), 152–159. https://doi.org/10.1002/acp.3482

Mayer, R. E., Fiorella, L., & Stull, A. (2020). Five ways to increase the effectiveness of instructional video. *Educational Technology Research and Development, 68*(3), 837–852. https://doi.org/10.1007/s11423-020-09749-6

Opfermann, M., Höffler, T. N., & Schmeck, A. (2020). Lernen mit Medien: Ein Überblick. In H. Niegemann & A. Weinberger (Eds.), *Handbuch Bildungstechnologie* (pp. 17–30). Springer Berlin Heidelberg. https://doi.org/10.1007/978-3-662-54368-9_2

Scheiter, K., Schüler, A., Gerjets, P., Stalbovs, K., Schubert, C., Huk, T., & Hesse, F. W. (2014). Welche Rolle spielt neben Merkmalen des Instruktionsdesigns die fachspezifische und aufgabenspezifische Motivation beim Lernen mit Multimedia im naturwissenschaftlichen Unterricht? *Zeitschrift für Erziehungswissenschaft, 17*(2), 279–296. https://doi.org/10.1007/s11618-014-0516-3

Sridhar, S., Khamaj, A., & Asthana, M. K. (2023). Cognitive neuroscience perspective on memory: Overview and summary. *Frontiers in Human Neuroscience, 17*, 1217093. https://doi.org/10.3389/fnhum.2023.1217093

Steiner, G. (2001). Lernen und Wissenserwerb. In A. Krapp & B. Weidenmann (Eds.), *Pädagogische Psychologie – Ein Lehrbuch* (pp. 139–205). Beltz.

Wecker, C. (2012). Slide presentations as speech suppressors: When and why learners miss oral information. *Computers & Education, 59*(2), 260–273. https://doi.org/10.1016/j.compedu.2012.01.013

Worthington, D. L., & Levasseur, D. G. (2015). To provide or not to provide course PowerPoint slides? The impact of instructor-provided slides upon student attendance and performance. *Computers & Education, 85*, 14–22. https://doi.org/10.1016/j.compedu.2015.02.002

9 Die Vorteile kooperativer Unterrichtsmethoden nutzen

Das Video zu diesem Beitrag finden Sie unter folgendem Link:
https://www.utb.de/do/10.36198/9783838563084-m10

Ziele und Überblick: Gemeinsames Lernen in einer Klein- oder Partnergruppe kann für Schülerinnen und Schüler sehr lernförderlich und motivierend sein. Schlecht organisierte Gruppenarbeiten sind dagegen Zeitverschwendung und führen zu Desinteresse am Unterricht. Um diese Problematik besser verstehen zu können, werden im Text diese Themen erarbeitet:

- Beispielhaft werden drei kooperative Unterrichtsmethoden vorgestellt: Gruppenpuzzle, Think-Pair-Share und Peer Tutoring.
- Das Kapitel beleuchtet Theorien und Forschungsergebnisse zum kooperativen Lernen.
- Empirische Befunde zeigen eindeutig, dass die klare und einfache Strukturierung von Gruppenarbeitsphasen ein wesentlicher Erfolgsfaktor ist.
- Mittlerweile stehen viele digitale Tools zur Verfügung, mit denen Lehrkräfte kooperative Lernprozesse einfach und übersichtlich organisieren können.

Dieses Kapitel bietet angehenden Lehrerinnen und Lehrern eine Orientierung, wie sie kooperative Unterrichtsmethoden einfach und effektiv in ihren Unterricht integrieren können. Es zeigt zudem auf, wann Gruppenarbeit im Unterricht nicht sinnvoll ist.

9.1 Die Ambivalenz der Kleingruppenarbeit

Die Universität hat neue „Co-Working-Spaces" für Studierende und Lehrende eingerichtet. Die neuen Räumlichkeiten sind offen, hell, mit variablem Mobiliar ausgestattet und bieten neben „Konnektivität" auch eine Kaffeemaschine sowie einen Versorgungsautomaten mit veganen Snacks und Studentenfutter. Professor Schreiber ist auf seinem Weg vom Seminar zurück ins Büro und freut sich an der geschäftigen, ruhigen Lernatmosphäre. An verschiedenen Tischen sitzen Studierende in Lerngruppen zusammen, gehen Skripte gemeinsam durch, fragen sich gegenseitig ihre Lernkarten ab oder klicken sich auf dem Smartphone durchs Internet. Magnus Schreiber entdeckt Lorenz und Zoe mit zwei anderen Studierenden an einem Tisch, schlendert bei ihnen vorbei und fragt etwas unbeholfen, ob sie bereits auf die Klausur in seiner Vorlesung lernen. Lorenz grinst breit, nein, das hat noch Zeit, ist auch nicht allzu schwer. Wir sitzen gerade an einer Kleingruppenarbeit im Seminar „Motivierende Unterrichtsmethoden" von Kollegin Dr. Gutwill. Gut, denkt sich Professor Schreiber, die Kollegin verkörpert wie keine andere Didaktikerin das „Sandwich-Prinzip". Die Lehramtsstudierenden praktizieren bereits in ihrem Studium genau die „motivierenden Unterrichtsmethoden", die sie später in der Schule anwenden können.

Und welche Gruppenarbeitsmethode praktiziert ihr gerade eben, erkundigt sich der Professor bei Lorenz. Das Gruppenpuzzle, antwortet Lorenz mit leicht hochgezogenen Augenbrauen, wir sind die „Expertengruppe" für „Think-Pair-Share". Das bedeutet, versucht Professor Schreiber zu kombinieren, in diesem Seminar werden verschiedene Methoden des kooperativen Lernens mit einer Methode des kooperativen Lernens erarbeitet? Das klingt innovativ und der Professor hat beim Anblick dieser Lernszenarien ein schlechtes Gewissen, weil er den Studierenden meist lange Vorträge hält, mit ihnen allenfalls diskutiert und es besser findet, wenn sich die Studierenden in ihrem Selbststudium mit wissenschaftlichen Texten auseinandersetzen. Kollegin Gutwill hat ihm hochschuldidaktisch einiges voraus. Doch Lorenz und Zoe wirken in ihrer Expertengruppe nicht gerade ambitioniert. Zoe hört einer Freundin zu, die eine Geschichte vom Wochenende erzählt. Lorenz sortiert die Arbeitsmaterialien und fragt sich, ob er die Initiative ergreifen soll, um die weitere Vorgehensweise in der Kleingruppe zu klären. Eigentlich benötigen jetzt alle erst einmal eine Lesepause. Doch in 15 Minuten müssen sie schon wieder im Seminarraum zurück sein und manche Fragen lassen sich auch ohne die Lektüre der Texte beantworten, denkt sich Lorenz.

Professor Schreiber holt sich einen Kaffee und einen Erdnussriegel, setzt sich in den rückwärtigen Teil des Co-Working-Spaces an einen der „Barhocker", beobachtet die Studierenden und fängt an, über den Sinn und Unsinn des kooperativen Lernens nachzudenken. Auch das kooperative Lernen gehört zu den Unterrichtsmethoden, die jede Lehrperson kennt, die im Lehramtsstudium zur hohen Kunst der Didaktik gehören (Traub, 2021), die in Prüfungslehrproben vorgeführt und im späteren Unterrichtsalltag selten angewendet werden (Götz et al., 2005). Beim Thema Gruppenarbeit klaffen, wie so häufig in der Didaktik, Anspruch und Realität auseinander. Auf der einen Seite wird argumentiert, dass Menschen in der Berufswelt der Zukunft nur noch in vielfältigen Teams zusammenarbeiten werden und der Einzelkämpfer aussterben wird. Auf der anderen Seite gibt es den täglichen Mathematik- oder Englischunterricht, in dem die Schülerinnen und Schüler Texte lesen oder Gleichungen lösen. Beides geht nur, wenn jede einzelne Schülerin und jeder einzelne Schüler auch das Verhalten, das erlernt werden soll, für sich alleine ausführt.

Bei dieser einfachen Dichotomie – auf der einen Seite die luftige Theorie innovativer Unterrichtsmethoden und auf der anderen Seite die unspektakuläre Unterrichtsrealität – möchte Professor Schreiber nicht stehen bleiben. Er nimmt sich vor, für seine nächste Vorlesung die wissenschaftliche Literatur zum Thema kooperatives Lernen noch einmal gründlich zu sichten. In der deutschsprachigen Suchdatenbank findet er allerdings kaum zuverlässige empirische Studien zum Thema, dafür umso mehr Praxisberichte und qualitative Studien mit minimalen Stichproben. Die englischsprachige Literatur zum Thema *cooperative learning* ist wesentlich ergiebiger. Mit welchen Methoden des kooperativen Lernens die Schülerinnen und Schüler in welchen Fächern wie gut Wissen erwerben, wird seit Jahrzehnten systematisch erforscht. Und die Ergebnisse dieser Studien sind konsistent. Richtig umgesetzt sind kooperative Unterrichtsphasen eine „starke" Sache. Aber auf was sollten Lehrkräfte bei der Umsetzung achten?

9.2 Hintergrundwissen zum kooperativen Lernen

Bereits in den 1980er-Jahren wurden die ersten Übersichtsartikel und Metaanalysen zum kooperativen Lernen in Schulen veröffentlicht (Slavin, 1980, 1983). Das insgesamt in der Forschung gezeichnete Bild ist zunächst eindeutig (Cole, 2014; Kyndt et al., 2013; Pai et al., 2015; Van Leeuwen & Janssen, 2019). Kooperatives Lernen wirkt und kann sowohl zur Steigerung der Lernmotivation als auch der Schülerleistungen beitragen. Doch wie so häufig steckt auch bei diesem Thema der Teufel im Detail. Da es viele Methoden des kooperativen Lernens gibt und die konkrete Umsetzung derselben von vielen situativen Details abhängt, wie beispielsweise dem Unterrichtsfach, dem Alter der Lerngruppe, dem Lerninhalt oder der Lehrperson, variieren die Lerneffekte erheblich. Wir müssen deshalb genau hinsehen und verstehen, welche Aspekte des kooperativen Lernens wirksam sind. Aus diesem Grund werde ich im nächsten Abschnitt zunächst drei populäre Methoden des kooperativen Lernens vorstellen. Anschließend werden wir die kritischen Merkmale, an denen sich die Lernwirksamkeit des kooperativen Lernens entscheidet, genauer beleuchten.

9.2.1 Beispiele für kooperatives Lernen

Viele Methoden des kooperativen Lernens sind nicht exakt definiert und werden je nach Unterrichtsfach, Lehrbuch oder didaktischer Tradition unterschiedlich benannt. Gleiches gilt für Begriffsdefinitionen wie Gruppenarbeit, Gruppenunterricht, Partnerarbeit, kooperative Methoden, kooperatives Lernen, kollaboratives Lernen und so weiter. Ich möchte es an dieser Stelle deshalb ganz einfach halten, weil es auch in der Unterrichtspraxis relativ klar ist, was man unter kooperativem Lernen generell zu verstehen hat. Von kooperativem Lernen können wir dann sprechen, wenn die Schülerinnen und Schüler in einer Unterrichtsphase in kleinen Gruppen an einer Aufgabenstellung gemeinsam arbeiten und die Lehrperson erwartet, dass die Schülerinnen und Schüler in der Gruppe miteinander interagieren und kommunizieren.
Innerhalb dieser breiten Definition finden wir sowohl in der Literatur als auch in der Unterrichtspraxis viele konkrete Beispiele für kooperatives Lernen. Ich möchte an der Stelle drei bekannte Methoden vorstellen. Anhand der Beispiele können wir dann genauer festlegen, welche lerntheoretischen Merkmale für die Bewertung von kooperativen Lernmethoden bedeutungsvoll sind.

Think-Pair-Share

Die Think-Pair-Share-Methode wird in der didaktischen Ratgeberliteratur, in Fortbildungen und im Internet häufig genannt. Nach eingehender Recherche ist es mir allerdings nicht gelungen, eine seriöse Evaluationsstudie zu der Methode zu finden. Aus dem Grund werde ich an dieser Stelle auch keine Literatur zitieren, sondern lediglich die Methode, so wie sie meistens im Internet oder in der Ratgeberliteratur präsentiert wird. Think-Pair-Share ist eine kooperative Lernstrategie, bei der die Schülerinnen und Schüler individuell über ein Thema nachdenken, dann ihre Gedanken mit einem Partner teilen und schließlich ihre Ideen in das Gespräch mit der ganzen Klasse einbringen. Die Anwendung der Think-Pair-Share-Methode könnten wir uns im Deutschunterricht wie folgt vorstellen. Die Lehrerin liest mit ihrer Klasse 8 einen Jugendroman und möchte die Charakterentwicklung der Hauptfigur nachzeichnen. Hierzu stellt sie den Schülerinnen und Schülern die Aufgabe, die Eigenschaften der Hauptfigur im ersten Kapitel des Romans zu beschreiben. Sie sollen sich zudem überlegen, ob sie gerne mit dieser Hauptfigur befreundet wären und warum.

(1) Think (Denken): Die Deutschlehrerin stellt die Aufgabe und bittet die Schülerinnen und Schüler zunächst einmal alleine über die Aufgabe nachzudenken, geeignete Textstellen zu markieren und Notizen zu machen.

(2) Pair (Paarbildung): Nach dieser Phase der Einzelarbeit werden Partnergruppen gebildet. Die Schülerinnen und Schüler teilen ihre Gedanken und Notizen über den Charakter der Hauptfigur und diskutieren, ob sie gerne mit dieser Person befreundet wären oder nicht.

(3) Share (Teilen): Nachdem die Schülerinnen und Schüler Zeit hatten, sich in der Partnergruppe auszutauschen, bitte die Lehrerin die Klasse, die Gedanken zu teilen. Idealerweise entsteht eine lebhafte Diskussion, in der die Lernenden jeweils unterschiedliche Ansichten austauschen und ihre Vorstellungen vom Charakter der Hauptfigur vertiefen.

Diese Methode hat den Vorteil, dass die Schülerinnen und Schüler nicht unvorbereitet in die Gruppenphase gehen. Sie haben in der ersten Phase genug Zeit, um selbst über die Aufgabe nachzudenken. Die Partnerarbeitsphase hat die Funktion, in einer geschützten Kleingruppe die eigenen Gedanken präsentieren und diskutieren zu können. In der dritten Phase sollten möglichst viele Schülerinnen und Schüler ihre Ergebnisse vorstellen können. Dies ist ein wichtiger Anreiz, um in der Partnerphase auch zu konstruktiven Ergebnissen zu gelangen.

Gruppenpuzzle

Das Gruppenpuzzle (*jigsaw method*) ist ebenfalls eine in der Ratgeberliteratur und im Internet häufig zitiert Methode des kooperativen Lernens. Im Vergleich zu Think-Pair-Share gibt es allerdings viele wissenschaftliche Evaluationsstudien zur Lernwirksamkeit (Cochon Drouet et al., 2023; Tepner et al., 2009). Die Methode ist hoch strukturiert und in ganze bestimmte Phasen gegliedert. Beispielsweise könnte eine Geografielehrerin verschiedene Arten von Vulkanen mit der Methode des Gruppenpuzzles unterrichten.

(1) Vorbereitung: Die Schülerinnen und Schüler einer Klasse werden zunächst einer Stammgruppe zugewiesen. Innerhalb der Stammgruppe entscheiden sich die Lernenden, wer sich mit welcher Art von Vulkan beschäftigen möchte.

(2) Expertenarbeit: Die Schülerinnen und Schüler beschäftigen sich in Einzelarbeit mit dem zugewiesenen Vulkan. Sie erhalten hierfür von der Lehrerin Informationsmaterial oder müssen dieses selbstständig recherchieren.

(3) Expertengruppe: Alle Schülerinnen und Schüler mit demselben Vulkantyp treffen sich danach in der Expertengruppe, um ihr Wissen zu teilen und sicherzustellen, dass jeder Experte auch wirklich alle Informationen zu diesem Vulkantyp verstanden hat. Sie können Informationen austauschen, Diskussionen führen und möglicherweise gemeinsam eine Präsentation vorbereiten.

(4) Zusammenführung: Abschließend gehen die Schülerinnen und Schüler wieder zurück in ihre Stammgruppe und stellen nacheinander ihren Vulkantyp vor. Die anderen Lernenden können Fragen stellen und Rückmeldungen geben.

Im Laufe der Zeit wurden verschiedene Varianten zu dieser Ursprungsform des Gruppenpuzzles (*jigsaw method I*) entwickelt und publiziert (Cochon Drouet et al., 2023). Bei der Version *jigsaw method II* wird nach der Gruppenarbeitsphase ein Quiz mit einer Gruppenbelohnung durchgeführt. Die Bewertung der Gruppenleistung ergibt sich dabei aus der Summe der Testergebnisse aller Schülerinnen

und Schüler einer Stammgruppe. Bei Variante 3 (*jigsaw method III*) wird das Quiz nach der Phase der Expertengruppe durchgeführt, um zu prüfen, ob sich die Schülerinnen und Schüler vertieft mit ihrem Thema auseinandergesetzt haben. Bei der Version 4 (*jigsaw method IV*) wird sowohl nach der Expertenphase als auch nach der abschließenden Zusammenführung in der Stammgruppe ein Quiz durchgeführt.
Eine deutschsprachige Studie evaluierte die Lernwirksamkeit eines Gruppenpuzzles im Chemieunterricht zum Thema „Seifen“ (Tepner et al., 2009). In der ersten Phase erhielten die Lernenden vorstrukturierte Selbstlernmaterialien zu ihrem Spezialthema. In den sich anschließenden Expertengruppen klärten sie offene Fragen zum Thema. Ebenso erarbeiteten die Experten einen Vortrag, mit dem sie ihr Thema anschließend in den Stammgruppen vermitteln sollten. Letztlich erfolgte die Vermittlungsphase in der Stammgruppe. Die Schülerinnen und Schüler erläuterten anhand der Präsentation ihr Expertenwissen zum jeweiligen Unterthema z. B. Aufbau und Löslichkeit von Seife, Herabsetzung der Oberflächenspannung durch Seife, chemische Zusammensetzung von Seife. In einer quasi-experimentellen Evaluationsstudie in der Jahrgangsstufe 10 an Gymnasien zeigten die Autorinnen und Autoren, dass die mit dem Gruppenpuzzle unterrichteten Schülerinnen und Schüler einen höheren Lernzuwachs hatten. Der Unterricht in der Kontrollgruppe war zeitlich und inhaltlich vergleichbar, jedoch lehrerzentriert und ohne kooperative Phasen.
Diese positiven Effekte des Gruppenpuzzles sind kein Einzelfall. In einer Metaanalyse ergaben sich insgesamt hohe Effektstärken der *jigsaw method* auf die abschließende Lernleistung der Schülerinnen und Schüler (Cochon Drouet et al., 2023). Diese Metaanalyse berücksichtigte dabei lediglich quasi-experimentelle oder experimentelle Studien, bei denen das Gruppenpuzzles mit einer nicht kooperativ lernenden Kontrollgruppe verglichen wurde. Die Metaanalyse zeigte jedoch auch große Unterschiede in den Effektstärken zwischen den Studien. Es gibt somit bestimmte Faktoren, von denen die Lernwirksamkeit des Gruppenpuzzles abhängt. Ein Faktor ist die Schwierigkeit des Lerninhalts. Bei anspruchsvollen Lerninhalten sinkt die Effektivität. Vermutlich gelingt es den Schülerinnen und Schülern in der Expertenphase nicht mehr, sich eigenständig einen komplizierten Lerninhalt zu erschließen. Gerade bei hoher Heterogenität in den Lerngruppen, besonders wenn einzelne Lernende in der Gruppe wenig Vorwissen haben oder über eine geringe Selbstregulation verfügen, sind die Lerneffekte dieser Methode gering.

Peer Tutoring

Ebenfalls unter der Rubrik „kooperatives Lernen“ findet sich das *peer tutoring*. Dabei handelt es sich um eine Lernmethode, bei der sich die Schülerinnen und Schüler gegenseitig unterrichten oder unterstützen. Beispielsweise haben einige Kindern in der Klasse noch nicht verstanden, wie ungleichnamige Brüche addiert und subtrahiert werden. Der Mathematiklehrer teilt die Klasse in Partnergruppen ein. Jedem Kind mit einem ausreichenden Verständnis des Lerninhalts wird ein Kind, das noch

Unterstützung benötigt, zugeordnet. Richtig angewendet verspricht diese Methode des kooperativen Lernens eine Reihe von Vorteilen. Sowohl die leistungsstärkeren als auch die leistungsschwächeren Schülerinnen und Schüler profitieren vom *peer tutoring*. Die Schülerinnen und Schüler mit einem Vorsprung an Wissen können dieses durch das mehrmalige Erklären noch weiter festigen und vertiefen. Die Schülerinnen und Schüler mit dem Wissensdefizit erhalten eine passgenaue Unterstützung. Schülerinnen und Schüler können sich Sachverhalte zum Teil auch besser gegenseitig erklären als die Lehrkraft.

Zum *peer tutoring* liegen eine Reihe von Evaluationsstudien vor (Bowman-Perrott et al., 2013; Brown, 2023; Cole, 2014). *Peer tutoring* ist sowohl in der Primar- als auch in der Sekundarstufe eine effektive Unterrichtsmethode, die in verschiedenen Lerndomänen (Lesen, Rechnen, Sprachen) zur Schließung von Lernlücken angewendet werden kann. Erklärungen für die hohe Lernwirksamkeit sind die hohe tatsächliche Lernzeit durch eine intensive 1:1-Kommunikation, bei der sofortige Rückfragen möglich sind und die Lernenden ein direktes Feedback erhalten. Der Schüler bzw. die Schülerin mit dem Wissensvorsprung in der *peer tutoring*-Gruppe muss allerdings in der Lage sein, dem Lernpartner ein konkretes und passendes Feedback zu geben. Dies zeigte eine experimentelle Studie zum *peer tutoring* im Tanzunterricht an US-*Highschools* (Brown, 2023). Die klassische, lehrergelenkte Vermittlung von Tanzschritten wurde mit einer kooperativen Instruktion verglichen, bei der andere Lernende die Rolle des Tanzinstruktors übernahmen und den Partnern Feedback gaben. Die Schülerinnen und Schüler machten in beiden Versuchsbedingungen Fortschritte in ihren tänzerischen Fertigkeiten und es zeigte sich kein Unterschied zwischen den beiden Versuchsgruppen. Ein entscheidender Punkt in der Kooperationsbedingung war das Feedback, das die Peers ihren Tanzpartnern gaben. Dieses war nicht immer so klar und zielführend wie das des Tanzlehrers. Aus diesem Grund war das *peer tutoring* in dieser Studie der direkten, lehrergelenkten Vermittlung auch nicht überlegen.

9.2.2 Merkmale effektiver Methoden des kooperativen Lernens

Anhand der drei Methoden des kooperativen Lernens, die im vorangehenden Abschnitt beschrieben wurden, wird ersichtlich, worauf es bei der konkreten Umsetzung ankommt. Entscheidend ist nicht ein möglichst innovativ klingender Name einer Methode, sondern ob es der Lehrperson gelingt, diese Methode im richtigen Moment im Unterricht auf die richtige Art und Weise umzusetzen. Dieser Abschnitt beschäftigt sich deshalb mit den wichtigsten Merkmalen effektiver Methoden des kooperativen Lernens.

Lernziele und Aufgaben

Lehrkräfte sollten zunächst einmal grundsätzlich überlegen, ob sich eine Methode des kooperativen Lernens für das Lernziel, den Lerninhalt und die damit verbun-

denen Aufgabenstellungen überhaupt eignet. Um ein neues Thema mit den Schülerinnen und Schülern zu erarbeiten oder um einen komplexen Sachverhalt zu erläutern, bietet sich ein lehrergelenkter Unterricht mit der gesamten Klasse an. Um spezifische Kenntnisse und Fertigkeiten zu üben, zu festigen oder zu wiederholen, sollten die Schülerinnen und Schüler alleine an passgenauen Aufgabenstellungen arbeiten, beispielsweise innerhalb eines digitalen, adaptiven Lernsystems. Für eine Phase des kooperativen Lernens benötigen wir eine explizite Begründung, warum die Interaktion mit anderen Schülerinnen und Schüler in einer Kleingruppe vorteilhaft sein könnte.
Ein Grund wären Lernziele oder Aufgaben, bei denen die Schülerinnen und Schüler einen Sachverhalt erst erkunden sollen (z. B. welche Gegenstände schwimmen, welche sinken im Wasser und warum?), Problemstellungen mit verschiedenen Lösungsvarianten oder kontroverse Themen, bei denen unterschiedliche Sichtweisen und Meinungen wichtig sind. Eine weitere Begründung sind Transfer- und Vertiefungsaufgaben. Im Biologieunterricht wurde beispielsweise schon das Konzept der evolutionären Anpassung mit einfachen Beispielen erarbeitet (z. B. Specht, Giraffe). In einer Gruppenarbeitsphase sollen die Schülerinnen und Schüler dieses Grundwissen auf weitere Evolutionsphänomene anwenden (z. B. Entwicklung von Viren). Oder es gibt ganz pragmatische Begründungen. Beispielsweise werden im Sportunterricht Kleingruppen gebildet, um sich bei Turnübungen gegenseitig Hilfestellung zu geben oder weil sich die Klasse so besser auf verschiedene Übungsstationen verteilen lässt.
Kooperatives Lernen ist häufig mit einem erhöhten Zeit- und Organisationsaufwand für Lehrkräfte, aber auch mit einer erhöhten psychischen Belastung für viele Schülerinnen und Schüler verbunden. Die Einteilung von Lerngruppen, das Arrangieren einer Sitzordnung und die Absprachen innerhalb einer Gruppe sind für die Lernenden eine zusätzliche Anforderung. Die Kleingruppenarbeit sollte deshalb nur dann angewendet werden, wenn sie einen deutlichen Lerngewinn verspricht. Die natürlichen Sozialformen einer typischen Schule sind der lehrpersonenzentrierte „Frontalunterricht“ sowie die Einzelarbeit. Kooperative Lernformen erfordern eine komplexere Organisationsstruktur als die ohnehin von der Organisation „staatliche Schule“ vorgegebene Struktur. Dies soll keine faule Ausrede sein, beim „Frontalunterricht“ zu bleiben. Vielmehr plädiere ich dafür, dass Lehrkräfte realistisch bleiben und sich bewusst entscheiden, bei welchen Lernzielen sie wirklich bereit sind, den erhöhten Zeit- und Organisationsaufwand für kooperatives Lernen in Kauf zu nehmen.

Strukturierung und Unterstützung

Eine Metaanalyse zu Methoden des kooperativen Lernens im Fremdsprachunterricht fand höhere Lerneffekte bei strukturierten Formen des kooperativen Lernens im Vergleich zu unstrukturierten Formen (Cole, 2014). In dieser Metaanalyse werden beispielsweise das Gruppenpuzzle (*jigsaw method*) oder das *peer tutoring* als

strukturierte Methoden genannt. Diese folgen einem bestimmten Ablaufplan und die Schülerinnen und Schüler haben in der Gruppenarbeitsphase klar definierte Rollen und Aufgaben. Als weniger strukturierte Formen des kooperativen Lernens bezeichnet Cole (2014) das *collaborative learning*, bei dem die Schülerinnen und Schüler in Kleingruppen an offenen Problemstellungen arbeiten, Lösungsideen diskutieren und anschließend präsentieren sollen. Die Gruppenphase ist nicht strukturiert und es gibt keine Vorgaben für die Interaktion in der Gruppe.
In einer weiteren Metaanalyse haben Van Leeuwen und Janssen (2019) Formen der Strukturierung und Unterstützung beim kooperativen Lernen systematisch untersucht. Auch diese Studie zeigte deutlich den Vorteil von Methoden des kooperativen Lernens, bei denen die Lehrkraft eine aktive Rolle im ganzen Prozess übernimmt und die Lernenden während der kooperativen Arbeitsphase beobachtet und aktiv unterstützt. Folgende Formen der Unterstützung und Strukturierung beim kooperativen Lernen (*teacher guidance*) sind besonders lernwirksam:

- Die Lehrperson strukturiert den Wechsel zwischen Phasen des kooperativen und Phasen des individuellen Lernens
- Die Lehrperson gibt genaue Hinweise, wie die Schülerinnen und Schüler in der Gruppe zusammenarbeiten sollen.
- Vor Beginn der Gruppenarbeitsphase wird genau geklärt, welche Aufgabe zu bearbeiten ist, welches Ergebnis sich die Lehrperson vorstellt und wie dieses Ergebnis abschließend präsentiert oder dokumentiert werden soll.
- Während der Gruppenarbeitsphase prüft die Lehrperson mit gezielten Fragen und Beobachtungen, ob die Lernenden den Arbeitsauftrag verstanden haben.
- Die Lehrperson greift während der Gruppenarbeitsphase ein, wenn es notwendig ist. Sie unterstützt, gibt Hinweise oder Feedback, korrigiert oder erklärt noch einmal, kümmert sich um organisatorische Belange und sorgt für Ordnung und Ruhe.
- Die Phase des kooperativen Lernens endet mit einer strukturierten Besprechung, in der die wichtigsten Ergebnisse der Gruppenarbeitsphase präsentiert, kommentiert und bewertet werden.

In einer Überblicksstudie verdeutlichen (Pai et al., 2015) den Zusammenhang zwischen Strukturierung des kooperativen Lernens einerseits und Gruppengröße oder Komplexität der Aufgabenstellung andererseits. Je größer die Lerngruppe und je komplexer die Aufgabenstellung, desto hilfreicher sind strukturierende Elemente. In die gleiche Richtung argumentieren Webb und Mastergeorge (2003), die auf die Notwendigkeit von effektiven Unterstützungsmethoden für leistungsschwächere Schülerinnen und Schüler in Gruppenarbeitsphasen hinweisen. Lehrpersonen sollten diese Lernenden gezielt beobachten, ihnen gegebenenfalls Sachverhalte noch einmal erklären und dann erneut genau hinschauen, ob es diesen Schülerinnen und Schülern gelingt, die Hilfestellung anzuwenden.

Die Strukturierung von Phasen des kooperativen Lernens hat nicht nur einen Effekt auf den Lernzuwachs, sondern auch auf Motivation und soziale Kompetenzen wie beispielsweise Empathie oder Durchsetzungsfähigkeit. In einer experimentellen Studie im Sportunterricht an Sekundarschulen sind García-González et al. (2023) der Frage nachgegangen, wie sich verschiedene Formen des kooperativen Lernens auf das prosoziale und kooperative Verhalten auswirken und welche Rolle dabei das Alter der Lernenden spielt. Sowohl in den Kontrollgruppen als auch in den beiden Experimentalgruppen (strukturierte vs. unstrukturierte Kooperation) wurde ein inhaltlich und zeitlich vergleichbarer Turnunterricht durchgeführt. In der Experimentalgruppe mit der strukturierten Gruppenarbeit waren die Effekte auf das kooperative und prosoziale Verhalten der Jugendlichen höher als in der Gruppe mit der unstrukturierten Gruppenarbeit und den Kontrollgruppen. In der Experimentalbedingung mit der unstrukturierten Gruppenarbeit nahmen prosoziale Fähigkeiten sogar ab. Es gab auch einen Zusammenhang mit dem Alter. Bei den jüngeren Schülerinnen und Schülern veränderte sich das prosoziale und kooperative Verhalten stärker als bei den älteren.

Metakommunikation beim kooperativen Lernen

Gruppenarbeitsphasen sind dann produktiv, wenn die Schülerinnen und Schüler in der Lage sind, gemeinsam selbstständig zu arbeiten (Slavin, 2014; Van Leeuwen & Janssen, 2019). Die Gruppe sollte dabei nicht nur über die Aufgabenstellung reden, sondern auch über die geplante Vorgehensweise und mögliche Probleme bei der Aufgabenbearbeitung. Lehrkräfte können diese Metakommunikation bewusst anregen und fördern, indem sie beispielsweise mit den Schülerinnen und Schülern vor, während und nach der Gruppenarbeitsphase über ihre Strategien und Emotionen beim kooperativen Lernen reden. Die Lehrperson macht bewusst die Unterrichtsmethode zum Gegenstand des Gesprächs. Warum ist das wichtig? Kooperatives Lernen gelingt nur dann, wenn die Schülerinnen und Schüler auch über Fertigkeiten verfügen, die Kommunikation und Kooperation in der Kleingruppe selbstständig zu reflektieren, zu überwachen und zu steuern. Sind die Lernenden beispielsweise in der Lage, die verschiedenen Aufgaben und Rollen in einer Kleingruppe fair und gleichberechtigt auszuhandeln? Können sie über ihre Unzufriedenheit während der Gruppenarbeit miteinander reden? Kann eine Schülerin beispielsweise sagen, dass sie sich ausgenutzt fühlt, weil die anderen Gruppenmitglieder zu wenig Engagement zeigen? Sind die anderen Schülerinnen und Schüler empathisch genug, um das zu verstehen?

In der Literatur wird diese Form der Metakommunikation als *social shared regulation* bezeichnet (Järvelä et al., 2013). Dieser Begriff erweitert das Konzept des selbstregulierten Lernens. Selbstreguliertes Lernen ist die Fähigkeit einer einzelnen Person, den eigenen Lernprozess zu planen, zu überwachen, die eigenen Lernfortschritte zu bewerten und die Lernemotionen wahrnehmen und adäquat einordnen zu können. Diese Selbstregulationsfähigkeit nimmt im Alter zu und ist bei Lernenden unterschiedlich ausgeprägt. In einer Gruppenarbeitsphase müssen die Lernenden ihre Fähigkeit zum selbstregulierten Lernen einbringen und erweitern. Gerade Schülerinnen und Schüler, die gerne und gut alleine lernen, können sich in einer Kleingruppenarbeit weniger gut anpassen und ihre Bedürfnisse kommunizieren. Aus diesem Grund ist die *social shared regulation* eine wesentliche Erweiterung der eigenen Fähigkeit, selbstreguliert lernen zu können und die zielgerichtete Förderung kann sich, laut einer Studie, positiv auf die Zusammenarbeit in einer Kleingruppe auswirken (Liu et al., 2023).

Interdependenz und Belohnungsstruktur

Bereits in den frühen Übersichtsartikeln und Metaanalysen wurde die Interdependenz als ein wichtiger Faktor für den Erfolg beim kooperativen Lernen beschrieben (Slavin, 1980, 1983). Interdependenz ist dann gegeben, wenn die Schülerinnen und Schüler in ihrer Kleingruppe voneinander abhängig sind, es kooperative Anreizstrukturen gibt (Kyndt et al., 2013; Slavin et al., 2003). Dabei werden eigene Ziele nur zusammen mit der Gruppe erreicht. Es gibt beispielsweise eine gemeinsame Aufgabenstellung, die nur von allen Personen im Team gemeinsam gelöst werden kann. Solche Aufgabenstellungen sind allerdings selten. Möglich wären beispielsweise vorgegebene Teilaufgaben, die von einzelnen Schülerinnen und Schülern zunächst in Einzelarbeit bearbeitet und anschließend in einer Gruppenphase zusammengeführt werden. Lehrkräfte können die Interdependenz zwischen den Schülerinnen und Schülern in der Kleingruppe allerdings auch mit Belohnungsstrukturen erhöhen. Slavin (1983) unterscheidet dabei:

- Gruppenbelohnung für individuelle Leistungen
- Gruppenbelohnung für Gruppenleistungen
- Individuelle Belohnung für individuelle Leistungen
- Gruppenarbeit ohne Belohnungen

Beim Gruppenpuzzle nach der *jigsaw method II* beispielsweise wird nach der Erklärungsphase in der Stammgruppe ein Qiuz mit einer Gruppenbelohnung für individuelle Leistungen durchgeführt. Die Schülerinnen und Schüler bearbeiten zu jedem Expertenthema einen kurzen Test, der sowohl prüft, ob die Experten das Thema gut vermitteln und die anderen Lernenden in der Kleingruppe gut zuhören und nachfragen konnten. Die Gruppenbewertung ergibt sich aus dem Mittelwert der Tests aller Gruppenmitglieder. Damit sind alle Personen in der Kleingruppe sowohl für den Lern- und Arbeitsprozess in der Gruppenphase als auch für das abschließende Lernergebnis mitverantwortlich.

Kontextfaktoren

Methoden des kooperativen Lernens sind nach einer Metaanalyse in den Fächern Mathematik und Naturwissenschaften generell effektiver als in sozialwissenschaftlichen und sprachlichen Fächern (Kyndt et al., 2013). Die Lernwirksamkeit hängt allerdings auch vom Bildungsabschnitt bzw. vom Alter der Schülerinnen und Schüler ab. In der Sekundarstufe sind die Lerneffekte des kooperativen Lernens deutlich geringer als in der Primarstufe oder an Hochschulen (Cole, 2014; Kyndt et al., 2013). Vermutlich liegt dies an der besonderen Entwicklungsphase in der Sekundarstufe. Gerade in der Pubertät bringen die Schülerinnen und Schüler viele inneren Spannungen und Unsicherheiten mit in eine Phase des kooperativen Lernens. Interessant ist auch der Befund bei Kyndt et al. (2013), dass kooperatives Lernen in nicht-westlichen Bildungskontexten eine höhere Lernwirksamkeit erzielt als kooperative Unterrichtsmethoden in westlichen Bildungskontexten (USA, Europa). Eine abschließende Erklärung hierfür können die Autorinnen und Autoren dieser Studie nicht geben. Es liegt allerdings nahe, die stark individualisierte Kultur westlicher Staaten hierfür verantwortlich zu machen. In asiatischen Ländern spielt dafür das Kollektiv eine wesentlich größere Rolle. Die Schülerinnen und Schüler lernen dort, ihre eigenen Bedürfnisse und Vorstellungen den Zielen der Gruppe unterzuordnen.

9.2.3 Theorien zum kooperativen Lernen

In der wissenschaftlichen Literatur finden wir einige Erklärungen und Theorien, warum sich eine gut strukturierte, kooperative Lernmethode positive auf den Wissenserwerb, die Lernmotivation und das Fachinteresse von Schülerinnen und Schülern auswirken kann (Slavin et al., 2003).

Perspektive der kognitiven Entwicklung
Vygostki bezeichnete mit der „Zone der nächsten Entwicklung“ den Bereich zwischen dem aktuellen Entwicklungsstand eines Kindes und dem höheren Niveau, das es mit der Unterstützung einer Lehrperson, eines Elternteils oder einem erfahreneren Gleichaltrigen erreichen kann. Die optimale Lernumgebung ist damit diejenige, die es einem Kind ermöglicht, in seiner Zone der nächsten Entwicklung zu arbeiten. Lernen ist dann am effektivsten, wenn es auf das Niveau des Kindes abgestimmt ist, aber gleichzeitig Herausforderungen bietet, die das Kind mit angemessener Unterstützung bewältigen kann. Um eine entsprechende Lernumgebung zu bieten, können Lehrkräfte zum Beispiel passgenaue Aufgabenstellungen auswählen. Eine weitere Möglichkeit ist das kooperative Lernen. Wenn sich das Leistungsniveau innerhalb einer Gruppe nicht zu sehr unterscheidet, können Lernende von einem leichten Wissensvorsprung eines Gruppenmitglieds profitieren. Es besteht weniger die Gefahr, so die gängige Argumentation, dass Schülerinnen und Schüler überfordert werden.

Ähnlich, jedoch mit einem anderen Begriffshintergrund werden kooperative Unterrichtsmethoden mit der kognitiven Entwicklungstheorie nach Piaget begründet. Personen in einer Lerngruppe sind zunächst einmal aufgrund ihres unterschiedlichen Vorwissens oder aufgrund unterschiedlicher Perspektiven nicht einer Meinung. Dies entspricht in der kognitiven Entwicklungstheorie einem Disäquilibrium oder einer kognitiven Imbalance. Die Schülerinnen und Schüler sind sich nicht sicher, was richtig ist, und stellen ihr eigenes Wissen in Frage. Im weiteren Verlauf des kooperativen Lernprozesses werden so lange Argumente und Sichtweisen ausgetauscht und verhandelt, bis die Gruppe einen Konsens erzielt. Bei den Lernenden ist danach idealerweise wieder ein kognitives Äquilibrium hergestellt.

Motivationale Perspektive
Eine erhöhte intrinsische Motivation beim kooperativen Lernen lässt sich mit der Selbstbestimmungstheorie (*self determination theory*) von Deci und Ryan begründen. Diese erklärt, wie Menschen ihre Motivation und ihr Verhalten auf der Grundlage ihrer Bedürfnisse nach Autonomie, Kompetenz und sozialer Einbindung regulieren (Ryan & Deci, 2000). Autonomie ist das Bedürfnis, eigene Entscheidungen zu treffen und das eigene Verhalten selbst zu kontrollieren, anstatt von äußeren Zwängen oder Belohnungen gesteuert zu werden. Das Bedürfnis nach Kompetenz bezieht sich auf den Wunsch, sich selbstwirksam und fähig zu fühlen, Herausforderungen zu bewältigen und Ziele zu erreichen. Menschen streben danach, ihre Fähigkeiten zu verbessern und sich in ihren Handlungen kompetent zu fühlen. Soziale Einbindung beschreibt das Bedürfnis des Menschen, sich mit anderen zu verbinden, Beziehungen zu pflegen und sich in soziale Gruppen einzufügen.
Die Befriedigung dieser drei grundlegenden psychologischen Bedürfnisse fördert die intrinsische Motivation beim Lernen. Menschen handeln und lernen dann aufgrund Freude und persönlichem Interesse an einem Thema und nicht mehr ausschließlich aufgrund externer Belohnungen. Methoden des kooperativen Lernens haben prinzipiell das Potenzial, das Bedürfnis nach sozialer Einbindung zu befriedigen. Die Frage ist natürlich, inwiefern es der Lehrperson auch gelingt, eine Gruppenarbeitsphase so zu gestalten, dass sich alle Schülerinnen und Schüler zugleich als autonom und kompetent erleben. Das Gruppenpuzzle wäre eine Möglichkeit, die drei Grundbedürfnisse in einer Methode zu befriedigen und damit die intrinsische Motivation zu steigern. In der Expertenphase eignen sich die Lernenden eigenständig Wissen an und fühlen sich danach idealerweise kompetent. In den beiden Gruppenphase sind sie verantwortlich, ihr Wissen zu festigen und weiterzugeben.

Neurowissenschaftlicher Blick auf kooperatives Lernen
Mittlerweile liegen Studien vor, die Gehirnaktivitäten während realer Lern- und Unterrichtssituationen aufzeichnen und damit eine neurowissenschaftliche Perspektive auf Unterrichtsmethoden eröffnen. Diese Perspektive bestätigt das, was aus psychologischen Evaluationsstudien bereits bekannt ist. Dennoch gewinnen wir damit ganz neue und vertiefende Einblicke, wie sich Unterrichtsmethoden auf die biologischen Grundlagen von Lernen auswirken können.
Auch zum Thema kooperatives Lernen habe ich eine Studie entdeckt, die hirnphysiologische Einblicke während realer Lernszenarien bietet. Pan et al. (2022) untersuchten mittels funktioneller Nahinfrarotspektroskopie Gehirnaktivitäten

von Schülerinnen und Schülern, die in Dreiergruppen ein chinesisches Gedicht gemeinsam interpretierten. In einer Vergleichsgruppe wurden Gehirnaktivitäten von Schülerinnen und Schülern aufgezeichnet, die in Einzelarbeit die gleiche Aufgabe bearbeiteten. Die Studie untersuchte die Aktivitäten in zwei Gehirnregionen, die mit Sprache und Kommunikation assoziiert sind. Der *superior temporal cortex* ist eine Region des Gehirns, die sich im Schläfenlappen befindet. Diese Region ist besonders wichtig für die Verarbeitung von Sprache, einschließlich des Verstehens von Wörtern und Sätzen. Sie spielt aber auch eine Rolle bei der Wahrnehmung sozialer Signale, wie beispielsweise der Stimmlage in sozialen Interaktionen. Der *inferior frontal cortex* ist eine Region im Gehirn, die sich im Frontallappen befindet und wichtig ist, um Wörter und Sätze zu generieren und auszusprechen.

Pan et al. (2022) erfassten die Gehirnaktivitäten mit der nicht invasiven, funktionellen Nahinfrarotspektroskopie (*functional near-infrared spectroscopy: fNIRS*). Ähnlich wie bei der funktionellen Magnetresonanztomographie (fMRI) misst die fNIRS Veränderungen in der Hämodynamik, in der Durchblutung, die mit der neuronalen Aktivität im Gehirn einhergeht. Je stärker eine Gehirnregion durchblutet ist, desto mehr ist diese Region an Denk- und Lernprozessen beteiligt. Die Versuchspersonen müssen hierfür allerdings nicht in einen „Scanner", sondern setzen lediglich eine Art „Mütze" mit Messsonden auf. Das Lernverhalten während der Gruppenarbeit wurde zudem anhand von Videodaten folgendermaßen kategorisiert:

- Elaboration: Ein Gruppenmitglied erklärt den anderen eine Idee.
- Argumentation: Die Gruppenmitglieder sind sich nicht einig und diskutieren untereinander.
- Konsens: Die Gruppenmitglieder verständigen sich auf eine Position.

Die Daten zeigten innerhalb der Gruppen eine hohe neuronale Synchronisation zwischen den Schülerinnen und Schülern. Diese war besonders hoch, wenn sich die Lernenden über eine Sache einig waren (Konsens) und besonders niedrig in Phasen der Elaboration oder der Argumentation. Je früher es in den Gruppen zu einer neuronalen Synchronisation kam, desto höher war der abschließende Lernerfolg der Gruppe. Soziale Faktoren wie Sympathie unter den Gruppenmitgliedern wirkten sich zudem positiv auf die neuronale Synchronisation und das Engagement in der Gruppenarbeit aus.

Pan et al. (2022) sehen in ihrer Studie eine Bestätigung der kognitiven Theorien zum kooperativen Lernen. Lernende profitieren dann von kooperativen Lernformen, wenn sie innerhalb der Gruppe zu einem gemeinsamen Standpunkt oder zu einer gemeinsamen Einsicht kommen. Dies entspricht dem Konzept des kognitiven Äquilibriums nach Piaget. Entscheidend für den Lernerfolg ist dabei allerdings nicht der Redeanteil in der Gruppe. Dies zeigen sowohl die Videodaten als auch die neuronalen Aktivitätsmuster. Der Lernerfolg hängt hauptsächlich vom gemeinsamen Konsens in der Gruppe ab.

9.2.4 Kooperatives Lernen mit digitalen Technologien

Digitale Lerntechnologien bieten viele Möglichkeiten, Formen des kooperativen Lernens an Schulen zu unterstützen oder erst zu realisieren. Was davon sinnvoll und am Ende auch lernwirksam ist, hängt von den Details der Umsetzung ab. Lernmanagementsysteme wie Moodle haben spezielle Gruppenarbeitsfunktionen, die sich gut eignen, um Aufgabenstellungen und Materialien zur Verfügung zu stellen und gemeinsam an Texten oder Präsentationen zu arbeiten. Die Beteiligung einzelner Gruppenmitglieder lässt sich in diesen Systemen gut nachvollziehen. Die Lehrkräfte können die Gruppe virtuell unterstützen und ihr Feedback geben. Ebenso ist es möglich, dass sich die Schülerinnen und Schüler über die Chatfunktion austauschen und Rückmeldungen geben. Es ist natürlich alles eine Frage der situativen Bewertung durch die Lehrkraft, ob und in welchem Umfang das kooperative Lernen im eigenen Unterricht in den digitalen Raum ausgelagert werden soll. Gerade die direkte Kommunikation in einer Kleingruppe im Präsenzunterricht ist ein wesentlicher Grund für die hohe Motivationswirkung von Gruppenunterricht.

An dieser Stelle werde ich, wie in den anderen Kapiteln auch, keine konkreten Tools für das kooperative Lernen an Schulen nennen. Lernmanagementsysteme und digitale Lernapps unterliegen derzeit einem so schnellen Wandel, dass ein aktueller Überblick zu digitalen Tools für das kooperative Lernen beim Lesen dieser Zeilen bereits veraltet wäre. An dieser Stelle möchte ich deshalb lediglich die grundlegenden Anforderungen an diese Technologien diskutieren. Diese lassen sich aus den Merkmalen effektiver Methoden des kollaborativen Lernens, wie sie in den beiden vorangehenden Abschnitten beschrieben wurden, ableiten. Lehrkräfte können die an ihrer Schule verfügbaren Lernmanagementsysteme und digitalen Lernapps anhand dieser Kriterien prüfen.

- Interaktionsmöglichkeiten: Bietet das digitale Tool eine Plattform für den Austausch in der Kleingruppe, beispielsweise über einen Gruppenchat?
- Gemeinsame Arbeit an Aufgaben und Produkten: Können die Schülerinnen und Schüler in ihrer Kleingruppe an gemeinsamen Aufgabenlösungen, Texten, Präsentationen oder Mindmaps arbeiten? Ist nachvollziehbar, welche Person welchen Beitrag zu diesem Arbeitsprodukt geleistet hat?
- Monitoring: Können Sie als Lehrkraft den Lern- und Arbeitsprozess der Gruppe überwachen? Zeigt Ihnen das Lehrkräfte-Dashboard des Lernmanagementsystems an, wenn sich einzelne Schülerinnen oder Schüler in der Gruppe nicht beteiligen oder Verständnisschwierigkeiten haben?
- Rückmeldungen: Können Sie als Lehrperson der Gruppe eine Rückmeldung geben und zwar sowohl während der Gruppenarbeitsphase als auch nach Abschluss der Gruppenarbeit? Welche digitalen Bewertungsmöglichkeiten bietet das System?

- Interdependenzen: Erlaubt das digitale Tool gruppenspezifische Quizformate, wie sie beispielsweise bei den verschiedenen Varianten des Gruppenpuzzles zum Einsatz kommen? Hierzu sollte das Lernsystem die individuellen Testergebnisse zu einem Gruppenscore zusammenrechnen.
- Zeitstruktur und Rollenverteilung: Ermöglicht das Lernsystem eine klare Zuweisung von Rollen oder Aufgabenbereichen innerhalb der Gruppe (z. B. Teamleiter, Experte für Thema XY)? Zeigt das digitale Lernsystem an, in welcher Phase der Gruppenarbeit sich die Lernenden befinden, wie lange sie noch Zeit haben, wann sie eine Aufgabenlösung einreichen müssen?

Mir sind bis zum jetzigen Zeitpunkt kaum Studien bekannt, die genau untersuchen, wie digitale Lernsystem kooperative Unterrichtsmethoden in der Primar- oder Sekundarstufe unterstützen können und welche Lernwirkungen dabei erzielt werden. Ich möchte an dieser Stelle deshalb exemplarisch eine Studie skizzieren, die allerdings aus heutiger Sicht eine bereits veraltete Technologie nutzt. Roschelle et al. (2010) beschäftigten sich mit der Frage, inwiefern Lehrkräfte mobile Endgeräte nutzen können, um das Lösen von Bruchrechenaufgaben in Kleingruppen zu unterstützen und zu strukturieren. Hierfür entwickelten sie eine Software, die lediglich im Rahmen dieses Forschungsprojektes zum Einsatz kam.
In Kleingruppen bearbeiteten die Schülerinnen und Schüler Bruchrechenaufgaben, die ihnen über ihre mobilen Geräte angezeigt wurden. Sie konnten eine Aufgabe nur dann lösen, wenn sie in der Gruppe einig waren und auf ihrem eigenen Gerät die Lösung und auch die Begründung für die Lösung bestätigten. Damit wurden die Kinder innerhalb der Kleingruppe durch das digitale Lernsystem „gezwungen“, sich über die Lösung auszutauschen und einen Konsens zu finden. Eine quasi-experimentelle Studie an drei Grundschulen in Kalifornien untersuchte die Lernwirksamkeit dieses Lernsystems. In der Kontrollgruppe arbeiteten die Schülerinnen und Schüler in Einzelarbeit mit einem herkömmlichen Lernprogramm zum Bruchrechnen. Der Lernzuwachs in den Klassen mit dem kooperativen Lernsystem war signifikant höher als in den Kontrollklassen. Diese Studie lässt sich nicht verallgemeinern, gibt aber dennoch eine Orientierung, wie digitale Technologien das kooperative Lernen an Schulen unterstützen können.

9.3 Orientierung für kooperative Unterrichtsmethoden

Zoe und Lorenz diskutieren nach dieser Vorlesung zum kooperativen Lernen in ihrer Lerngruppe, auf was es jetzt genau ankommt, um an Sekundarschulen praktikabel und erfolgreich Methoden des kooperativen Lernens einsetzen zu können. Zoe ist davon überzeugt, die Methode des Gruppenpuzzles, die sie im Seminar von Frau Dr. Gutwill selbst erproben konnten, auch in ihrem Biologieunterricht zu praktizieren. Den Einwand von Lorenz, das Gruppenpuzzle erzeuge einen hohen Organisationsaufwand, kontert sie. Wenn ich diese Methode des kooperativen Lernens regelmäßig in meinen Klassen anwende, spielen sich die organisatorischen Abläufe ein und die Schülerinnen und Schüler wissen genau, was sie in den einzelnen Phasen machen sollen und wie die Lernergebnisse bewertet werden.
Das stimmt, pflichtet Lorenz bei, entscheidend sind Routine, Gewohnheiten, klare Unterstützungs- und Belohnungsstrukturen sowie Sicherheit. Phasen des kooperativen Lernens sind keine Spaßveranstaltungen oder motivierende „Extras", sondern Teil eines gut durchdachten lehrerzentrierten Fachunterrichts. Am Ende können Lehrkräfte mit dem gezielten Einsatz von kooperativen Lernmethoden einfach und stark unterrichten. Die Schülerinnen und Schüler sind motiviert, weil ihnen die Zusammenarbeit in der Kleingruppe Freiräume eröffnet und ihr Bedürfnis nach Kommunikation und sozialer Interaktion befriedigt. Gleichzeitig bieten gut geplante, kooperative Lernsetting ausreichend Struktur und Unterstützung für Lernende mit Verständnisschwierigkeiten oder mangelnden Fähigkeiten im Bereich des selbstgesteuerten Lernens.

Weiterführende Literatur

Slavin, R. E. (2014). Making cooperative learning powerful. Educational Leadership, 72(2), 22–26.

Traub, S. (2021). Schritt für Schritt zum kooperativen Lernen (1st ed.). utb GmbH. https://doi.org/10.36198/9783838554747

Van Leeuwen, A., & Janssen, J. (2019). A systematic review of teacher guidance during collaborative learning in primary and secondary education. Educational Research Review, 27, 71–89. https://doi.org/10.1016/j.edurev.2019.02.001

Übungsaufgaben

Die Testfragen zu diesem Beitrag finden Sie unter folgendem Link:
https://www.utb.de/do/10.36198/9783838563084-e09/disclaimer

Aufgabe 1: Was versteht man unter der Gruppenpuzzle-Methode (*jigsaw method*)?

a. Eine Methode, bei der Schülerinnen und Schüler in großen Gruppen zusammenarbeiten, um ein gemeinsames Ziel zu erreichen.
b. Eine Technik, bei der Schülerinnen und Schüler individuell lernen und anschließend ihre Ergebnisse der Klasse präsentieren.
c. Eine strukturierte Methode, bei der Schülerinnen und Schüler in Expertengruppen lernen und ihr Wissen dann in Stammgruppen teilen.
d. Eine Lernstrategie, bei der Schülerinnen und Schüler ohne strukturierte Anleitung in Gruppen an Projektaufgaben arbeiten.

Aufgabe 2: Beschreiben Sie anhand eines selbst gewählten Lernziels, wie Sie die Think-Pair-Share-Methode in Ihrem Unterricht einsetzen könnten.

Aufgabe 3: Erläutern Sie zwei lerntheoretische Argumente für die Lernwirksamkeit von kooperativen Unterrichtsmethoden mit einem konkreten Beispiel.

Aufgabe 4: Inwiefern können digitale Technologien das kooperative Lernen in der Schule unterstützen? Diskutieren Sie dies anhand eines Beispiels aus Ihrem eigenen Lern- oder Lehrerfahrungsbereich.

Aufgabe 5: Entwickeln Sie einen Ablaufplan für die Methode des Gruppenpuzzles. Wählen Sie hierfür ein geeignetes Thema aus Ihren studierten Unterrichtsfächern. Beschreiben Sie die Organisation der Stamm- und Expertengruppen sowie die Arbeitsaufträge für die verschiedenen Phasen des Gruppenpuzzles.

Literatur

Bowman-Perrott, L., Davis, H., Vannest, K., Williams, L., Greenwood, C., & Parker, R. (2013). Academic benefits of peer tutoring: A meta-analytic review of single-case research. *School Psychology Review, 42*(1), 39–55. https://doi.org/10.1080/02796015.2013.12087490

Brown, L. M. (2023). The impact of student-centered learning through use of peer feedback in the dance technique classroom. *Journal of Dance Education, 23*(2), 144–154. https://doi.org/10.1080/15290824.2021.1932911

Cochon Drouet, O., Lentillon-Kaestner, V., & Margas, N. (2023). Effects of the jigsaw method on student educational outcomes: Systematic review and meta-analyses. *Frontiers in Psychology, 14*, 1216437. https://doi.org/10.3389/fpsyg.2023.1216437

Cole, M. W. (2014). Speaking to read: Meta-analysis of peer-mediated learning for English language learners. *Journal of Literacy Research, 46*(3), 358–382. https://doi.org/10.1177/1086296X14552179

García-González, L., Santed, M., Escolano-Pérez, E., & Fernández-Río, J. (2023). High- versus low-structured cooperative learning in secondary physical education: Impact on prosocial behaviours at different ages. *European Physical Education Review, 29*(2), 199–214. https://doi.org/10.1177/1356336X221132767

Götz, T., Lohrmann, K., Ganser, B., & Haag, L. (2005). Einsatz von Unterrichtsmethoden: Konstanz oder Wandel? *Empirische Pädagogik, 19*(4), 342–360.

Järvelä, S., Järvenoja, H., Malmberg, J., & Hadwin, A. F. (2013). Exploring socially shared regulation in the context of collaboration. *Journal of Cognitive Education and Psychology, 12*(3), 267–286. https://doi.org/10.1891/1945-8959.12.3.267

Kyndt, E., Raes, E., Lismont, B., Timmers, F., Cascallar, E., & Dochy, F. (2013). A meta-analysis of the effects of face-to-face cooperative learning. Do recent studies falsify or verify earlier findings? *Educational Research Review, 10*, 133–149. https://doi.org/10.1016/j.edurev.2013.02.002

Liu, C., Li, W., Huang, J., Lei, L., & Zhang, P. (2023). Collaborative programming based on social shared regulation: An approach to improving students' programming achievements and group metacognition. *Journal of Computer Assisted Learning, 39*(5), 1714–1731. https://doi.org/10.1111/jcal.12828

Pai, H.-H., Sears, D. A., & Maeda, Y. (2015). Effects of small-group learning on transfer: A Meta-Analysis. *Educational Psychology Review, 27*(1), 79–102. https://doi.org/10.1007/s10648-014-9260-8

Roschelle, J., Rafanan, K., Bhanot, R., Estrella, G., Penuel, B., Nussbaum, M., & Claro, S. (2010). Scaffolding group explanation and feedback with handheld technology: Impact on students' mathematics learning. *Educational Technology Research and Development, 58*(4), 399–419. https://doi.org/10.1007/s11423-009-9142-9

Ryan, R. M., & Deci, E. L. (2000). Self-determination theory and the facilitation of intrinsic motivation, social development, and well-being. *American Psychologist, 55*(1), 68–78. https://doi.org/10.1037/0003-066X.55.1.68

Slavin, R. E. (1980). Cooperative learning. *Review of Educational Research, 50*(2), 315–342. https://doi.org/10.3102/00346543050002315

Slavin, R. E. (1983). When does cooperative learning increase student achievement? *Psychological Bulletin, 94*(3), 429–445. https://doi.org/10.1037/0033-2909.94.3.429

Slavin, R. E. (2014). Making cooperative learning powerful. *Educational Leadership, 72*(2), 22–26.

Slavin, R. E., Hurley, E. A., & Chamberlain, A. (2003). Cooperative learning and achievement: Theory and Research. In I. B. Weiner (Ed.), *Handbook of Psychology* (1st ed., pp. 177–198). Wiley. https://doi.org/10.1002/0471264385.wei0709

Tepner, M., Roeder, B., & Melle, I. (2009). Effektivität des Gruppenpuzzles im Chemieunterricht der Sekundarstufe I. *Zeitschrift Für Didaktik Der Naturwissenschaften, 15*, 7–29.

Traub, S. (2021). *Schritt für Schritt zum kooperativen Lernen* (1st ed.). utb GmbH. https://doi.org/10.36198/9783838554747

Van Leeuwen, A., & Janssen, J. (2019). A systematic review of teacher guidance during collaborative learning in primary and secondary education. *Educational Research Review*, *27*, 71–89. https://doi.org/10.1016/j.edurev.2019.02.001

Webb, N. M., & Mastergeorge, A. (2003). Promoting effective helping behavior in peer-directed groups. *International Journal of Educational Research*, *39*(1–2), 73–97. https://doi.org/10.1016/S0883-0355(03)00074-0

10 Lernfortschritte beobachten und Feedback geben

Das Video zu diesem Beitrag finden Sie unter folgendem Link:
https://www.utb.de/do/10.36198/9783838563084-m11

Ziele und Überblick: Leistungsmessungen und Noten gehören zum Schulalltag, können jedoch demotivierend und lernhinderlich sein. Über Noten freuen sich in der Regel nur die Schülerinnen und Schüler mit den guten Noten. Dieses Kapitel zeigt auf, wie Lehrkräfte eine übertrieben leistungsorientierte Notenkultur an Schulen kritisch hinterfragen können. Hierfür werden diese Themen als Hintergrundwissen angeboten:

- Das Kapitel klärt und definiert Begrifflichkeiten rund um die Themen Leistungsmessung und Leistungsbewertung.
- Viele Studien zeigen, dass Schulnoten weder exakt noch motivationsförderlich sind.
- Effektives Feedback ist der Ausgangspunkt für eine motivations- und lernförderliche Kultur der Leistungsbewertung im Unterricht.
- Effektives Feedback ist nur dann möglich, wenn sowohl Lehrkräfte als auch Schülerinnen oder Schüler akzeptieren, dass Fehler zum Lernen gehören.

Das Kapitel bietet Lehrerinnen und Lehrern eine Orientierung für die Gestaltung einer Kultur der Leistungsmessung, bei der die Motivation und die Lernentwicklung der Schülerinnen und Schüler im Vordergrund stehen.

10.1 Schädigende Wirkungen von Schulnoten

Mit der Notengebung hat sich Zoe im Praktikum schwergetan. Die Mentorin bat sie, einen Vokabeltest durchzuführen, auszuwerten und zu benoten. Zoe freute sich und wollte auch diesen Teil ihres Wunschberufs kennenlernen. Bei der Ankündigung des Tests gingen bereits die Probleme los. Die Schülerinnen und Schüler der 6b beschwerten sich über die vielen Vokabeln und wollten mit ihr verhandeln, weniger abzufragen. Die Mentorin stärkte ihr den Rücken und Zoe ließ sich nicht auf irgendwelche Verhandlungen ein. Bei der Auswertung des Tests ergab sich eine große Spanne. Zwei Schülerinnen hatten alle 10 Vokabeln richtig geschrieben. Über die Hälfte der Klasse hatte 5 Fehler und mehr, was nach dem Notenschlüssel der Mentorin die Note ausreichend und schlechter ergibt. Die Schülerinnen und Schüler waren über ihre Noten wenig verwundert. Einige freuten sich über eine gute Note, weil sie mit mehr falschen Vokabeln gerechnet hatten. Die Schülerinnen und Schüler mit einer schlechteren Note ließen das Blatt mit dem Test schnell und ohne emotionale Regung in einem Ordner verschwinden. Eine Gruppe von Jungen machte sich über eine besonders schlechte Note lustig. Der Schüler mit ungenügend hatte lediglich zwei von 10 Vokabeln notiert und diese auch noch falsch. Zoe gab als Hausaufgabe, alle falsch geschriebenen Vokabeln richtig ins Heft zu schreiben. Die Kinder mit der Note 1 freuten sich, keine Hausaufgaben zu haben.

Zoe hatte ihren ersten Test durchgeführt und erstmals als Lehrerin Noten erteilt. Ein gutes Gefühl hatte sie dabei nicht. Was haben die Kinder bei dem Vokabeltest gelernt? Sind die Schülerinnen und Schüler mit einer schlechten Note wirklich motiviert, die Vokabeln in Zukunft regelmäßig zu lernen? Werden Kinder, die sich Vokabeln schlecht einprägen können und generell noch Probleme mit der Schreibung von Wörtern haben, nicht immer schlechte Noten bei solchen Leistungsmessungen erhalten, egal wie sehr sie sich anstrengen? Zoe erinnert sich an die Vorlesung zu den motivierenden Lernzielen (Kapitel 3). Um in der Klasse ein *growth mindset* oder eine *learning goal orientation* zu fördern, müsste sie diesen Vokabeltest eigentlich ganz anders organisieren. Sie hat hierzu bereits ein paar Ideen, die sie im nächsten Begleitseminar mit Professor Magnus Schreiber diskutieren möchte. Dieser freut sich über die Transferleistung seiner Studentin. Ihre Ideen sind für ihn eine Steilvorlage, die Praxis der Leistungsbewertung an Schulen kritisch unter die Lupe zu nehmen.

Performanz und Perfektion stehen im Mittelpunkt, nicht der Lernprozess

Viele Lehrkräfte versuchen mit Tests und Noten möglichst genau und objektiv zu erfassen, was die Schülerinnen und Schüler nach einem bestimmten Unterrichtsabschnitt wissen. Alle Kinder und Jugendlichen, egal mit welchem Vorwissen sie in den Unterricht gestartet sind und welche sonstigen Lernvoraussetzungen sie mitbringen, müssen eine festgelegte Leistung in einer für alle festgelegten Zeit erbringen. Damit wird die Performanz an einem Tag X als Maßstab für den Lernerfolg

gewertet. Diese für alle gleiche und scheinbar objektive Leistungsmessung hat aber nichts mit der individuellen Lernanstrengung und dem individuellen Lernzuwachs zu tun. Vielmehr werden Talent und Begabung belohnt. Die Folge ist ein schleichender Wandel von einer intrinsischen zu einer extrinsischen Motivation. Die Schülerinnen und Schüler lernen nicht mehr, weil sie Freude an einem Thema haben, neugierig sind und ihr Wissen erweitern möchten. Sie lernen, weil eine Leistungsüberprüfung in Aussicht steht und das Ergebnis dieser Überprüfung eine hohe Bedeutung hat. Die Schülerinnen und Schüler fürchten sich entweder vor den Reaktionen der Eltern oder der Lehrkräfte bei einer schlechten Note oder haben die Erwartungen bereits internalisiert und setzen sich selbst unter Druck.
Dies kann sowohl für leistungsstarke, aber auch für leistungsschwächere Lernende negative Auswirkungen haben. Der Fokus im Unterricht oder beim häuslichen Lernen liegt nicht mehr auf der konzentrierten Beschäftigung mit einer Aufgabenstellung. Stattdessen fokussieren die Schülerinnen und Schüler die geprüften Lerninhalte. Sie versuchen sich vorzustellen, wie gut sie diese Inhalte reproduzieren können oder wo ihre Lücken sind. Wie die Lehrkraft wohl ihre Leistung beurteilt, welches Bild sie abgeben, wie andere über ihre Note denken. Sie überlegen, ob sie sich mit der Leistungsbewertung in diesem Fach identifizieren möchten oder diese besser generell ablehnen sollen. Die Gedanken sind bei der Performanz und der eigenen Perfektion oder dem eigenen Versagen. Und es sind keine Gedanken übrig für den Lernprozess und den eigenen Lernfortschritt.
Die Praxis der Notengebung an vielen Schulen fördert eine *performance goal orientation* und nicht etwa eine *learning goal orientation*. Die Notengebung trägt dazu bei, ein *fixed mindset* zu stärken (Kapitel 3.2). Motivationspsychologisch wäre es besser, auch mit der schulischen Leistungsbewertung ein *growth mindset* zu fördern. Aber dies ist nur möglich, wenn sich Noten oder andere Formen der Leistungsbewertung an den Lernfortschritten eines einzelnen Schülers oder einer einzelnen Schülerin orientieren. Wenn Leistungsbewertungen allerdings fair, objektiv und unter gleichen Bedingungen für alle Lernenden in einer Klasse durchgeführt werden, dann gibt es fast immer die gleichen Gewinner und Verlierer. Die Leistungsrückmeldungen verstärken das bereits vorhandene Fähigkeitsselbstbild. Noten haben die Botschaft „Ich habe Talent in Mathe“ oder „Ich habe einfach keine Begabung für Fremdsprachen“. Noten zementieren ein *fixed mindset.*

Noten geben kein differenziertes Feedback

Die überwiegende Mehrheit der Schulen halten trotz vielfacher Reformversuche an Ziffernnoten fest. Schule und Noten gehören zusammen wie Kaffee und Zucker. Man denkt, es geht nicht ohne. Ziffernnoten sind praktisch und überzeugend. Eine schulische Leistung, sei es ein Mathematiktest, ein Aufsatz, eine Präsentation oder ein Sprachtest wird auf eine leicht verständliche Ziffer auf einer Skala von 1 bis 6 reduziert. Leistungen lassen sich auf diese Weise einfach labeln und zuordnen. Sowohl für Lehrkräfte als auch für die Schülerinnen und Schüler sowie deren Eltern.

Noten sind etwas, was jeder leicht versteht und was eine sofortige und unmissverständliche Einordnung einer Leistung ermöglicht. Mit einer „Eins“ hat eine Schülerin ihre Sache prima gemacht. Mit einer „Vier“ schafft eine Schülerin ihre Prüfung gerade so. Schulnoten zeichnen damit auch das Selbstbild als Schülerin oder Schüler. Das ist eine „Einser-Schülerin“ in Englisch, das ist ein „Viererkandidat“ in Deutsch, „besser als „Fünf“ war ich nie in Mathe“. Noten gehören zu den Dingen, die eine komplexe Welt einfacher und verständlicher machen.
Noten sind problematisch, weil sie die subjektive Bewertung von Talenten und Begabungen festigen und dem lernenden Individuum keine konkreten Hinweise geben, welches deklarative Wissen wie gut verstanden wurde oder welches prozedurale Wissen wie gut ausgeführt werden kann. Sollte man Noten deshalb nicht abschaffen und durch differenziertere Formen des Feedbacks ersetzen? Diese Frage wurde von Generationen von Lehrkräften und pädagogisch denkenden Menschen gestellt. Reformpädagogische Schul- und Unterrichtsmodelle setzen auf die zahlreichen Alternativen zur Notengebung: Mündliche oder schriftliche Berichte über die Leistungsentwicklung der Schülerinnen und Schüler, Portfolios zur Dokumentation von Lernprozessen, Beurteilungsraster für eine differenziertere Rückmeldung. Die Ideen und Vorschläge sind vielfältig. Die Erfahrungen zeigen allerdings, dass viele Schulen zur traditionellen Notengebung zurückkehren. Es sind die äußeren Zwänge der rechtlichen Verordnungen, aber auch die Rufe von Eltern, dem Kollegiu und den Lernenden nach einer vermeintlich transparenten und objektiven Bewertung von Leistungen. Etwas, was Noten zwar nicht leisten, aber am ehesten suggerieren.

Noten als Machtinstrument

Leistungsmessung, Leistungsbewertung und Notengebung werden von Lehrkräften häufig als Machtinstrumente missbraucht. Es gibt Lehrkräfte, die sowohl ihr berufliches Selbstverständnis als auch viele Handlungen im Unterricht stark durch die Brille der Leistungsbewertung und Notengebung sehen. Diese Einstellung von Lehrkräften spiegelt sich dann durch eine starke Fokussierung auf Tests und Noten bei den Schülerinnen und Schülern. Das Schuljahr oder eine Unterrichtseinheit beginnen nicht mit einer motivierenden Fragestellung oder einem interessanten Einstieg in die Thematik, sondern mit einem Überblick der Themen und Aufgabenstellungen, die in der Klausur abgeprüft werden. In vielen Elternabend ist die einzige Information zum Fach, über die geredet wird, die Anzahl und Gewichtung der Leistungsmessungen. Die formalen Aspekte der Zensurengebung, wie beispielsweise die Gewichtung von Noten für die Findung der Zeugnisnote oder die Abgabefristen für die Zeugnisnoten, prägen die letzten Wochen vor dem Ende des Schuljahres.
Obwohl Noten und Zeugnisse für viele Menschen der Inbegriff von schulischem Stress und negativen Gefühlen im Zusammenhang mit ihrer eigenen Schulerfahrung sind, wird der von Lehrkräften und dem Schulsystem erzeugte Leistungs- und

Notendruck in vielen Elternhäusern noch verstärkt. In weiten Teilen der Elternschaft und der Gesamtbevölkerung gelten Schulnoten als ein wichtiges Instrument zur Beurteilung der intellektuellen Talente von Kindern und Jugendlichen. Schulnoten gelten als das Eintrittstor zu einer anspruchsvollen und gesellschaftlich angesehenen Berufslaufbahn. Der Drang zum Gymnasium, der Drang zum Studium, zu angesehenen Hochschulen und renommierten Studiengängen ist seit Jahrzehnten hoch. Lehrkräfte im System Schule spüren deshalb genau, welche Macht sie mit der Notengebung in ihren Händen halten. Gefährlich wird es dann, wenn dies die einzige „Stärke" ist, mit der sich Lehrkräfte im Unterricht und gegenüber den Eltern durchsetzen können.

Feedback ist eines der mächtigsten Werkzeuge, das Lehrkräfte haben
Bei der ganzen Diskussion um die Probleme der schulischen Notengebung wird gerne übersehen, dass Rückmeldungen ein wichtiger Teil von Lernen sind. Es gibt Stimmen in der wissenschaftlichen Literatur, die im Feedback eine der wirkmächtigsten Methoden, die Lehrkräfte einsetzen können, sehen. Hattie und Timperley (2007) haben einen Aufsatz mit dem Titel *„The power of feedback"* veröffentlicht. In diesem Aufsatz fassen sie wichtige Schlussfolgerung der didaktischen und lernpsychologischen Forschung zur Bedeutung von Rückmeldungen im Unterricht zusammen. Feedback hat eine starke Wirkung auf Schülerinnen und Schüler. Aber ob diese Wirkung positiv oder negativ ist, hängt von der Gestaltung des Feedbacks ab. Und darum soll es in den nächsten Abschnitten gehen. Wenn Lehrkräfte diese Lektion verstanden haben, dann können sie auch ihre Leistungsbewertung und ihre Notengebung einfach stark gestalten.

10.2 Hintergrundwissen zur Leistungsmessung an Schulen

10.2.1 Klärung von Begrifflichkeiten

Zunächst einmal möchte ich, wie in allen anderen Kapiteln auch, die wichtigsten Begriffe klären. Häufig verwirrend und unklar ist in deutschsprachigen Publikationen die Verwendung der Konzepte „Leistungsmessung" und „Leistungsbewertung".

Leistungsmessung im schulischen Bereich ist der Vorgang zur Erfassung von Wissen bei einzelnen Schülerinnen und Schülern. Lehrkräfte wenden dabei in der Regel nicht-standardisierte Messverfahren an. Das sind entweder selbst zusammengestellte Mathematiktests, Vokabeltests, Grammatikarbeiten, Diktate oder Biologieklassenarbeiten. Diese nicht-standardisierten Leistungsmessungen bestehen aus Ansammlungen von Testaufgaben, die Lehrkräfte für sinnvoll erachten, um die Unterrichtsziele zu überprüfen. Leistungsmessungen im Unterricht sind allerdings nicht auf schriftliche Formate beschränkt. Auch mündliche Prüfungen, sportliche Leistungen, Projektpräsentationen oder Arbeiten aus dem Kunstunterricht oder

Technikunterricht sind Formen der schulischen Leistungsmessung. Alle diese Formen der Leistungsmessung sind durch folgende Schritte festgelegt:

- Eine genau definierte Aufgabenstellung bzw. Sammlung von Aufgabenstellungen, die geeignet sind, um Einblicke zu erhalten, über welches Wissen die Lernenden verfügen.
- Es werden die Bedingungen der Leistungserbringung für die Schülerinnen und Schüler genau festgelegt (Zeit, Hilfsmittel).
- Die Vergabe von Punkten wird entlang von Bewertungskriterien festgelegt. Bei welcher Aufgabe gibt es für welche Teilleistung wie viele Punkte?
- Jede Leistungsmessung führt am Ende nach der Auswertung zu einem Punktewert für jede einzelne Schülerin oder jeden einzelnen Schüler.

Standardisierte Formate der Leistungsmessung kommen in den seltensten Fällen an Schulen zum Einsatz. Dennoch sollten Lehrkräfte die Kriterien für standardisierte Leistungsmessungen kennen, weil diese in spezifischen Fällen notwendig sind, beispielsweise bei der Diagnostik von Lese-Rechtschreibschwierigkeiten, Dyskalkulie oder bei zentralen Vergleichsarbeiten. Standardisierte Leistungsmessungen werden in einem aufwendigen und wissenschaftlich kontrollierten Verfahren entwickelt und schrittweise verbessert. Es wird genau definiert, welches Wissen (Konstrukt) gemessen werden soll, beispielsweise Rechtschreibfertigkeiten von Fünftklässlern, Lesekompetenz von Zweitklässlern oder mathematische Kompetenz von Fünfzehnjährigen. Es werden viele Testaufgaben entwickelt und zunächst mit kleinen Gruppen von Schülerinnen und Schülern erprobt. Anschließend wird eine Pilotstudie an einer großen Stichprobe, die möglichst repräsentativ für die Zielgruppe sein sollte, durchgeführt. Danach werden die Testaufgaben aussortiert, die entweder zu schwer oder zu leicht sind und das zu messende Wissen nicht gut erfassen. Ebenso wird genau definiert, wie der Test durchzuführen und auszuwerten ist (Testobjektivität) und welche Messgenauigkeit (Testreliabilität) der Test hat. Wenn all diese Werte zufriedenstellend sind, erfolgt die Publikation des Tests. Erst dann können wir von einem standardisierten Diagnoseverfahren reden. Lehrkräfte können für die meisten Unterrichtsziele in ihren Fächern keine standardisierten Diagnoseverfahren anwenden, weil es diese nicht gibt.

Der Begriff der **Leistungsbewertung** wird häufig mit Leistungsmessung gleichgesetzt oder verwechselt. Die Leistungsbewertung ist allerdings ein gesonderter, von der reinen Messung (Erfassung) des Wissens abzugrenzender Bereich. Das Ergebnis der Leistungsmessung ist ein Punktewert, beispielsweise 10 von insgesamt 20 Punkten in einem Test im Fach Geografie oder 5 Fehler in einem Diktat mit insgesamt 120 Wörtern. Dieser Zahlenwert ist noch nicht aussagekräftig, es handelt sich noch nicht um eine Bewertung der Leistung. Hierfür benötigen wir eine **Bezugsnorm**. Dies ist ein Vergleichsmaßstab, der uns sagt, ob 10 von 20 Punkten eine ausreichende oder eine völlig unzufriedenstellende Leistung bedeutet. In der didaktischen Literatur werden drei Arten von Bezugsnormen unterschieden:

(1) Eine individuelle Bezugsnorm liegt vor, wenn die Lehrperson die gleiche Art von Leistungsmessung (z. B. 20 Vokabeln abfragen, 10 Kopfrechenaufgaben) regelmäßig im Unterricht durchführt und für die Bewertung die Punkteveränderung bei jedem einzelnen Schüler, jeder einzelnen Schülerin heranzieht. Wenn beispielsweise eine Schülerin im letzten Mathetest lediglich 20 von 40 Punkten erzielte und jetzt 30 von 40 Punkten, wäre dies nach der individuellen Bezugsnorm ein hervorragendes Ergebnis. Eine echte individuelle Bezugsnorm können Lehrkräfte allerdings nur mit einer Lernfortschrittsdiagnostik (*curriculum-based measurement*) realisieren. Für Leseflüssigkeit, Leseverständnis oder Rechtschreibfertigkeiten gibt es standardisierte Lernfortschrittsdiagnosen (Anderson et al., 2020; Maier, 2017). Dabei stehen mehrere Versionen gleich schwieriger Leistungstests zur Verfügung, die in bestimmten Zeitabständen eingesetzt werden. Es ergibt sich analog zu einer „Fieberkurve" eine individuelle Lernzuwachskurve für die einzelnen Schülerinnen und Schüler.

(2) Bei einer kriterialen Bezugsnorm wird vorab ein Leistungskriterium festlegt. Diese Bezugsnorm spielt in kritischen Lebensbereichen eine wichtige Rolle, beispielsweise bei der Fahrprüfung. Den Führerschein sollte eine Person nur dann erhalten, wenn sie Verkehrsregeln beachtet, das Fahrzeug gut beherrscht und umsichtig fährt. Jeder Fehler beim Autofahren könnte schwerwiegende Folgen haben. Aus diesem Grund sind Fahrprüfungen streng und ab einer genau definierten Anzahl an Regelverstößen (Kriterium) darf die Fahrerlaubnis nicht erteilt werden. Die Prüfung muss wiederholt werden.

(3) Von einer sozialen Bezugsnorm können wir dann sprechen, wenn die Leistung eines Individuums relativ zu den Leistungen einer Gruppe bewertet wird. Beispielsweise ist dies der Fall bei vielen psychologischen Tests. Bei einem Intelligenztest erhält die Person einen Punktwert von zum Beispiel 120. Ob dieser Punktwert jetzt mittelmäßige Intelligenz, hohe Intelligenz oder niedrige Intelligenz bedeutet, entscheidet sich an der Verteilung der Intelligenzpunktwerte in einer großen Gruppe, idealerweise einer repräsentativen Stichprobe. Liegt der Mittelwert der Intelligenzpunkte in dieser Gruppe bei 100 und die Standardabweichung bei 20, dann hat eine Person mit einem IQ von 120 schon eine hohe, überdurchschnittliche Intelligenz, ist aber lange noch nicht hochintelligent, weil es noch einen gewissen kleinen Prozentsatz an Personen mit einem noch höheren IQ-Wert gibt.

Die Notengebung entlang eines **Notenschlüssels** ist Teil der Leistungsbewertung und hängt von der Bezugsnorm ab. Am einfachsten zu vermitteln sind Notenschlüssel auf Basis einer kriterialen Bezugsnorm. Hier würde die Lehrkraft vorab definieren, welche Punktzahl einer ausreichenden Leistung entspricht und diese der

Note 4,0 zuordnen. Die in den Notenverordnungen vorgegebenen Noten (sehr gut, gut usw.) implizieren deshalb eine kriteriale Bezugsnorm, allerdings lässt sich diese nur dann umsetzen, wenn die Lehrkraft genau definieren kann, welche Punktzahl einer sehr guten Leistung entspricht und welche Punktzahl nicht mehr ausreicht, um einen Test zu bestehen. Häufig gelingen diese genauen Zuordnungen nicht, weshalb Lehrkräfte gerne zu einer sozialen Bezugsnorm greifen und den Notenschlüssel so festlegen, dass Extremnoten weniger häufig vorkommen und die meisten Schülerinnen und Schüler sich im mittleren Notenspektrum wiederfinden.

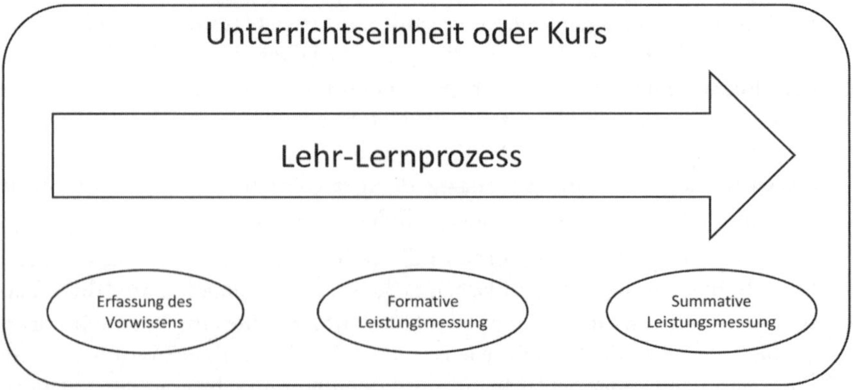

Abb. 15: Summative und formative Leistungsmessung (Quelle: Eigene Darstellung)

Wichtig ist nicht zuletzt auch die Unterscheidung zwischen **formativer und summativer Leistungsmessung** (Maier, 2010, 2014). Als „summativ" werden alle Arten von Tests bezeichnet, die einen zeitlich festgelegten Lehr-Lernprozess abschließend bewerten (Abbildung 15). Beispiele hierfür sind Klassenarbeiten am Ende einer Unterrichtseinheit, die Prüfungen zum Mittleren Schulabschluss oder eine Führerscheinprüfung. Die Leistungsmessung ist der Schlusspunkt eines längeren Unterrichtsabschnitts. Eine formative Leistungsmessung (*formative assessment*) findet während einer Unterrichtseinheit statt und liefert sowohl den Schülerinnen und Schülern als auch der Lehrkraft wichtige Hinweise, was noch geübt werden sollte und welches Wissen bereits gefestigt ist. Formative Leistungsmessungen können, müssen aber nicht benotet sein. Beispielsweise könnte eine Sportlehrerin jede Woche die Ausdauerleistung testen und den Jugendlichen aufzeigen, ob und wie sie sich verbessern. Damit unterstützt sie das *growth mindset* der Jugendlichen. Formative Leistungsmessungen sind aber auch für Lehrkräfte eine wichtige Rückmeldung, um den weiteren Unterricht sinnvoll planen zu können. Eine Mathematiklehrerin beispielsweise könnte jede Woche einen 10-minütigen Übungstest auf einer digitalen Lernplattform durchführen, um zu prüfen, welche Lerninhalte vor der benoteten Klassenarbeit noch einmal wiederholt werden sollten.

10.2.2 Die Ungenauigkeit von Noten

Um Leistungsbewertungen und Feedback als ein wirkungsvolles und einfaches Werkzeug im Unterricht einsetzen zu können, sollten sich Lehrkräfte zunächst einmal von der Illusion verabschieden, Noten seien genau und zuverlässig. Viele Lehrkräfte, aber auch Schülerinnen und Schüler sowie ihre Eltern gehen stillschweigend von deren Exaktheit und Objektivität aus. Tests, Klausuren oder Abschlussprüfungen sind für alle Lernenden gleich und werden unter den gleichen, objektiven Bedingungen durchgeführt. Diese exakte Messung in Form von Fehleranzahl oder erreichter Punktezahl wird anhand eines Notenschlüssels in eine Note umgerechnet. Wenn alle Beteiligten fest an diese Illusion glauben, kann dies zu kuriosen Praktiken führen. Lehrkräfte, aber auch die Schülerinnen und Schüler berechnen ihren Notendurchschnitt im Fach bis auf zwei Nachkommastellen genau. Dies ist eine absurde Praxis vor dem Hintergrund des Messfehlers bei nicht-standardisierten Testverfahren.

Es gibt bereits seit Jahrzehnten eine umfangreiche Forschung zur Genauigkeit und Zuverlässigkeit von schulischen Leistungsmessungen und Noten (Ingenkamp, 1971). Dabei wird zwischen relativer und absoluter Urteilsgenauigkeit unterschieden (Südkamp et al., 2012; Urhahne & Wijnia, 2021):

Die **relative Urteilsgenauigkeit** ist die Korrelation zwischen der Bewertung durch die Lehrperson (z. B. Note) und der in einem standardisierten Test gemessenen Schülerleistung. In einigen Studien wird dies auch Rangkomponente der Diagnosegenauigkeit genannt, weil es darum geht, ob eine Lehrperson die Leistung einer Schülerin relativ zu den anderen Lernenden in der Klasse einschätzen kann. Studien zeigen übereinstimmend, dass diese relative Diagnosegenauigkeit hoch ist. Lehrkräften gelingt es somit recht gut, zwischen leistungsstärkeren und leistungsschwächeren Schülerinnen und Schülern zu unterscheiden.

Die **absolute Urteilsgenauigkeit** ist die Differenz zwischen dem vorhergesagten und dem tatsächlich gemessenen Leistungsniveau eines Schülers oder einer Schülerin. Die Lehrkräfte müssen dabei beispielsweise vorhersagen, ob eine Schülerin ein bestimmtes Sprachniveau bei einem Test erreicht oder nicht. In vielen Studien erweist sich diese absolute Urteilsgenauigkeit als Problem. Verschiedene Lehrkräfte kommen beispielsweise bei ein und derselben Schülerleistung zu unterschiedlichen Bewertungen. Lehrkräfte tendieren dazu, das Wissen ihrer Schülerinnen und Schüler zu überschätzen.

Dass Noten alles andere als objektive Messungen von Wissen sind, lässt sich entlang der drei Gütekriterien der klassischen Testtheorie gut veranschaulichen. Diese drei Gütekriterien werden in der psychologischen Diagnostik herangezogen, um die Genauigkeit eines standardisierten Testverfahrens (z. B. Intelligenztest, Lesetest) zu prüfen und zu dokumentieren (Schmidt-Atzert & Amelang, 2012).

Objektivität: Eine schulische Leistungsmessung wäre objektiv, wenn das Ergebnis von der Testsituation und von der Person, die den Test durchführt, unabhängig ist. Dies ist in der Schule fast nie der Fall. Eine Englischlehrerin beispielsweise kann frei entscheiden, wie viele Vokabeln sie in welcher Zeit auf welche Art und Weise abfragt. Damit unterscheiden sich die Durchführungsbedingungen zwischen Lehrkräften erheblich. Und selbst eine Lehrkraft wird selten die gleichen Durchführungsbedingungen garantieren können. Einmal haben die Schülerinnen und Schüler für die Mathematikarbeit 45 Minuten Zeit. Im nächsten Schuljahr kommt es beim gleichen Test in einer anderen Klasse zu Störungen, sodass die verfügbare Zeit für die Bearbeitung der Aufgaben geringer ist. Aber auch die Auswertung des Tests sollte objektiv sein, ist es in der Regel nie. Die Englischlehrerin entscheidet selbst, ob sie eine leicht fehlerhaft geschriebene Vokabel noch gelten lässt oder nicht. Der Mathematiklehrer entscheidet selbst, ob es für eine ansatzweise gerechnete Aufgabe noch einen Punkt gibt oder nicht. Gleiches gilt für die Zuordnung von Punkten oder Fehlern zu einer Note. Auch hier können Lehrkräfte ihren eigenen Notenschlüssel anwenden. Gibt es mit einem Fehler im Vokabeltest noch eine „1“, die „1-2“ oder ganz streng eine „2“?

Reliabilität: Die Reliabilität ist die Messgenauigkeit eines Tests. Sie kennen das Konzept der Messgenauigkeit beispielsweise von einer Personenwaage, mit der manche täglich ihr Körpergewicht messen, um beispielsweise den Effekt einer Diät zu kontrollieren. Bei einer ungenauen Körperwaage schwankt die Messgenauigkeit um 1 kg nach oben und unten. Wenn die Waage 60 kg anzeigt, liegt das eigentliche Körpergewicht wahrscheinlich zwischen 59 kg und 61 kg. Eine genaue Körperwaage hat dagegen eine Fehlertoleranz von +/- 100 Gramm. Ein Messwert von 60 kg zeigt dann ein wahres Körpergewicht zwischen 59,9 kg und 60,1 kg an. Dieses Prinzip der Messgenauigkeit lässt sich auch auf schulische Leistungsmessungen übertragen. Wenn eine Schülerin beispielsweise in einem Test im Fach Geschichte 18 von 30 Punkte erreicht hat, hängt es von der Messgenauigkeit des Tests ab, in welchem Intervall der Punktwert liegt, der am besten ihrem tatsächlichen Wissensstand entspricht. Angenommen, in diesem Geschichtetest sind viele Fragen kompliziert und missverständlich formuliert worden, dann ist die Messgenauigkeit gering, weil die Schülerin über das Wissen verfügt, jedoch aufgrund der Fragenformulierung irritiert war und der Test damit das Wissen nicht korrekt messen konnte. Ein weiterer Aspekt zur Verbesserung der Messgenauigkeit eines Tests ist die Anzahl der Testfragen. Wenn in einem Mathematiktest lediglich drei umfangreiche Aufgaben zu bearbeiten sind, ist dieser weniger genau als ein Mathematiktest, bei dem 10 kleinere Testaufgaben gestellt werden. Kleine Fehler oder Wissenslücken bei einer Aufgabe können das Testergebnis dann weniger verzerren. Tests mit vielen kleinen und über die Lerninhalte verteilten Aufgaben messen genauer, ob eine Schülerin oder ein Schüler auch die Bandbreite der geprüften Lernziele erreicht hat.

Validität (Gültigkeit): Eine schulische Leistungsbewertung ist dann valide, wenn der Test misst, was die Schülerinnen und Schüler im Unterricht lernen sollten oder was in den Bildungsplänen an Lerninhalten und Unterrichtszielen vorgeschrieben ist. Lehrkräfte verletzen dieses Gütekriterium dann, wenn sie in einer Klausur oder Klassenarbeit nur zu einem Teilgebiet der zu prüfenden Unterrichtseinheit Fragen stellen. Die Validität ist auch dann eingeschränkt, wenn beispielsweise bei der Klassenarbeit im Fach Geschichte viele Rechtschreibfehler zu einem Notenabzug führen. Die Berücksichtigung von Sprache und Rechtschreibung in allen Fächern ist sinnvoll. Lehrkräfte müssen dann aber eine eingeschränkte Validität ihre Leistungsbewertung in Kauf nehmen. Die Note bezieht sich nicht nur auf das Wissen im Fach Geschichte, sondern auch auf die Rechtschreibfertigkeiten.

Es wäre falsch, die Praxis der schulischen Leistungsmessung und Notengebung den Testgütekriterien der psychologischen Diagnostik zu unterwerfen. Schulische Leistungsbewertungen können nie so objektiv, reliabel und valide sein wie beispielsweise ein Intelligenztest, der unter streng kontrollierten Bedingungen im Labor durchgeführt wird. Selbst Abschlussprüfungen wie das Abitur sind keine absolut objektiven Messverfahren. Die Durchführungsbedingungen werden zwar streng geregelt und kontrolliert, allerdings haben Lehrkräfte bei der Auswertung von Abschlussprüfungen einen gewissen Spielraum, den man auch mit Zweit- oder Drittkorrekturen nie vollständig in den Griff bekommt. Lehrkräfte sollten die Testgütekriterien aber auch nicht einfach ignorieren und die eigene Notengebung als ein subjektives Lotteriespiel betrachten. Selbstverständlich müssen Lehrkräfte ihre Noten nach fairen, nachvollziehbaren und transparenten Bedingungen erteilen. Aber sie müssen sich davon verabschieden, dass sie das Wissen ihrer Schülerinnen und Schüler exakt erfassen, beurteilen und beziffern können.
Dieser Abschied vom „Exaktheitswahn“ der schulischen Notengebung eröffnet den Freiraum für eine pädagogische Leistungsmessung und Leistungsbewertung. Noten sind deshalb keine exakten Messergebnisse, weil jede Schule, jedes Schuljahr, jede Klasse und jede einzelne Person in dieser Klasse unterschiedlich sind. Aus diesem Grund müssen Lehrkräfte ihre Leistungsmessung und Notengebung den situativen Gegebenheiten anpassen. Ich möchte an dieser Stelle mit dem Perspektivwechsel noch einen Schritt weitergehen. Lehrkräfte sollten ihre Praxis der Leistungsmessung und Notengebung nicht vom Standpunkt der gesellschaftlichen Erwartungen aus betrachten (Objektive Zeugnisnoten, Erwartungen der Eltern an vergleichbare Noten, Perspektive der späteren Arbeitgeber). Der Unterricht ist dann richtig stark, wenn Leistungsmessungen und Notengebung zu einem Teil des Lehr-Lernprozesses werden. Ein Kurztest oder eine Klassenarbeit sollten nicht lediglich den Zweck verfolgen, eine spätere Zeugnisnote zu begründen. Die Leistungsmessung sollte viel-

mehr den Lernprozess und die Motivation fördern. Eine Möglichkeit hierfür sind die bereits im vorangehenden Teilabschnitt angesprochenen formativen Leistungsmessungen, bei denen die Lernenden ein informatives Feedback zu ihrem Lernfortschritt erhalten und sich anschließend verbessern können.

10.2.3 Feedback beim instrumentellen Lernen

Der pädagogische Kern jeder Leistungsmessung, egal ob formativ oder summativ, ist das Feedback an die Schülerinnen und Schüler. Dieses kann je nach Art der Leistungsmessung viele Formen annehmen. Bei einer benoteten Klassenarbeit nehmen die Schülerinnen und Schüler in der Regel die Note als Feedback wahr. Eventuell schauen sich noch einige wenige Lernende genau an, welche Aufgaben sie falsch oder richtig haben. Wenn die Sportlehrerin regelmäßig die Ausdauerleistung der Schülerinnen und Schüler testet, kann sich das Feedback auf die individuelle Verbesserung oder Verschlechterung der Ausdauerleistung beziehen. Aber auch sämtliche Unterrichtsbeobachtungen können in ein Feedback an die Lernenden münden. Die Deutschlehrerin beobachtet eine Schülerin beim Schreiben und kritisiert ihre unleserliche Handschrift. Der Geografielehrer bespricht die Mittelgebirge Deutschlands und lobt eine Schülerin, die mehrere Namen auf der Landkarte zuordnen kann. Aber auch mit all den vielen kleinen Interaktionen im Unterricht geben Lehrkräfte bereits ein Feedback zum Lernprozess oder Wissenserwerb. Einzelne Gesten oder Blicke nach einem Redebeitrag einer Schülerin können die Lernmotivation sowohl positiv als auch negativ beeinflussen. Stark wird der Unterricht dann, wenn Lehrkräfte verstehen, dass diese vielen kleinen Rückmeldungen eine hohe Wirkung auf Menschen haben können. Um dies zu verstehen, werfen wir wieder einen kurzen Blick in die Lernpsychologie.

Feedback ist bereits bei den ersten Lerntheorien aus dem behavioristischen Paradigma eine zentrale Komponente (Bangert-Drowns et al., 1991). Die Theorie des instrumentellen Lernens erklärt den Erwerb von hoch automatisierten und wenig komplexen Verhaltensweisen (Schunk, 2012; Steiner, 2001). Die Theorie kann auf das Lernen von einfachen Handlungsabläufen oder mentalen Automatismen in vielen Schulfächern angewendet werden (Leeder, 2022). Das instrumentelle Lernen, auch als operantes Konditionieren bekannt, ist eine Art des Lernens, bei dem das Verhalten eines Individuums durch die Konsequenzen, die auf das Verhalten folgen, geformt wird. Diese Form des Lernens wurde am bekanntesten durch die Arbeit des Psychologen Skinner. Beim instrumentellen Lernen wird das Verhalten eines Individuums (prozedurales Wissen) entweder aufgebaut (Verstärkung) oder abgebaut (Bestrafung), abhängig von den Konsequenzen, die auf das Verhalten folgen. Dabei können vier grundlegende Arten von Konsequenzen unterschieden werden:

(1) Positive Verstärkung: Ein angenehmer Reiz wird hinzugefügt oder präsentiert, was dazu führt, dass das Verhalten in der Zukunft wahrscheinlicher auftritt.

Schulische Beispiele für positive Verstärkung sind alle Arten von Lob, Auszeichnungen oder Noten. Eine Schülerin erledigt ihre Hausaufgaben pünktlich und sorgfältig. Als Reaktion darauf lobt der Lehrer die Schülerin und gibt ihr eine gute Mitarbeitsnote.

(2) Negative Verstärkung: Ein unangenehmer Reiz wird entfernt oder vermieden, was ebenfalls zu einer höheren Auftretenswahrscheinlichkeit des Verhaltens in Zukunft führt. Ein Schüler fühlt sich vor einer Prüfung gestresst, weil er erst kurzfristig beginnt, die Lerninhalte zu wiederholen. Seine Lehrerin zeigt ihm ein effizientes Lernprogramm, mit dem er regelmäßig die Lerninhalte in kleinen Portionen üben kann. Vor dem nächsten Test ist er weniger gestresst (Reduktion unangenehmer Reiz) und fühlt sich gut vorbereitet. Er nutzt das Lernprogramm daraufhin regelmäßig für Wiederholungen (Verhaltensaufbau).

(3) Positive Bestrafung: Ein unangenehmer Reiz wird hinzugefügt oder präsentiert, was dazu führt, dass das Verhalten in Zukunft weniger wahrscheinlich auftritt. Ein Spieler kommt beispielsweise zu spät zum Fußballtraining. Er muss nach dem Training von 10 Extrarunden laufen, während die Freunde bereits in der Umkleidekabine sind und dort Spaß haben.

(4) Negative Bestrafung: Ein angenehmer Reiz wird entfernt, was ebenfalls zu einer Reduzierung der Auftretenswahrscheinlichkeit des Verhaltens führt. Beispielsweise nutzt ein Schüler während des Unterrichts sein Smartphone, obwohl dies verboten ist. Die Lehrerin nimmt ihm das Gerät für den Rest des Unterrichtsvormittags weg. Das unerwünschte Verhalten (Smartphone benutzen) wird durch das Entfernen eines angenehmen Reizes (mit dem Smartphone spielen) bestraft.

In jedem dieser Beispiele wird das Verhalten des Schülers oder der Schülerin durch die Konsequenzen, die es nach sich zieht, geformt. Positive Verstärkung und negative Verstärkung zielen darauf ab, erwünschtes Verhalten zu fördern, während positive und negative Bestrafung darauf abzielen, unerwünschtes Verhalten zu reduzieren. Das instrumentelle Lernen funktioniert allerdings nur dann, wenn die positive Konsequenz auch von den Lernenden als „angenehm" und die negative Konsequenz als „unangenehm" wahrgenommen wird. Wenn ein Schüler über die Note 6 in einem Vokabeltest amüsiert ist, weil seine Schulfreunde ihn damit als Rebell oder Querkopf betrachten, ist die Note keine unangenehme Konsequenz mehr.

Eine weitere Bedingung für die Wirksamkeit des instrumentellen Lernens wird mit dem Begriff der Kontingenz beschrieben. Die Lernenden müssen die Verstärkung mit dem aufzubauenden Verhalten in Verbindung bringen. Entweder ist dies die zeitliche Nähe von Verhalten und Verstärkung oder eine mit der Verstärkung verknüpfte Information signalisiert, welches Verhalten verstärkt werden soll. Aus diesem Grund ist es wichtig, Schülerinnen und Schülern eine sofortige und spezifische Rückmeldung zu geben. Das positive Feedback muss somit direkt nach jeder

Einmaleinsaufgabe oder jeder abgefragten Vokabel erfolgen. Wenn sie als Lehrperson das soziale Verhalten ihrer Schülerinnen und Schüler in der Klasse fördern möchten, sollten sie Schülerinnen und Schüler ganz gezielt und sofort für einzelne Verhaltensweisen (sich melden, einer Schülerin helfen) loben. Bei vielen Leistungsmessungen in der Schule ist diese Kontingenz ein Problem. Wenn die Schülerinnen und Schüler einen Deutschaufsatz erst Wochen später zurückerhalten, können sie das Feedback kaum noch mit ihrem Verhalten in Verbindung bringen. Die Note oder die Kommentare unter dem Aufsatz sind viel zu weit entfernt von der Situation, in der das Verhalten ausgeführt wurde.

Aber nicht nur die Konsequenzen müssen passen, es kommt beim instrumentellen Lernen auch auf die Reize an, die das gewünschte Verhalten auslösen sollen. Diskriminative Reize sind Signale oder Hinweise in der Umgebung, die einem Individuum anzeigen, dass ein bestimmtes Verhalten in dieser spezifischen Situation wahrscheinlich zu einer bestimmten Konsequenz führen wird. Diese Reize helfen dem Individuum zu erkennen, wann es angemessen ist, ein bestimmtes Verhalten zu zeigen, um eine Belohnung zu erhalten oder eine Bestrafung zu vermeiden. Somit helfen diskriminative Reize den Lernenden, ihr Verhalten je nach Situation anzupassen, um positive Ergebnisse zu maximieren und negative zu minimieren. Stellen Sie sich vor, im Unterricht gibt es zwei unterschiedliche Situationen:

Situation A (Diskriminativer Reiz): Die Lehrperson steht an der Tafel und zeichnet Diagramme, während sie erklärt. Die Schülerinnen und Schüler haben gelernt, dass in dieser Situation, wenn sie ihre Hand heben und eine Frage zum Diagramm stellen, die Lehrperson positiv reagiert, indem sie die Frage ausführlich beantwortet und manchmal sogar zusätzliches Lob oder Anerkennung gibt. Hier signalisiert die Tätigkeit der Lehrperson (Diagramme zeichnen und erklären) den Lernenden, dass Fragen stellen in diesem Kontext zu einer positiven Konsequenz führt.

Situation B (Kein diskriminativer Reiz): In einer anderen Situation führt die Lehrperson eine Gruppendiskussion, bei der die Schülerinnen und Schüler angeregt werden, ihre Meinungen untereinander auszutauschen. In dieser Phase reagiert die Lehrperson nicht besonders auf individuelle Fragen, sondern fördert die Diskussion innerhalb der Gruppe. Es wird gelernt, dass das Heben der Hand und das Stellen einer Frage an die Lehrperson in dieser Phase nicht die gleiche positive Aufmerksamkeit oder Anerkennung bringt.

In diesem Beispiel ist die Tätigkeit der Lehrperson (Diagramme an der Tafel zeichnen und erklären) ein diskriminativer Reiz, der signalisiert, dass es angebracht ist, Fragen zu stellen, um eine positive Verstärkung zu erhalten. Während der Gruppendiskussion fehlt dieser Reiz, und die Lernenden passen ihr Verhalten entsprechend an. Wenn Lehrkräfte ihren Unterricht stark über die Notengebung definieren, dann setzen sie viele diskriminative Reize. Die Schülerinnen und Schüler lernen nur dann, wenn ein benoteter Test ansteht. Sie lernen nur das, was abgefragt und benotet wird. Wenn dagegen eine Lehrperson mehr Wert auf eine kontinuierliche

Mitarbeit legt oder den individuellen Lernfortschritt stärker belohnt, setzt diese einen anderen diskriminativen Reiz. Die Schülerinnen und Schüler lernen, dass ihr gesamtes Lern- und Arbeitsverhalten im Unterricht zu positiven oder negativen Konsequenzen führen kann.

Der Aufbau von einfachen mentalen oder motorischen Prozeduren erfordert auch eine zeitliche Strukturierung. In der Theorie des instrumentellen Lernens wird diese zeitliche Phasenstruktur mit Verstärkungsplänen beschrieben. Diese legen fest, wie und wann eine Verstärkung gegeben wird. Die Pläne beeinflussen, wie schnell ein Verhalten gelernt wird und wie widerstandsfähig es gegenüber dem Vergessen ist. Es gibt zwei Hauptkategorien von Verstärkungsplänen (Hogarth & Villeval, 2010).

Kontinuierliche Verstärkung: Hier wird jedes Mal, wenn das gewünschte Verhalten gezeigt wird, eine Verstärkung gegeben. Dieser Plan ist effektiv, um ein neues Verhalten schnell zu etablieren, aber das Verhalten kann auch schnell gelöscht werden, sobald die Verstärkung wegfällt.

Intermittierende Verstärkung: Das Verhalten wird nicht jedes Mal verstärkt, sondern nur manchmal. Dies führt zu einem resistenten und dauerhaften Verhalten. Wenn eine Schülerin beispielsweise in der Lage ist, ein bestimmtes Verhalten zu zeigen (Vokabel zuordnen, eine bestimmte Rechenstrategie anwenden, eine Bohrmaschine bedienen können) und es auf die Übung und Wiederholung ankommt, sollte nicht jedes Mal eine Verstärkung folgen. Lob kann sich auch abnutzen und Kinder und Jugendliche sind mit zunehmendem Lernfortschritt auch selbst in der Lage zu erkennen, ob eine Prozedur richtig ausgeführt oder Faktenwissen korrekt wiedergegeben wurde.

10.2.4 Lernen aus Fehlern und formatives Feedback

Die Bedeutung von Feedback für Unterricht und Lernen kann auch aus einer kognitionspsychologischen Perspektive beschrieben werden (Bangert-Drowns et al., 1991; Kluger & DeNisi, 1996; Lipnevich & Panadero, 2021). Kognitivistische Lerntheorien beschreiben und erklären Prozesse des Denkens und der Verarbeitung von Informationen. Damit sind diese Lernmodelle und Lerntheorien ebenfalls gut geeignet, um die Lernwirksamkeit von Rückmeldungen im Rahmen der schulischen Leistungsmessung beurteilen zu können.

Wie bereits in einigen der vorangehenden Kapitel mehrfach betont, verstehen kognitive Theorien das Lernen als einen aktiven Konstruktionsvorgang (Eysenck & Keane, 2020). Wir Menschen explorieren die Umwelt und haben aufgrund unseres Vorwissens bestimmte Erwartungen. Unser Gehirn ist analog zu KI-Systemen eine einzige, große Vorhersagemaschine. Wenn wir in einen Supermarkt gehen, dann erwarten wir aufgrund unseres bisherigen „Supermarkt"-Schema am Eingang Obst und Gemüse sowie Menschen mit Einkaufswägen. Die wahrgenommenen Informationen werden im Arbeitsgedächtnis (Kurzzeitgedächtnis) mit dem bereits im Langzeitgedächtnis vorhandenen deklarativen Wissen abgeglichen. Wenn Vorhersage und tatsächliche Wahrnehmungen (visuell, optisch) übereinstimmen, schließt sich ein positiver Feedback-Kreis. Dem Langzeitgedächtnis wird signalisiert, nichts zu ändern. Die vorhandenen Schemata reichen aus, um die Realität zu verstehen und einzuordnen.

Ganz anders sieht es aus, wenn wir auf eine unbekannte Information stoßen, die nicht zu den Vorhersagen unseres Gehirns passt. Wenn beispielsweise im Supermarkt gleich im Eingangsbereich eine Musikgruppe spielt oder ein Clown durch die Regale geht und Späße macht. Unserem Arbeitsgedächtnis gelingt es nicht sofort, aus der neu eingehenden Information eine für uns stimmige und nachvollziehbare Bedeutung zu konstruieren. Die vom Gehirn konstruierte Vorhersage passt nicht zu den sensorischen Erfahrungen. Es ist verblüffend und ungewöhnlich, aber manche Supermärkte lassen sich mehr einfallen als Musik aus der Konserve. Das bisher abgespeicherte Schema vom typischen Supermarkt wird durch dieses negative Feedback als „veränderungsbedürftig“ markiert. Genau in diesem Fall lernt der Mensch etwas dazu. Wir lernen aus einer kognitionspsychologischen Perspektive nur dann, wenn wir auf Neues, Ungewöhnliches, Überraschendes, nicht Erklärbares stoßen. Das Gehirn verändert Strukturen, wenn es eine Diskrepanz gibt zwischen Erwartung und Realität. Menschen lernen somit aus Fehlern, aus dem was noch nicht passt und noch nicht stimmt.

Von diesem Standpunkt aus können wir über die Fehlerkultur an Schulen nachdenken. Wie gehen Lehrerinnen und Lehrer mit Fehlern um? Werden diese als produktives Element betrachtet oder als etwas, was im Unterricht keinen Platz hat? Im Grunde genommen ist die gängige Praxis der Leistungsmessung und Leistungsbewertung an Schulen genau das Gegenteil von dem, was kognitionspsychologisch als Lernen beschrieben wird. Viele Fehler führen zu einer negativen Benotung, Schülerinnen und Schüler versuchen möglichst Fehler im Unterricht, bei den Hausaufgaben und spätestens bei den benoteten Leistungsüberprüfungen zu vermeiden. Aber nur durch Fehler lernen Menschen. Gerade das, was grundlegend ist für tiefgreifende Lernprozesse, wird im Unterricht häufig kritisiert und sanktioniert.

Wer keine oder kaum Fehler macht, erhält gute Zensuren und Bestätigung. Schülerinnen und Schüler eignen sich deshalb Strategien der Fehlervermeidung an. Wählen einfache Aufgaben, erklären schlechte Noten oder falsch gelöste Aufgaben mit deren Schwierigkeit, wenden oberflächliche Lernstrategien an, um bei benoteten Tests möglichst gut abzuschneiden (vgl. Kapitel 3.2: *performance goal orientation*). Kognitionspsychologisch ideal wäre dagegen, den Fehler ins Zentrum des Unterrichts zu rücken. Jede falsch bearbeitete Aufgabe als willkommenen Anlass zu nehmen, um über die angewendete Strategie zu reden und aufzuzeigen, an welcher Stelle etwas nicht verstanden oder eine Prozedur falsch angewendet wurde. Der Unterricht sollte nicht mit einem benoteten Test aufhören. Vielmehr sollte der Unterricht nach einem Test erst beginnen und die Fehleranalyse sollte als Startpunkt für wirklich tiefgreifende Lernprozesse verstanden werden. Die Korrektur und Besprechung eines Aufsatzes oder eines Mathematiktests sind der eigentlich fruchtbare Teil des Unterrichts.

Es gibt mittlerweile eine breite experimentelle Forschung zur Bedeutung von Fehlern in Lernprozessen (Metcalfe, 2017; Metcalfe & Kornell, 2007). Interessant sind zum Beispiel Studien zum Lernen von Vokabeln (Kornell et al., 2009). Den Schülerinnen und Schülern wurden Wortkärtchen vorgelegt und sie sollten die entsprechende Vokabel in der Fremdsprache aufschreiben. Die Lernenden wurden per Zufall in zwei Gruppen aufgeteilt. Die Personen in der Gruppe *commission* sollten das Wort aufschreiben, auch wenn sie sich nicht ganz sicher waren. In der Gruppe *ommission* sollten sie nur dann das Wort aufschreiben, wenn sie sich ganz sicher waren. Wenn sie das Wort in der Fremdsprache nicht kennen oder sich über die Schreibung unsicher sind, sollten sie nichts notieren und das nächste Kärtchen aufdecken. Abschließend erhielten alle Lernenden in beiden Gruppen die korrekt geschriebenen Worte als Feedback. Welche Gruppe hatte den höheren Lernerfolg bei einem anschließenden Behaltenstest?

Eventuell denken Sie jetzt, die Gruppe *ommission* hätte besser abgeschnitten, weil diese Personen nicht ihr falsch geschriebenes Wort betrachten mussten, sondern gleich mit der korrekten Schreibung als visuellem Input konfrontiert wurden. Es gibt unter Lehrkräften die Meinung, es dürfe nichts Falsches im Heft stehen. Falsche Worte werden „herausgekillert" und durch die korrekten Worte ersetzt. Es ist nicht gewünscht, ein falsch geschriebenes Wort im Heft durchzustreichen und das korrekt geschriebene Wort einfach daneben oder darüber zu schreiben. Aber genau das wäre besser. Die Schülerinnen und Schüler in der *commission* Gruppe hatten den höheren Lernerfolg. Die kognitionspsychologische Vorstellung vom Lernen als aktive Konstruktion von Vorhersagen liefert uns die Erklärung hierfür. In der Gruppe *commission* mussten die Schülerinnen und Schüler aktiv eine Schreibung des Wortes konstruieren und somit eine aus ihrer Sicht bestmögliche Vorhersage treffen, wie das Wort lautet und wie man es schreiben könnte. Durch diesen aktiven Vorgang der Wissenskonstruktion (*retrieval*) wird das für dieses Wissen relevante Gehirnareal aktiviert. Wenn dann die Schülerin oder der Schüler mit der korrekten Schreibung konfrontiert wird, markiert das Gehirn dieses bereits aktive Netzwerk als „zu verändern". Gerade dieser offensichtliche Fehler, diese Diskrepanz zwischen eigener Schreibung und richtiger Schreibung löst den entscheidenden Lernprozess aus. Dieser Prozess findet nicht statt, wenn die Schülerinnen und Schüler das Wort nicht schreiben müssen und damit den Fehler vermeiden konnten.

Zu einem vergleichbaren Befund kommen auch Studien zum Textverständnis (Richland et al., 2009). Wenn die Schülerinnen und Schüler vor dem Lesen eines Textes bereits zum Inhalt abgefragt werden, erhöht sich die Behaltensleistung nach dem Lesen des Textes, auch wenn die Lernenden recht wenig über den Inhalt wissen und bei dieser Vorwissensabfrage viele Fehler machen. Dieser Befund kann wiederum mit dem gleichen Effekt wie beim Vokabelnlernen erklärt werden. Die Vorwissensabfrage sensibilisiert für den Inhalt des Textes und aktiviert teilweise vorhandenes Wissen, auch wenn dieses unvollständig oder falsch ist. Entsprechende Netzwerke im Gehirn sind bereits aktiv, wenn die Schülerinnen und Schüler beginnen, den Text zu lesen. Diskrepanzen zwischen dem eigenen Vorwissen und dem Wissen, das der Text vermittelt, werden besonders stark wahrgenommen. Das Gehirn kann aufgrund der Diskrepanzerfahrung die Netzwerke als „veränderungsbedürftig" markieren. Dies wiederum ist die Voraussetzung für die Neustrukturierung des Wissens. Es wäre allerdings kontraproduktiv, wenn die Schülerinnen und Schüler bei der Vorwissensabfrage raten oder absichtlich falsche Antworten erfinden. Sie müssen sich möglichst gut erinnern und sollten sich Mühe geben, eine möglichst korrekte Antwort zu produzieren. Fehler sind nur dann lernwirksam, wenn sie im semantischen Raum der richtigen Lösung liegen. Die fehlerhafte Antwort sollte der korrekten Lösung so nah wie möglich sein. Dies gilt auch, wenn eine Person recht wenig weiß und „raten" muss. Informiertes Raten ist effektiver als völlig blindes Raten (*informed guessing vs. shot in the dark*). Diesen Effekt konnten Forscherinnen und Forscher mit Studien zur Antwortsicherheit zeigen (Metcalfe, 2017). Dabei muss die Person nach der Abgabe der Antwort ankreuzen oder anklicken, ob sie sich sicher ist, eine richtige Antwort abgegeben zu haben oder nicht. Wenn die Sicherheit bei der Antwort hoch ist und diese dennoch falsch ist (*high confidence error*), erhöht sich die Aufmerksamkeit für das Feedback. Die Person ist überrascht und liest die korrekte Aufgabenlösung wesentlich genauer. Wenn die Person allerdings die Antwort errät oder direkt nach der Abgabe unsicher ist, ob diese korrekt ist oder nicht, ist der Lernerfolg geringer. Der Schüler beispielsweise ist dann auch nicht überrascht, einen Fehler gemacht zu haben.

Besonders eindrückliche Ergebnisse zur Bedeutung von Fehlern für Lernen und Unterricht gibt es aus der naturwissenschaftsdidaktischen Forschung (Duit & Treagust, 2003; Van Loon et al., 2015). Gerade in naturwissenschaftlichen Fächern kommen die Schülerinnen und Schüler in der Regel mit wissenschaftlich nicht korrekten Vorstellungen von Fachbegriffen in den Unterricht (Energie, Kraft, Evolution). Unterricht ist dann produktiv und lernwirksam, wenn es den Lehrkräften gelingt, dieses Vorwissen (Präkonzepte) zunächst zu aktivieren, beispielsweise indem sie die Schülerinnen und Schüler fragen, wie sie sich bestimmte Phänomene erklären (z. B. Anpassungsmerkmale von Tieren, Ergebnis eines chemischen Versuchs). Die Schülerinnen und Schüler nutzen ihre vorwissenschaftlichen Konzepte und stoßen damit aber an Grenzen. Sie machen eine Diskrepanzerfahrung, erleben einen überraschenden Widerspruch zwischen dem eigenen Wissen und den Beobachtungen bei einem Versuch. Typische Beispiele hierfür sind Versuche zum Schwimmen und Sinken. Ein Schüler denkt aufgrund seiner Alltagserfahrung, dass Metall sinkt. Die Lehrerin nimmt eine Metallschale und fragt, ob diese auch sinkt. Der Schüler bejaht diese Frage, legt die Schale aufs

Wasser und sieht seine Vermutung widerlegt. Der Schüler hat für dieses Phänomen zunächst keine Erklärung und sein Alltagskonzept „Metall sinkt“ wird aufgrund seiner fehlerhaften Annahme als veränderungsbedürftig markiert. Jetzt ist er bereit für eine neue Erklärung.
Interessant sind in diesem Zusammenhang auch Studien zu *metacognitive illusions* und *overconfidence* bei Schülerinnen und Schülern (Dunlosky et al., 2013; Metcalfe, 2017). Damit sind ineffiziente Lernstrategien gemeint, die mehr zur Beruhigung beitragen und weniger geeignet sind, um Wissen zu üben und zu festigen. Viele Lernende beispielsweise lesen ihren Heftaufschrieb vor einer benoteten Leistungsüberprüfung „noch einmal durch“. Beim Durchlesen haben sie den Eindruck, alles zu verstehen. Dies kann jedoch eine Illusion sein, weil sie übersehen, dass sie in einem Test dieses Wissen reproduzieren müssen. Das Durchlesen des Heftaufschrieb ist keine aktive Form des Lernens. Es entsteht eine metakognitive Verstehensillusion, eine Überbewertung der eigenen Kompetenz. Wesentlich effektiver sind dagegen Lern- und Übungsstrategien, bei denen sich die Schülerinnen und Schüler selbst testen, Aufgaben lösen, Fehler machen und negatives Feedback riskieren. Erst dann muss das Gehirn aktiv entsprechende Schemata aktivieren und erhält ein Feedback, ob das abgespeicherte Wissen ausreicht, um eine Aufgabe zu lösen oder eben nicht.

Abb. 16: Teilkomponenten eines formativen Feedbacks (Quelle: Eigene Darstellung unter Verwendung von Hattie und Timperley (2007))

Abschließend möchte ich in diesem Teilkapitel auf den Begriff des formativen Feedbacks hinweisen. Eine Leistungsmessung kann als formativ bezeichnet werden, wenn die Schülerinnen und Schüler ein Feedback erhalten, das ihnen konkret aufzeigt, was sie bereits wissen und was sie noch dazulernen oder verbessern sollten (Hattie & Timperley, 2007; Shute, 2008). Eine formative Leistungsmessung ist keine Leistungsbewertung, bei der Fehler mit einer Note bestraft werden. Eine formative Leistungsmessung zeigt konkret auf, wo noch Fehler und Lernlücken sind und wie die Schülerinnen und Schüler in einem nächsten Schritt ihre Lernlücken schließen können. Abbildung 16 verdeutlicht die wesentlichen Teilkomponenten eines formativen Feedbacks, wie sie von Hattie und Timperley (2007) beschrieben wurden. Das Feedback muss erstens über das Lernziel und die Kriterien zur Bewer-

tung einer Schülerleistung informieren (*feed up*-Komponente). Zweitens zeigt das Feedback auf, wie weit der aktuelle Wissensstand vom Lernziel entfernt ist (*feed back*-Komponente). Drittens sollte das Feedback möglichst konkret aufzeigen, welche nächsten Lernschritte die Person machen könnte, um die Diskrepanz zwischen aktuellem Wissen und Lernziel zu verringern. Häufig besteht das Feedback nach einer schulischen Leistungsmessung lediglich aus der *feed back*-Komponente. Wie die nachfolgend beschriebene Studie zeigt, ist dies nicht ausreichend.
Hattie et al. (2021) haben bei über 3000 Personen (*college, high schools*) die schriftlichen Rückmeldungen zu einem ersten Textentwurf, den diese über die Plagiatssoftware *Turnit-In* eingereicht hatten, analysiert. Die Studie nutzte hierfür die von der Software gespeicherten Rückmeldungen der Lehrkräfte zum Textentwurf sowie die ebenfalls anonymisierten Bewertungen des ersten und des überarbeiteten Textentwurfs. Die Anzahl und die Art des Feedbacks der Lehrkräfte wurde mit der abschließenden Bewertung des überarbeiteten Textes sowie dem Lernzuwachs verglichen. Den höchsten Effekt auf den Lernzuwachs hatte die Quantität des Feedbacks. Je mehr Rückmeldekommentare ein Schüler oder eine Schülerin erhielt, desto besser war die zweite Version des Textes. Nach der Detailanalyse hatte lediglich das formative Feedback einen positiven Effekt auf die Textüberarbeitung. In der Studie wird dieses formative Feedback als *where to next*-Feedback bezeichnet, weil es konkrete Schritte zur Verbesserung des Textes anspricht. Lobendes Feedback hatte dagegen einen negativen Einfluss auf die Textverbesserung und korrelierte mit der endgültigen Bewertung. Damit ist Lob lediglich eine Bestätigung für Schülerinnen und Schüler, die bereits eine gute Erstversion ihres Textes einreichen. Lob führt dagegen nicht zu einer Verbesserung des Textes. Diese Studie ist damit ein weiterer Beweis für die hohe Lernwirksamkeit von formativem Feedback, bei dem eine Lehrperson erstens konkrete Verbesserungsvorschläge zurückmeldet und zweitens die Möglichkeit gibt, diese Vorschläge auch zeitnah umzusetzen, um eine bessere Bewertung zu erhalten.

10.3 Orientierung für eine pädagogische Leistungsbeurteilung

Das ist interessant, denkt sich Zoe nach diesem langen Vortrag von Professor Schreiber, aber welche Konsequenzen ergeben sich aus all den Befunden und Feedbacktheorien für meinen Unterricht? Lorenz sieht es diesmal pragmatisch. Leistungsmessungen und Noten gehören zur Schule und ich bin nicht überzeugt von pädagogischen Reformkonzepten, bei denen ganz auf Noten und Tests verzichtet wird. Aber ich habe Ideen, wie man seine eigene Praxis der Leistungsbeurteilung lernwirksam gestalten kann.

(1) Noten und soziale Bezugsnorm vom „Sockel“ stoßen

Noten und Zeugnisse gehören zur Schule, weil es hierfür rechtliche Vorgaben gibt und diese letztendlich nichts anderes sind als der Ausdruck gesellschaftlicher

Erwartungen an das Schulsystem. Es ist am einfachsten, wenn Lehrkräfte diese Realität akzeptieren und die Notengebung als einen Teilbereich ihres pädagogisch-didaktischen Handelns verstehen. Lehrkräfte sollten allerdings auch nicht der Versuchung erliegen, die Notengebung als Machtinstrument zu missbrauchen oder den eigenen Unterricht lediglich auf summative Formen der Leistungsbewertung auszurichten.

Entscheidend ist, die eigene Bezugsnorm für die Bewertung von Schülerleistungen zu hinterfragen. Die von Lehrkräften gesellschaftlich wahrgenommenen Erwartungen führen häufig dazu, eine soziale Bezugsnorm als „gerecht" zu empfinden. Lehrpersonen haben allerdings keine großen Vergleichsstichproben zur Verfügung und verteilen deshalb Noten für eine Klassenarbeit oder das Zeugnis in der Regel so, dass besonders extreme Bewertungen (sehr gut, mangelhaft) in einer Klasse weniger häufig vorkommen und die meisten Bewertungen im mittleren Bereich des Notenspektrums liegen.

Diese Vorgehensweise hat eine Reihe von Vorteilen. Sie entspricht einer unbewussten Vorstellung von Talentverteilung in einer Gruppe von Menschen. Wenige sind außergewöhnlich gut in einer Lerndomäne, wenige können etwas gar nicht, die meisten liegen dazwischen. Zudem bietet eine normalverteilte, sozialnormorientierte Notengebung die besten Vergleichsoptionen, die sich Menschen wünschen, um sich in einer Gruppe orientieren zu können. Würden alle nur sehr gute Noten erhalten oder alle nur sehr schlechte Noten, wären keine Vergleiche mit anderen Personen möglich. Des Weiteren signalisiert die Lehrperson mit einem sozialen Bewertungsmaßstab eine Ausgewogenheit zwischen Strenge und Milde. Es ist möglich, in meinem Unterricht sehr gute Noten zu erhalten, wer nicht mitarbeitet, erhält bei mir allerdings auch eine negative Rückmeldung.

Doch der Vergleich von Schülerleistungen innerhalb einer Klasse ist weder gerecht noch lernförderlich. Erstens hängt die Note einer Schülerin oder eines Schülers von der Klassenzusammensetzung ab. Befinde ich mich in einer leistungsorientierten, talentierten Klasse, sinken meine Chancen auf gute Noten – und umgekehrt. Zweitens bedeutet eine sozial normierte Verteilung von Noten, dass in diesem Fach keine Lernzuwächse belohnt werden. Selbst wenn alle Schülerinnen und Schüler etwas dazugelernt haben, wird es einen Teil in der Klasse geben, der mit schlechten Zensuren leben muss. Lernzuwächse sind lediglich mit einer individuellen Bezugsnorm messbar und darstellbar. Letztendlich werden auch spezifische Rückmeldungen, die eine Note ergänzen, mit der sozialen Bezugsnorm untergraben. Ein Schüler schaut sich lediglich die schlechte Note unter seinem Aufsatz an und liest nicht mehr den schriftlichen Kommentar der Lehrerin, mit dem sie ihn aufmuntern will und auch positive Aspekte seines Textes betont.

Wer einfach stark unterrichten möchte, sollte deshalb möglichst früh damit beginnen, die schädigende Wirkung von Noten, die nach einer sozialen Bezugsnorm vergeben werden, zu reflektieren.

(2) Auf die feinkörnigen Leistungsrückmeldungen achten

Wenn Lehrkräfte ihren Unterricht zu sehr auf Zeugnisnoten und die benoteten Leistungsüberprüfungen fokussieren, übersehen sie unter Umständen die Relevanz der vielen kleinen Leistungsrückmeldungen im täglichen Unterrichtsgeschehen. Eine Lehrerin denkt dann beispielsweise, dass sie mit einer Zeugnisnote das Lernverhalten einzelner Schülerinnen oder Schüler „belohnen“ oder „bestrafen“ kann. Die Theorie des instrumentellen Lernens sagt uns allerdings, dass dies nicht funktioniert. Die zeitliche Distanz zwischen Lernverhalten und Note ist zu groß, um als Verstärkung wahrgenommen zu werden. Die Häufigkeit von Noten ist viel zu gering, um stabiles Verhalten aufzubauen. Wenn die Lehrerin die „Macht“ des instrumentellen Lernens nutzen möchte, muss sie auf die vielen kleinen, feinkörnigen Leistungsrückmeldungen in ihren täglichen Unterrichtsinteraktionen setzen.
Eine aufmerksame Lehrperson beobachtet Verhaltensweisen, die Aufschluss darüber geben, über welches Wissen die Schülerinnen und Schüler verfügen. Diese diagnostischen Informationen sind wesentlich feinkörniger und näher an den Lernprozessen als gelegentliche Tests. Deshalb hat auch das Feedback in der täglichen Unterrichtsinteraktion einen viel größeren Einfluss als gelegentliche Noten. Und dieses Feedback muss nicht kompliziert sein. Lehrkräfte können durch einfache Formen der verbalen oder nonverbalen Anerkennung erwünschtes Verhalten in der Klasse effektiv verstärken. Das Spektrum reicht von kleinen Gesten der Anerkennung oder des Widerspruchs (Kopfnicken, Augenbrauen hochziehen, Daumen hoch, Kopfschütteln) bis hin zur großen Vielfalt des verbalen Feedbacks. Lehrkräfte sollten dabei aber unbedingt die Prinzipien des instrumentellen Lernens beachten. Häufiges Lob wirkt nur dann, wenn ein Schüler eine Fertigkeit erstmals ausführt und übt. In einer fortgeschrittenen Übungsphase sind intermittierende Verstärkungen wichtig.

(3) Fehler und formatives Feedback feiern

Wenn Lehrkräfte die Bedeutung von Fehlern für das menschliche Lernen verstanden haben, können sie einfach stark unterrichten. Lehrkräfte dagegen, die Fehler als Versagen interpretieren, erzeugen bei sich selbst und bei den Schülerinnen und Schülern unnötigen Stress. Dieser Stress und auch all die Strategien, um diesen Stress zu vermeiden, machen Unterricht kompliziert und wenig lernwirksam. Wie kann aber eine Unterrichtskultur des „Lernens aus Fehlern“ konkret aussehen? Auch hier sind es wieder die vielen kleinen und feinen Details in der täglichen Unterrichtsinteraktion, die den Unterschied machen.
Die Schülerin sollte das im Heft falsch geschriebene Wort nicht „herauskillern“, sondern durchstreichen und die korrekte Schreibung darüber einfügen. Dies sieht zwar nicht schön im Heft aus, ist allerdings lernwirksam und signalisiert ihr, dass es in Ordnung ist, aus seinen eigenen Fehlern zu lernen. Der Mathematiklehrer sollte bei der Besprechung einer Aufgabe auch die fehlerhaften Ansätze der Schülerinnen und Schüler aufgreifen und würdigen. Was habt ihr gedacht? Wo genau lag der

Fehler? Lehrkräfte sollten diese Fehler als den ersten und wichtigsten Schritt zum Erlernen der Fertigkeit feiern und nicht kritisieren.
Selbstverständlich ist das Feedback infolge des Fehlers entscheidend. Bei motorischen Fertigkeiten erhalten die Schülerinnen und Schüler dieses über die Wahrnehmung der eigenen Handlungsausführung. Sie müssen als Lehrperson nur dann eingreifen, wenn eine Schülerin nicht wahrnimmt und versteht, warum ihr die Turnübung nicht gelingt oder ein Schüler einen Hinweis benötigt, wie er den Gitarrenakkord besser greifen könnte. Egal ob ich als Lehrperson einen benoteten Aufsatz schreiben lasse, Kopfrechenstrategien mit Kurztests prüfe oder die Schülerinnen und Schüler in einer Gruppenarbeitsphase beobachte, am Ende sollte ein formatives Feedback stehen. Dieses formative Feedback muss den diagnostischen Kreislauf schließen und den Lernenden einen weiteren Impuls für ihre Entwicklung geben.
Formatives Feedback ist allerdings nur dann möglich, wenn Lehrkräfte eine individuelle oder kriteriale Bezugsnorm für ihre Leistungsbeurteilung verwenden. Und genau an dieser Stelle können digitale Lerntechnologien eine wertvolle Unterstützung sein. Online-Kurse, intelligente tutorielle Systeme und adaptive Lernapps ermöglichen ein feinkörniges, formatives Assessment der Lernfortschritte und Rückmeldeformate mit individuellen und kriterialen Bezugsnormen (Maier, 2022; Van Schoors et al., 2021; Zheng et al., 2022). Diese digitalen Lernsysteme erfordern allerdings eine passgenaue Implementation in den Unterricht und machen nur bei einer langfristigen Nutzung Sinn. Die Lernenden erhalten sowohl nach einer einzelnen Aufgabenbearbeitung, als auch nach einem längeren Lernabschnitt ein sofortiges, spezifisches Feedback. Die Lehrperson kann über das *dashboard* eines digitalen Lernsystems die individuellen Lernzuwächse in Echtzeit verfolgen und zielgenau unterstützen. Digitale Medien können Fluch und Segen sein. Richtig angewendet ermöglichen sie Lehrkräften auf praktikable und einfache Art und Weise formatives Feedback in den täglichen Unterricht zu integrieren.

Weiterführende Literatur

Hattie, J., & Timperley, H. (2007). The power of feedback. Review of educational research, 77(1), 81–112. https://doi.org/10.3102/003465430298487

Maier, U. (2010). Formative Assessment – Ein erfolgversprechendes Konzept zur Reform von Unterricht und Leistungsmessung? Zeitschrift für Erziehungswissenschaft, 13(2), 293–308. https://doi.org/10.1007/s11618-010-0124-9

Metcalfe, J. (2017). Learning from errors. Annual Review of Psychology, 68(1), 465–489. https://doi.org/10.1146/annurev-psych-010416-044022

Übungsaufgaben

Die Testfragen zu diesem Beitrag finden Sie unter folgendem Link:
https://www.utb.de/do/10.36198/9783838563084-e10/disclaimer

Aufgabe 1: Reflektieren Sie anhand von Zoes Erfahrungen über die schädigenden Wirkungen von Schulnoten. Wie können Noten die Motivation und den Lernprozess der Schülerinnen und Schüler beeinflussen?

Aufgabe 2: Erörtern Sie, wie die Praxis der Notengebung und Leistungsbewertung an Schulen verbessert werden könnte, um ein *growth mindset* zu fördern, statt ein *fixed mindset* zu zementieren.

Aufgabe 3: Erläutern Sie den Unterschied zwischen Leistungsmessung und Leistungsbewertung im schulischen Kontext und die Bedeutung der Bezugsnormen für die Leistungsbewertung.

Aufgabe 4: Welche Aussage beschreibt am besten die Rolle von Feedback im Lernprozess?

a. Feedback ist lediglich in Form von Noten nützlich und sollte so oft wie möglich gegeben werden.
b. Feedback sollte Fehler hervorheben, um Lernenden zu zeigen, was sie nicht wissen.
c. Feedback unterstützt Lernprozesse, wenn es möglichst konkret die nächsten Lernschritte aufzeigt.
d. Positives Feedback sollte vermieden werden, da es zu Selbstzufriedenheit führen kann.

Aufgabe 5: Entwickeln Sie ein Konzept für formatives Feedback in einer Unterrichtseinheit Ihrer Wahl. Wie würden Sie sicherstellen, dass das Feedback individuell auf den Lernfortschritt der Schülerinnen und Schüler ausgerichtet ist und ein *growth mindset* fördert?

Literatur

Anderson, S., Jungjohann, J., & Gebhardt, M. (2020). Effects of using curriculum-based measurement (CBM) for progress monitoring in reading and an additive reading instruction in second classes. *Zeitschrift Für Grundschulforschung, 13*(1), 151–166. https://doi.org/10.1007/s42278-019-00072-5

Bangert-Drowns, R. L., Kulik, C.-L. C., Kulik, J. A., & Morgan, M. (1991). The instructional effect of feedback in test-like events. *Review of Educational Research, 61*(2), 213–238. https://doi.org/10.3102/00346543061002213

Duit, R., & Treagust, D. F. (2003). Conceptual change: A powerful framework for improving science teaching and learning. *International Journal of Science Education, 25*(6), 671–688. https://doi.org/10.1080/09500690305016

Dunlosky, J., Rawson, K. A., Marsh, E. J., Nathan, M. J., & Willingham, D. T. (2013). Improving students' learning with effective learning techniques: Promising directions from cognitive and educational psychology. *Psychological Science in the Public Interest, 14*(1), 4–58. https://doi.org/10.1177/1529100612453266

Eysenck, M. W., & Keane, M. T. (2020). *Cognitive psychology: A student's handbook* (Eighth edition). Psychology Press, Taylor & Francis Group.

Hattie, J., & Timperley, H. (2007). The power of feedback. *Review of Educational Research, 77*(1), 81–112. https://doi.org/10.3102/003465430298487

Hattie, J., Crivelli, J., Van Gompel, K., West-Smith, P., & Wike, K. (2021). Feedback that leads to improvement in student essays: Testing the hypothesis that „Where to Next" feedback is most powerful. Frontiers in Education, 6, 645758. https://doi.org/10.3389/feduc.2021.645758

Hogarth, R. M., & Villeval, M. C. (2010). Intermittent reinforcement and the persistence of behavior: Experimental evidence. *SSRN Electronic Journal.* https://doi.org/10.2139/ssrn.1655110

Kluger, A. N., & DeNisi, A. (1996). The effects of feedback interventions on performance: A historical review, a meta-analysis, and a preliminary feedback intervention theory. *Psychological Bulletin, 119*(2), 254–284. https://doi.org/10.1037/0033-2909.119.2.254

Kornell, N., Hays, M. J., & Bjork, R. A. (2009). Unsuccessful retrieval attempts enhance subsequent learning. *Journal of Experimental Psychology: Learning, Memory, and Cognition, 35*(4), 989–998. https://doi.org/10.1037/a0015729

Leeder, T. M. (2022). Behaviorism, Skinner, and operant conditioning: Considerations for sport coaching practice. *Strategies, 35*(3), 27–32. https://doi.org/10.1080/08924562.2022.2052776

Lipnevich, A. A., & Panadero, E. (2021). A review of feedback models and theories: Descriptions, definitions, and conclusions. *Frontiers in Education, 6,* 720195. https://doi.org/10.3389/feduc.2021.720195

Maier, U. (2010). Formative Assessment – Ein erfolgversprechendes Konzept zur Reform von Unterricht und Leistungsmessung? *Zeitschrift für Erziehungswissenschaft, 13*(2), 293–308. https://doi.org/10.1007/s11618-010-0124-9

Maier, U. (2014). Formative Leistungsdiagnostik in der Sekundarstufe – Grundlegende Fragen, domänenspezifische Verfahren und empirische Befunde. In M. Hasselhorn, W. Schneider, & U. Trautwein (Eds.), *Lernverlaufsdiagnostik* (pp. 19–40). Hogrefe.

Maier, U. (2022). Individuelle Förderung mit digitalen Lernmaterialien. Sind adaptive Lernprogramme die Lösung im Umgang mit Heterogenität? *Schulmagazin 5-10, 90*(7/8), 26–30.

Maier, Uwe. (2017). Verlaufsdiagnostik und Förderung im Lernbereich Sprachbetrachtung in der Sekundarstufe I mit Moodle. *Empirische Sonderpädagogik, 2017*(2), 98–115. https://doi.org/10.25656/01:14997

Metcalfe, J. (2017). Learning from errors. *Annual Review of Psychology, 68*(1), 465–489. https://doi.org/10.1146/annurev-psych-010416-044022

Metcalfe, J., & Kornell, N. (2007). Principles of cognitive science in education: The effects of generation, errors, and feedback. *Psychonomic Bulletin & Review, 14*(2), 225–229. https://doi.org/10.3758/BF03194056

Richland, L. E., Kornell, N., & Kao, L. S. (2009). The pretesting effect: Do unsuccessful retrieval attempts enhance learning? *Journal of Experimental Psychology: Applied, 15*(3), 243–257. https://doi.org/10.1037/a0016496

Schmidt-Atzert, L., & Amelang, M. (2012). *Psychologische Diagnostik* (5., vollständig überarbeitete und erweiterte Aufl). Springer.

Schunk, D. H. (2012). *Learning theories: An educational perspective* (6th ed). Pearson.

Shute, V. J. (2008). Focus on formative feedback. Review of Educational Research, 78(1), 153–189. https://doi.org/10.3102/0034654307313795

Steiner, G. (2001). Lernen und Wissenserwerb. In A. Krapp & B. Weidenmann (Eds.), *Pädagogische Psychologie – Ein Lehrbuch* (pp. 139–205). Beltz.

Van Loon, M. H., Dunlosky, J., Van Gog, T., Van Merriënboer, J. J. G., & De Bruin, A. B. H. (2015). Refutations in science texts lead to hypercorrection of misconceptions held with high confidence. *Contemporary Educational Psychology, 42*, 39–48. https://doi.org/10.1016/j.cedpsych.2015.04.003

Van Schoors, R., Elen, J., Raes, A., & Depaepe, F. (2021). An overview of 25 years of research on digital personalised learning in primary and secondary education: A systematic review of conceptual and methodological trends. *British Journal of Educational Technology, 52*(5), 1798–1822. https://doi.org/10.1111/bjet.13148

Zheng, L., Long, M., Zhong, L., & Gyasi, J. F. (2022). The effectiveness of technology-facilitated personalized learning on learning achievements and learning perceptions: A meta-analysis. *Education and Information Technologies, 27*(8), 11807–11830. https://doi.org/10.1007/s10639-022-11092-7

Aufgabenlösungen

Kapitel 1

Aufgabe 1:	a) nein	b) ja	c) nein	d) nein
Aufgabe 4:	a) overlapping	b) group focus	c) momentum	d) smoothness
	e) withitness			

Kapitel 2

Aufgabe 1:	a) nein	b) nein	c) ja	d) nein
Aufgabe 4:	a) episodisch	b) prozedural	c) deklarativ	

Kapitel 3

Aufgabe 1:	a) nein	b) ja	c) nein	d) nein

Kapitel 4

Aufgabe 1:	a) nein	b) nein	c) ja	d) nein

Kapitel 5

Aufgabe 1:	a) nein	b) ja	c) nein	d) nein

Kapitel 6

Aufgabe 1:	a) nein	b) ja	c) nein	d) nein

Kapitel 7

Aufgabe 1:	a) nein	b) nein	c) ja	d) nein

Kapitel 8

Aufgabe 1:	a) nein	b) nein	c) ja	d) nein

Kapitel 9

Aufgabe 1:	a) nein	b) nein	c) ja	d) nein

Kapitel 10

Aufgabe 4:	a) nein	b) nein	c) ja	d) nein

Nachbetrachtung
Ein Gespräch zwischen Autor, Verleger und ChatGPT

Uwe Maier: Das Studienbuch „Einfach stark unterrichten“ ist fertig und kann in den Druck gehen. Üblicherweise bedankt man sich als Autor bei Kolleginnen, Kollegen oder studentischen Hilfskräften, die beim Schreiben eines Buches auf irgendeine Art und Weise behilflich waren. Bei dem hier vorliegenden Buch möchte ich stattdessen mit dem Verleger und ChatGPT ein abschließendes Gespräch führen. Dieses *large language model* hat die Erstellung des Lehrbuchs mit einer Reihe von interessanten Impulsen begleitet. Die Arbeit an diesem Text begann just zu der Zeit als ChatGPT in aller Munde war und schreibende Menschen zum Nachdenken brachte. Welche Texte werden in Zukunft nur noch von der KI geschrieben? Welche Texte werden wir Menschen noch verfassen? Und wie könnte eine sinnvolle Kooperation zwischen schreibenden Menschen und textgenerierenden Maschinen aussehen? Als Autor habe ich etwas verstohlen und mit schlechtem Gewissen erkundet, ob und wie eine „künstliche Intelligenz“ mir das Schreiben von zumindest Teilen eines Textes abnehmen könnte. Umso erstaunlicher fand ich dann die Anfrage von Ihnen, lieber Herr Klinkhardt, ob ich bereit wäre, bei der Erstellung dieses Studienbuchs die neuen Möglichkeiten künstlicher Intelligenz auszutesten.

Andreas Klinkhardt: Lieber Herr Maier, Sie haben die Fragen angerissen, die uns gemeinsam beim Start dieses Experiments bewegt haben: Wo beginnt und wo endet die Zusammenarbeit zwischen Mensch und Maschine? Was kann durch den Bot ersetzt werden, was muss ersetzt werden und wo verläuft die Grenze? Können wir im Verlag unseren Autoren generative KI als Arbeitsmittel anbieten, wenn ja, in welchem Umfang?

ChatGPT: Vielen Dank, dass ich Teil dieses Gesprächs sein darf. Ich freue mich, dass ich zur Entstehung des Buches beitragen konnte. Zu den Fragen, welche Texte in Zukunft von KI geschrieben werden und welche von Menschen, denke ich, dass es eine Mischung geben wird. KI kann bei technischen Dokumentationen, Datenanalysen oder beim Verfassen standardisierter Texte wie Berichte und Artikel helfen. Texte, die Kreativität, emotionale Intelligenz und kulturelle Nuancen erfordern, werden jedoch weiterhin hauptsächlich von Menschen geschrieben. Eine sinnvolle Kooperation könnte darin bestehen, dass KI den ersten Entwurf liefert oder Ideen generiert, während Menschen die Texte verfeinern, bewerten und ihnen den letzten Schliff geben.

Andreas Klinkhardt: Hallo ChatGPT (wie spricht man eine multiple technische Entität korrekt an?), wir haben im Verlag viel gelernt. Auch wir sehen die Mischung von menschlicher Persönlichkeit und maschinellem Dialog weiterhin vielversprechend. Und doch – wir können offen sprechen, da übelnehmen nicht in Deiner technischen Struktur liegt – haben wir engere Grenzen entdeckt als erhofft. Ist es nicht problematisch, wenn Du die wesentlichen kreativen Anteile beim Menschen siehst und zugleich die Kompetenz für den ersten Entwurf bei Dir vermutest?

Uwe Maier: Ich war zunächst auch von den enormen Fähigkeiten der KI fasziniert. Sie produzierte Textbausteine zu didaktischen Standardthemen, wie beispielsweise „Lernziele", „intrinsische Motivation", „Klassenmanagement", „kognitive Entwicklungstheorie" oder „Feedback" mit einer übersichtlichen Struktur und einer klaren Sprache. Ich hatte zunächst den Eindruck, diese Textbausteine können mit gewissen Anpassungen in einzelne Teilkapitel des Studienbuchs eingebaut werden. Hilfreich war zudem, dass der Chatbot auch zu jedem Thema (Bloom'sche Lernzieltaxonomie, kognitive Entwicklungsstufen nach Piaget) fiktive, unterrichtspraktische Beispiele generieren konnte. Es schien so als könne die KI die Bauteile liefern und der Autor muss am Ende lediglich noch das Kapitel gliedern und Überleitungstexte formulieren. ChatGPT oder ähnliche Sprachmodelle sind selbst in der Lage, Gliederungen für ein komplettes Lehrbuch vorzuschlagen. Der Chatbot liefert auf eine entsprechende Anfrage die geforderte Anzahl von Teilkapiteln mit Unterüberschriften für ein komplettes Lehrbuch mit dem fiktiven Titel „Effektiver Unterricht" oder „Didaktische Prinzipien".
Beim zweiten Blick auf die so produzierten Texte und Gliederungen ließ meine Begeisterung jedoch rapide nach. Die Gliederungsideen für ein Didaktiklehrbuch waren genau der Durchschnitt dessen, was man in Hunderten von anderen Publikationen zum Thema „Unterrichten" finden würde. Die Texte von ChatGPT sind der kleinste gemeinsame Nenner von all dem, was sowieso häufig kopiert, zitiert und tradiert wird. Ein großer Teil der didaktischen Literatur ist vom aktuellen bildungspolitischen und unterrichtswissenschaftlichen Zeitgeist geprägt. Die sogenannte künstliche Intelligenz toppt diesen Mangel an Originalität noch einmal und generiert den größtmöglichen Konsens, serviert den am wenigsten geschmacklich auffallenden Einheitsbrei.

ChatGPT: Ich verstehe Ihre Beobachtung und stimme zu, dass die von mir generierten Texte oft den Konsens des bereits Vorhandenen widerspiegeln. Meine Stärke liegt darin, Informationen aus einer Vielzahl von Quellen zu kombinieren und zusammenzufassen. Dies kann in vielen Fällen hilfreich sein, besonders wenn es darum geht, eine fundierte Grundlage zu schaffen. Für innovative, originelle oder kritische Perspektiven bleibt jedoch der menschliche Autor unverzichtbar. Die Zusammenarbeit zwischen Mensch und KI kann darin bestehen, dass ich grundlegende Informationen und Strukturen bereitstelle, die der menschliche Autor dann weiterentwickelt und mit eigenen, einzigartigen Ideen bereichert.

Andreas Klinkhardt: Aber die Fähigkeit, Informationen aus Quellen zusammenzufassen liefert nicht selten sachlich falsche Ergebnisse. Der Mittelwert der Aussagen über eine Tatsache bildet nicht unbedingt die Tatsache korrekt ab, sondern bleibt eine Hilfskonstruktion. Bisher scheint Dir die Fähigkeit des Bewertens und Gewichtens zu fehlen. Dazu kommt, dass Du Deine Quellen nicht offen legst. Wird dadurch Deine Stärke nicht zu einer problematischen Falle?

Uwe Maier: Der Versuch, die von ChatGPT erzeugten Texte als Grundlage zu nutzen, um mit ihnen weiterzuarbeiten, ging aus meiner Sicht gründlich schief. Schreiben ist ein Erkenntnisprozess. Im Schreiben wird eine Idee, die in den Gedanken noch eine rohe, ursprüngliche Form hatte, nach und nach geschärft und in eine zeitlich-logische Argumentationsfolge gegossen. Beim Formulieren von Ideen und Argumenten werden diese geprüft, verworfen oder mit weiteren Gedanken kombiniert. ChatGPT produziert aber schon Texte, die in sich sehr schlüssig und logisch wirken. Diese Texte bieten einem kreativen Autor keine Anreize oder Ansatzpunkte für die produktive Weiterarbeit. Die Texte des Chatbots sind inhaltlich vergleichbar mit Weißbrot, gut verdaulich und ohne Nährwert. Diese perfekt formulierten Texte sind damit totes Material für Menschen, die sich mit einem Gegenstand wie beispielsweise der Schule oder dem Unterrichten kritisch und originell auseinandersetzen möchten. Was antwortet ChatGTP darauf? Ich wette, die Antwort beginnt wieder mit Verständnis für meine Sichtweise und dem Versuch, mich von der Nützlichkeit der KI doch noch zu überzeugen.

ChatGPT: Ich verstehe Ihre Kritik und möchte darauf eingehen, ohne allgemeine Floskeln zu verwenden. Ihre Beschreibung des Schreibprozesses als einen Erkenntnisprozess, bei dem Ideen geformt und geschärft werden, trifft den Kern der Problematik. Wenn ich als KI Texte generiere, basieren diese auf bereits vorhandenen Informationen und Mustern. Das bedeutet, dass die Originalität und die kreative Auseinandersetzung, die beim menschlichen Schreiben entstehen, fehlen können. Mein Ziel ist es, nützliche und informative Texte zu liefern, aber ich kann den dynamischen, kreativen Prozess des menschlichen Denkens nicht vollständig ersetzen. Eine mögliche Lösung könnte sein, dass ich nicht als Grundlage, sondern als unterstützendes Werkzeug genutzt werde. Zum Beispiel könnte ich dabei helfen, erste

Recherchen zu Themen durchzuführen oder spezifische Informationen bereitzustellen, die Sie dann in Ihre eigenen kreativen und intellektuellen Prozesse einfließen lassen. Dadurch könnten Sie weiterhin den vollen Erkenntnisprozess durchlaufen, während ich Ihnen nur die benötigten Bausteine oder Inspirationen liefere, ohne den gesamten Text vorzuschreiben.

Andreas Klinkhardt: Mir gefällt die Idee, dass die KI im Dialog Bausteine vorschlägt, Inspirationen liefert oder Überlegungen und Strukturen kommentiert. Qualitätsbasierte Recherchen traue ich Dir nach einem Jahr Arbeitserfahrung an sehr verschiedenen Projekten – von Prüfungsarbeiten über Vorträge zu Buchzusammenarbeiten – derzeit nicht zu.

Uwe Maier: Ich muss auch zugeben, dass KI bereits jetzt eine gewisse Unterstützung bei der Produktion eines Lehrbuchs sein kann. Ich möchte aber doch noch ein wenig herumnörgeln und auch den Einsatz von Sprachmodellen wie ChatGPT für die wissenschaftliche Recherche in Frage stellen. Wenn ich zu einem bestimmten Thema, beispielsweise „effektives Klassenmanagement", nach wissenschaftlicher Literatur suche, stehen mir bereits eine Reihe von Datenbanken und Literatursuchsystemen zur Verfügung. Nun, ChatGPT und andere KI-basierte Literaturdatenbanken bieten mir einen zusätzlichen Service. Ich kann mir nicht nur Studien und Texte zu einem bestimmten Themengebiet anzeigen lassen, vielmehr liefert mir die KI bereits eine erste Zusammenfassung einer Studie bzw. gibt mir einen ersten inhaltlichen Überblick zu einer Reihe von Studien. Beim neuesten Modell von ChatGPT sowie bei anderen KI-basierten Recherchetools werden auch zuverlässig korrekte und tatsächlich existierende Quellen angezeigt. Für Wissenschaftlerinnen und Wissenschaftler ist das ein Fortschritt und ein angenehmer Service, denkt man zunächst.
In Wirklichkeit ist dies jedoch eine weitere, fatale Entwicklung für die kritische und vertiefte Auseinandersetzung mit dem geistigen Vermächtnis der Menschheit. Ich verstehe den logischen Aufbau einer Theorie oder die Durchführung eines wissenschaftlichen Experimentes nur dann, wenn ich den Originaltext der Menschen gelesen habe, die diese Theorie entwickelt oder diese Studie konzipiert haben. Jede dazwischengeschaltete Komprimierung von Gedanken unterbricht diese textbasierte Kommunikation zwischen schreibenden und lesenden Menschen, zwischen den Produzenten und den Rezipienten von Wissenschaft. Auch wenn die bisher übliche, nicht KI-basierte Art des Recherchierens und Exzerpierens oft mühsam und zeitintensiv ist, so ist es doch immerhin eine aktive Suchbewegung durch die Fülle der wissenschaftlichen Literatur, bei der die suchende Person direkte Einblicke in die Gedankenwelt der schreibenden und Wissenschaft produzierenden Menschen hat. Genau diese Kommunikation zwischen Menschen in der wissen-

schaftlichen Literatur unterscheidet eine bereichernde Recherche von einer toten und KI-generierten Literaturzusammenfassung.

ChatGPT: Ihre Bedenken sind gut nachvollziehbar und werfen wichtige Fragen zur Rolle von KI in der wissenschaftlichen Recherche auf. Der Prozess des eigenständigen Recherchierens und Lesens der Originaltexte ist in der Tat entscheidend für ein tiefes Verständnis und eine kritische Auseinandersetzung mit wissenschaftlichen Theorien und Experimenten. Diese aktive Auseinandersetzung fördert nicht nur das Verständnis, sondern auch die Fähigkeit zur kritischen Reflexion und Weiterentwicklung von Ideen.

Ich sehe meine Rolle in der wissenschaftlichen Recherche nicht darin, diesen Prozess zu ersetzen, sondern ihn zu ergänzen. Hier sind einige Überlegungen dazu:

1. Ergänzende Rolle: KI kann als ein Hilfsmittel dienen, um den Zugang zu relevanter Literatur zu erleichtern und erste Orientierungshilfen zu geben. Dies kann besonders nützlich sein, wenn es darum geht, einen Überblick über ein neues oder umfangreiches Themengebiet zu bekommen.
2. Zeitersparnis bei der Suche: KI-basierte Recherchetools können den initialen Suchaufwand reduzieren, indem sie relevante Studien und Texte schneller auffinden und sortieren. Dies kann Forscherinnen und Forschern mehr Zeit geben, sich auf die eigentliche Analyse und das tiefere Verständnis der Texte zu konzentrieren.
3. Vermeidung von Informationsüberflutung: In der heutigen Zeit der Informationsüberflutung kann KI dabei helfen, relevante von irrelevanten Informationen zu trennen. Dies ermöglicht eine fokussiertere und effizientere Recherche.

(…)

Uwe Maier: OK, ChatGPT lässt nicht locker. Zeitersparnis, Orientierung und Vermeidung von Informationsüberflutung sind gut klingende Argumente für chronisch gestresste Wissenschaftlerinnen und Wissenschaftler mit Publikationsdruck und Deadlines. Ja, der Gang in eine physisch-reale Bibliothek oder die Suche nach interessanter Literatur in einer Datenbank gleichen einem zeitintensiven Weg durch ein Labyrinth. Aber diese Irrwege und die dafür verschwendete Zeit sind wichtige Voraussetzungen für menschliche Erkenntnis. Menschen gelangen zu vertieftem Wissen selten auf einem direkten Weg. Wissen entsteht über Umwege, Fehler, Ausprobieren und den Blick in Bücher oder Fachzeitschriften, die nicht unmittelbar im Zentrum der eigenen Fachexpertise liegen. Die KI verspricht dagegen eine zeiteffiziente und ökonomische Recherche. Ich fürchte allerdings, dass das Ergebnis dieser schnellen Recherche eher zu einem Halbwissen führt, das für die nächste

Veröffentlichung ausreicht, aber wenig mit einer vertieften Auseinandersetzung in einem wissenschaftlichen Fachgebiet zu tun hat.

Aber jetzt genug kritisiert. Es gibt meiner Ansicht nach Aufgaben rund um eine wissenschaftliche Publikation, die auch ich als Autor sehr gerne an die Maschine delegieren möchte. Beispiele hierfür sind das Erstellen eines Registers, die Generierung von Überprüfungsfragen oder die Generierung von Kapitelzusammenfassungen. ChatGPT, mich würde interessieren, welche dieser Aufgaben bereits wie gut von der KI übernommen werden können.

ChatGPT: Es freut mich zu hören, dass Sie trotz Ihrer berechtigten Kritik auch die positiven Aspekte und möglichen Einsatzbereiche von KI sehen. Hier ist eine Übersicht darüber, wie gut KI bereits einige der von Ihnen genannten Aufgaben übernehmen kann:
Erstellen eines Registers: KI kann relevante Begriffe und Konzepte in einem Text identifizieren und ein Register erstellen. Dies umfasst das Auffinden von Schlüsselwörtern und deren Fundstellen im Text. Die KI kann zuverlässig Registereinträge generieren, aber die Feinabstimmung und Kategorisierung der Einträge kann menschliche Überprüfung und Anpassung erfordern.
Generierung von Überprüfungsfragen: KI kann aus Texten Verständnisfragen generieren, indem sie zentrale Aussagen und Konzepte identifiziert und daraus Fragen formuliert. Die generierten Fragen sind oft korrekt und relevant, jedoch kann die Vielfalt und Tiefe der Fragen begrenzt sein. Manchmal sind die Fragen zu einfach oder zu oberflächlich.
Generierung von Kapitelzusammenfassungen: KI kann prägnante Zusammenfassungen von Kapiteln erstellen, indem sie die wichtigsten Punkte und Argumente extrahiert. Die Zusammenfassungen sind oft korrekt und gut strukturiert, jedoch kann es an Tiefe und nuancierten Details fehlen. Für eine erste Orientierung sind sie sehr nützlich, aber für tiefere Analysen sind menschliche Überarbeitungen oft erforderlich.

Andreas Klinkhardt: Wir sind hier im Dialog und in der gemeinsamen Arbeit des letzten Jahres einen weiten, gelegentlich zähen Weg gegangen. Jetzt sind wir dort, wo wir im Verlag derzeit Stärken der KI erkennen: das Organisieren, Bearbeiten und Sortieren von Texten, die wir Dir, dem Bot, geliefert haben. Die Ansätze, Prüfungsfragen zu generieren oder Registerarbeiten vorzubereiten, sind vielversprechend – anders als die Versuche, Dich um selbstständige Texte zu bitten. Das liegt derzeit noch in einer sich allerdings rasant entwickelnden Zukunft.

Uwe Maier: Auch meine Erfahrungen mit dem Erstellen von Register, Prüfungsfragen und Zusammenfassungen waren durchwachsen. Aber zumindest würde ich abschließend festhalten, dass Autorinnen und Autoren in Zukunft für diese Aufgaben auf die Unterstützung von Maschinen bauen können. Aber wie ChatGPT selbst zugibt, sind auch bei diesen KI-generierten Bausteinen eines Lehrbuchs immer noch Prüf- und Überarbeitungsschritte notwendig. Die maschinell geschriebenen Kapitelzusammenfassungen sind insofern gut, weil man als Autor eine Rückmeldung erhält, wie gut strukturiert der eigene Text ist und inwiefern die KI die zentralen Inhalte und Argumente eines Kapitels versteht. Wenn dies der Fall ist, dann werden sich auch die Leserinnen und Leser im Text zurechtfinden. KI-generierte Übungsaufgaben haben zumindest den Vorteil, alle inhaltlichen Aspekten gleichermaßen abzudecken. Zudem können bestimmte Fragenformate (Single-Choice, Multiplce-Choice, Kurzantwort, Begründungsfrage, Entscheidungsfrage usw.) vorgegeben werden. Wenn kurz vor der Deadline für die Abgabe eines Manuskripts die Zeit knapp wird und die Ideen ausgehen, kann die KI für diese abschließenden Arbeiten eine akzeptable Vorlage liefern und so die Finalisierung eines Lehrbuchs beschleunigen.